의식상승의 길

윤문 작업하신 분: 남두열, 이태영, 강진기, 김동구, 김민정, 김혜란, 박연수, 박형준, 서은희, 엄재록, 이순임, 이우형, 정인훈, 최동용, 한병택, 허영철, 류금, 허훈, (참여하신 분: 고대현, 고영배, 이동근, 이소연, 장선경, 최은례, 허영균)

의식상승의 길 HANDBOOK TO HIGHER CONSCIOUSNESS
1판 1쇄 발행 _ 2014년 1월 1일
글쓴이 _ 켄 케이즈 주니어 Ken Keyes Jr.
옮긴이 _ 오인수·신업공동체
펴낸 곳 _ 빛
발행인 _ 흰빛 백지현
기획 및 편집 _ 宙宇 박명기
표지디자인 _ 일치 김동구·化人 엄재록
표지 사진 _ 化人 엄재록 캘리그래피_ 박방영
주문 및 문의 전화 _ 0505-875-8080
주소 _ 경기도 파주시 가람로 22 벽산한라@ 110동 1501~2호
웹사이트 _ syn.or.kr
가격 _ 12,000원
ISBN _ 978-89-98246-04-4 03190

이 도서의 국립중앙도서관 출판시도서목록(CIP)은 CIP 홈페이지(http://seoji.nl.go.kr)와 국가자료공동목록시스템(http://www.nl.go.kr/kolisnet)에서 이용하실 수 있습니다. (CIP제어번호: CIP2013027524)

의식상승의 길

집착을 벗어나기 위한 실생활 사랑법

켄 케이즈 주니어_ 지음
오인수·신업공동체_ 옮김

빛

차례

머리말 7

1장 이 책을 쓴 이유 13

2장 행복의 비결 17

3장 고차의식 법칙 23

4장 12가지 길 27

5장 집착에서 벗어나기 36

6장 지금·여기에 존재하기 45

7장 타자와 상호작용하기 55

8장 '각성' 발견하기 65

9장 7가지 의식센터 72

10장 3가지 불행 센터 80

11장 즐거움을 낳는 센터 92

12장 충족 센터 105

13장 집착에 대한 작업 122

14장 의식집중 134

15장 의식집중을 위한 기법 146

16장 즉각적 의식성장 도구 161

17장 논리적 마음 165

18장 자아의 환상 179

19장 집착 인식 방법 186

20장 자녀와 실생활 사랑 199

21장 섹스 제대로 즐기기 211

22장 바이오컴퓨터 최적 이용법 223

23장 행복·불행 프로그램 235

24장 삶의 작동방식 253

25장 인생의 목적 266

부록 278

우리 삶의 목적은
모든 집착의 굴레에서 벗어나
실생활 사랑의 바다와 하나 되는 것이다.

자신을 포함하여 모든 사람을 조건없이 사랑하라.

당신은
자신이 갖지 못한 유일한 것은
자신이 필요한데도
갖지 못한 것이
아무것도 없다는
직접적 체험뿐임을
언제 깨달을까?

머리말

우리의 원시 조상이 정글에서 살아남아야 했던 수백만 년 전에는 곧바로 실행 가능한 '싸움 혹은 도주fight or flight 메커니즘'이 필요했다. 호랑이가 막 덮치려 할 때 반사적 감정반응이 하나의 생명 구제책이었다. 근육이 급속한 힘을 얻기 위해서는 아드레날린을 혈액 속으로 방출하는 신경충격, 즉 감정의 경보장치에 최대로 집중하라는 명령이 필요했다. 호랑이가 뛰어들려는 찰나에는 아름다운 석양을 찬미할 여유가 없었다. 우리의 원시 조상은 정글에서 생존하기 위한 장치로서 반사적 이원성(이질감, 위협감, 피해망상증)을 느끼도록 프로그램되어 있었다. 정글의 위험에 대처하려면 순간적으로 의식을 지배해야 생존할 수 있었다.

우리는 인간의식의 진화에서 선구자다. 우리 조상이 최초의 도시를 건설했던 때가 일만 년 전쯤이었다. 문명이 발달하면서 생존이 더는 정글에서 했던 긴급한 싸움이나 도주에 의지하지 않게 되었다. 이제 생존과 행복은 우리 자신, 우리 주위의 사람, 바로 지금·여기의 전체 환경을 포함한 전반적 상황에 공명하는 것에 달려있다. 효율적이고 행복한 생활의 구성 요소는 이제 예리함·지혜·하나됨이다.

그러나 우리의 바이오컴퓨터(인간의 뇌와 마음)는 빠르게 아드레날린을 혈류로 방출해서 정글에서 싸우거나 도주하도록, 자동으로 분노와 두려움을 느껴서 심장박동을 빠르게 하도록 여전히 프로그램되어 있다. 그래서 우리의 의식은 사회적 상호작용에서 사소한 일을 과장하고 침소봉대하며, 이런 끊임없는 왜곡은 우리가 사랑할 에너지·통찰력·능력을 파괴해버린다.

옛날 정글에서 생존하기 위해 우리는 즉각적으로 피해망상·두려움·분노·이중성을 인식하도록 프로그램되어야 했다. 그러나 오늘날 이 세상에서 생존하기 위해 우리는 모든 사람을 향한 하나됨·사랑·자비에 대한 즉각적인 인식과 우리 주변의 모든 것에 대한 이해가 있어야 한다. 피해망상의 정글 프로그램을 뚫고 나아가는 법을 체득할 때 우리는 더 높은 의식과 행복으로 갈 수 있게 된다.

우리를 낮은 수준의 의식에 묶어두기 쉬운 뇌에 연결된 이런 원시적 정글 경보장치를 개선하기 위해 지금 진화가 활성화되고 있다. 자신과 타자를 사랑할 수 없는 피해망상이 있으며, 이중적 사람들은 심장질환, 궤양, 여타 심신증心身症(심리 문제로 걸리는 신체질환)에 걸리기 쉽고, 사고도 내기 쉽다. 어쩌면 인류는 십만 년이 지난 후 냉혹한 적자생존을 통해 하나됨과 사랑을 촉진하는 즉각적인 통찰력을 낳도록 자동으로 구조화된 신경계를 지닐지도 모른다. 하지만 이것은 현재의 당신과 나를 도와주지 않는다. 정글 프로그램을 뒤엎고 지금·여기의 삶을 누릴 수 있도록 가능한 한 빨리 고차원의식higher consciousness(이하 고차의식)으로 사는 법을 제시하는 '실생활 사랑법'Living Love Way이 우리에게는 절실하다.

우리는 우리를 동물적 생활환경으로 이끄는 본능(경직되고 학습되지 않은 행동)의 지배에서 벗어났다. 아이는 일정하게 자동으로 대응하는 역량이 충분치 않기에, 출생 후 꽤 오랫동안 삶에 독립적으로 대처하지 못한다.

복잡한 생활양식을 배우는 동안 터득한 유연성과 개방성은 우리에게 미리 프로그램된 고착된 행동을 피하도록 돕는다. 예컨대 긴 양육기간은 우리로 하여금 복잡한 언어체계를 습득하게 하고, 우리의 유연성은 영어나 다른 어떤 언어만큼이나 쉽게 스와힐리어(동부 아프리카에서 널리 사용되는 공용어)로도 의사소통하는 법을 체득할 수 있을 정도다.

어린아이는 삶의 상황에 동물적 생존본능으로 반응하는 고정된 행동방식이 아니라, 지극히 민감한 감정이 후원하는 에고 메커니즘을 이용해서 매 순간 감각입력에 대한 안전·감각·권력을 확대하는 능력을 계발한다.

위험한 권력 의식을 넘어서는 문명의 진보뿐만 아니라 만족스럽고 행복한 삶을 향한 우리의 개인적 성장은 에고가 후원하는 굴레, 자아 중심적(subject-object 자신이 실제 주관적인데 객관적이라고 생각-역주)인 굴레, 자기책임을 타인에게 돌리는 me-them 굴레, 안전·감각·권력의 굴레에서 우리가 얼마나 자유로운지에 달려있다.

이런 의식의 진보를 다음처럼 대략적인 형태로 보는 것이 도움될 것이다.

유기체	유기체를 보호하고 향상시키는 방식
동물	본능이나 배우지 않고 미리 프로그램된 행동에 근거한 비교적 고정된 삶의 방식.
낮은 의식의 인간	특유의 습관과 개인의 패턴을 완강하게 지키고 보호하게 하며, 에고에 지시받아 자아중심적이며 감정이 후원하는 안전·감각·권력의 (점차 논리적 마음을 포함하는) 의식.
높은 의식의 인간	에고에 의해 주도되던 부정적 감정이, 경직된 습관과 사사로운 패턴 없이 상호 협조적이고 자애로운 방식으로 흐르게끔 완전한 유연성을 주는 폭넓은 범위의 통찰력과 심오한 직관적 이해로 대체되고 형성된 의식.

　당신이 갖춘 바이오컴퓨터는 우주에서 가장 뛰어난 도구다. 유일한 해법은 그것의 적절한 사용법을 배우는 것이다. 그것은 언제라도 입력되는 이백만 개의 시각정보와 십만 개의 청각 정보를 다룰 수 있다. 그 바이오컴퓨터는 모든 부분에 걸쳐 지속해서 작동하며, 수백만 개의 계산을 동시에 수행할 수 있다. 그것은 주로 무의식의 수준에서 엄청난 힘으로 작동되지만, 의식수준으로 올라와 활성화되는 것은 단지 작은 비율에 불과하다. 그 컴퓨터의 의식수준은 인간이 만든 컴퓨터의 출력 정보와 흡사하다. 고차의식으로 가는 여정은 당신이 뛰어난 컴퓨터를 어떻게 적절히 프로그램하는 법을 배우는가의 문제다. 이 정교한 메커니즘을 운영하는 법을 충실히 체득할 때 당신은 행복한 삶을 위한 잠재력을 충분히 실현할 수 있을 것이다.

인생에서 멋진 일은 삶이 본래 유익하다는 점이다. 삶은 작동하도록 즉 지속해서 사랑·충족·행복을 낳도록 설정되어 있다. 그런데 당신은 인생을 시작할 때의 몇몇 상황들 때문에 삶에 지속해서 불행을 빚어내는 의식의 방식에 길들어졌다. 그러나 만일 당신이 현재의 체험을 하나하나 활용하는 법을 터득한다면, 그것은 당신을 고차의식으로 성장하도록 도울 수 있다.

이 책은 당신이 겪는 체험을 어떻게 창조해왔는지 설명해줄 것이다. 그것은 당신이 삶에서 경험해왔던 모든 불행의 원인인 마음의 올가미에서 벗어나려면 무엇을 해야 하는지 당신에게 명확하게 보여줄 것이다! 이 책에 제시된 방식들을 적용할 때 당신은 인생의 새로운 전기를 맞이할 것이고, 이제껏 오로지 단편적으로만 취해왔던 사랑·평온·행복·기쁨·효과성·예리함·지혜를 이제는 언제나 지속해서 체험할 수 있게 된다.

당신은 자신이 필요한 것은 뭐든 주어지도록 설계된 친근하고 자애로운 장소로서 이 세상을 체험하는 법을 터득할 것이다. 당신의 인생에 '기적을 일으키는' 자질을 계발할 것이다. 아름다운 일이 실로 계속해서 일어나 다시는 그것을 단순히 '우연한 일치'로 돌릴 수 없을 것이다. 완전히 충족되고 누리는 삶을 살아가는 데 필요한 그 이상의 사랑·행복·평온을 창조할 수 있음을 체험할 것이다.

반면에 확실히 자신의 의도는 아니었을지라도 당신은 어떻게 자신이 주위 세상의 에너지에 관해 관심을 꺼버렸는지 자각할 것이다. 당신의 마음은 유입되는 시각과 청각 및 기타 정보를, 사람들에게서 당신을 끊임없이 떼어놓고 분리하는 방식으로 처리하도록 프로그램되었다. 당신은 자신에게 해왔던 것을 의식하지 못했음을 깨달을 것이다. 그것은 마치 단지 대단히 왜곡해서 보면서도, 빈틈없이 명확하게 본다고 착각을 일으키는 눈을 갖고 태어난 것과 같다. 이 책은 당신이 자기 삶의 진짜 유일한 문제가, 어떻게 의식적으로 자신의 마음을 이용하는지에 연관된다는 점을 자각하도록 도울 것이며, 또한 당신이 활기차고 예리하며 자애로운 존재가 되는 데 필요한 내면 작업을 수행할 수 있도록 분명한 지침을 줄 것이다.

'실생활 사랑' Living Love은 당신 인생과 모든 인류의 모든 고통·불행에 대한 긍정적 치료법이다. 실생활 사랑법은 고차의식인가, 아니면 핵에 의한 전멸, 생태계의 악화, 편견, (우리가 서로 자신을 분리해버리는 수천 겹의 방식에 의한) 고통인가의 싸움에서 승리로 이끄는 가장 강력한 도구 중의 하나를 인류에게 제공해준다.

1972. 1. 1

1장 이 책을 쓴 이유

어느 영적 해학가가 "대다수 우리는 자신이 뭘 원하는지 모르지만, 확실히 이건 아니라는 느낌인데도 그냥 인생을 겪어간다."라고 말했다.

서양에서는 99% 이상의 사람들이 충분한 안전, 섹스, 에고의 폭주, '기막힌' 감각, 명성, 돈, 권력, 지위 등을 찾으려고 애쓰는 것이 특징인 낮은 의식수준에서 살고 있다. 이렇게 끊임없이 이어지는 몸부림은 적대감·걱정·의심·분노·질투·부끄럼·두려움으로 점철되는 삶을 낳는다.

사람들이 행복해지기 위해서 반드시 해야 한다고 자신에게 말하는 모든 것이 기쁨보다는 도리어 더 많은 좌절을 양산하고 만다. 지식과 학위를 얻고, 돈을 벌며, 기술과 부를 축적하고, 자극적 성관계를 탐닉하며, 지위·권력·명성의 자리를 성취하는 것에 자신이 성공할수록 자애롭고 평화로우며 만족하는 삶에서 오히려 더 멀어짐을 발견할지도 모른다.

하지만 본디 이런 것들 자체가 불행한 삶을 창조하지 않으며, 시시각각 우리의 삶을 누리지 못하게 만드는 것은 이런 것에 대한 내면의 정신적 집착addiction과 욕망이다. 그 집착(즉 감정이 후원하는 요구)이 초래하는 것이 있다. 그것은 채워지지 않을 수 있다는 두려움, 누군가 충족의 원천을 앗아갈지도 모른다는 질투, 누군가 우리를 방해할 때의 분노, 지속해서 공급이 부족하면 냉소주의, 지속해서 위협받으면 피해망상, 우리의 집착을 만족시키는 데 진전이 없으면 권태, 꾸준하게 공급되지 않으면 걱정, 걱정에 관해 걱정하면 불안, 우리가 집착하는 것이 무엇이든 외부세상이 공급해주지 않을 때의 불행 등이다.

'얻는 것이 있으면 잃는 것도 있는 법'이 삶의 본질이기에, 집착하는 사람은 자애롭고 행복하며 평화롭고 의식하며 현명하고 효과적 삶을 살 가망이 없다. 그리고 우리가 삶에서 선호하는 것을 찾아내서 누리는 데 집착프로그램은 쓸모없다.

당신의 집착과 욕망에 맞춰서 외부의 사람과 사물을 재편하거나 바꾸려는 노력을 통해 아름다운 삶을 살려고 하는 것이 완전히 무익하다는 것을 깨닫고 나서야, 비로소 당신은 고차의식의 행복으로 성장할 준비가 되는 것이다. 당신은 삶의 상황에 자동으로 프로그램된 당신의 개인적 반응들(대부분 어린 시절의 굴레)을 재편하기만 하면 된다는 것을 알게 될 것이다.

고차의식을 향해 노력해갈 때, 당신은 비로소 행복해지는 데 충분한 것을 늘 지니고 있었음을 이해할 것이다. 대개 당신이 자신의 불행을 외부의 사람과 조건에 전가할지라도 자신을 불행하게 만드는 것은 사실 자기 두뇌의 패턴이다. 고차의식으로 향한 여행은 당신을 자애롭고 평화롭고 현명하게 해줄 것이며, 불편한 감정적 느낌들이 일제히 쏟아지는 것에서 벗어나게 해줄 수 있다.

실생활 사랑은 고차의식으로 가는 모험에서 4개의 이로운 점을 제공한다.

1. 다수 사람에게 이것은 인류가 고차의식으로 성장하기 위해 이제껏 이용할 수 있었던 방법 중 가장 강력하고 빠를 수 있다.

2. 이것은 당신에게 현재의 삶에서 벗어나라고 요구하지 않는다. 당신이 제멋대로 해온 습관, 관행 그리고 당신이 지키고 수행하고 있는 사회적 역할들에 대해 완전히 인식할 정도의 높은 의식 상태로 성장할 때까지, 당신은 현재 하는 일과 개인적 생활 그리고 여타 조건들에 머물러도 실생활 사랑은 대단히 효과적으로 이용될 수 있다.

3. 당신이 철저히 이 시스템을 이해하고 나면 성장을 지속하는 데 굳이 교사가 없어도 된다. 당신은 언제나 성장에 최적의 학습상황 속에 처한다는 점을 깨달을 것이기에, 이제 당신의 삶이 최고의 교사가 될 것이다. 당신이 바뀌는 데 가장 필요한 이 프로그램에는, 자신이 행해야 하는 바로 그 내면 작업을 당신이 자각하게 할 수 있는 삶의 상황으로 당신을 밀어 넣는 확실한 방법이 들어 있다.

4. 사랑, 내면 평화, 지혜, 고차의식의 효과성을 발견하는 데 실생활 사랑법을 활용하면, 자신에 대한 내면 작업은 삶의 즐거움을 더하게 한다. 실생활 사랑법과 함께하면 행복은 먼 목표가 아니라 계속 늘어나는 지금·여기의 부분이 된다.

당신이 자애롭고 평온하며 효과적이고 행복하기 위해, 자신 주위의 사람과 상황을 재편하려고 계속해서 애쓰는 동안, 매 순간 오르락내리락하는 자신의 느낌에 대처하는 데 지금 얼마나 많은 에너지를 투입하는지 생각해보라. 그리고 해가 갈수록 행복을 추구하기가 무지개 끝에 있는 보물단지를 찾기만큼이나 어려워진다. 당신 주변의 거의 모든 이가 행복하고 자애로운 존재가 되는 데 비슷한 어려움을 겪고 있는 것처럼 보이기에, 당신은 눈높이를 낮춰서 지속하는 행복이 아마 현실적이지 않다고 결정했을지도 모른다.

실생활 사랑법은 당신이 삶에서 상상할 수 있는 최고 수준의 사랑, 평온, 평화, 지혜, 효과, 지속적 행복이 자리 잡도록 초대한다. 그러고 나면 당신은 의식상승을 위한 여정을 시작할 준비가 된 것이다.

2장 행복의 비결

왜 우리는 혼란·좌절·불안으로 가득한 삶을 살아갈까? 왜 우리는 항상 자신과 타자others(타인+만사+만물)를 몰아세울까? 왜 우리는 단지 작은 평화·사랑·행복만을 가질까? 동물들이 자기 종끼리 맺는 관계가 오히려 우리보다 평화롭게 보일 정도로, 인간존재의 특징이 다툼과 혼란인 이유는 과연 뭘까? 그 답은 아주 간단하나, 우리가 행복을 위해 노력하려고 가르침 받았던 거의 모든 방법이 오히려 우리를 불행하게 만드는 느낌과 활동을 강화할 뿐이므로 때때로 우리는 그 답을 진정으로 이해하기가 어렵다.

이것이 이해되어야 하는 핵심이다. 우리가 행복해지기 위해 가르침을 받았던 방법은 아무리 해도 효과가 없다. 이점을 명확하게 알아보지 않는다면 고차의식으로 진보할 수 없다. 그 이유는 다음과 같다.

대부분 우리는 감정의 느낌들이 후원하는 욕망이야말로 우리를 행복하게 만들 일을 하는 참된 안내자로 가정한다. 하지만 감정이 후원하는 욕망을 안내자로 받아들임으로써 행복을 찾아낸 사람은 아직 없다. 그것은 순간의 쾌감이지, 결코 행복은 아니다.

우리의 욕심과 욕망은 너무 유혹적이다. 그것들은 우리가 결국 행복해지려면 충족시켜야 하는 '필요'로 가장해서, 우리를 행복의 환상에서 다른 환상으로 이끈다. 일부 사람들은 자신에게 "이 회사의 사장이 될 수만 있다면 난 행복해질 거야"라고 말한다. 그러나 당신은 정말로 행복한 사장을 본 적이 있는가? 그 사장의 외적인 드라마는 멋진 요트·캐딜락·누드모델이 중요한 배역을 맡겠지만, 그가 진정 내적으로 행복할까? 그의 궤양은 이제 사라졌는가?

우리는 끊임없이 자신에게 "학교로 다시 돌아가 더 지식을 쌓아서 어쩌면 석사학위를 받으면 그땐 행복하겠지"라는 식으로 말한다. 하지만 석·박사 학위를 소지한 이가 나머지 우리보다 조금이라도 더 행복한가? 지식을 얻는 것이 좋긴 하나, 그것이 우리에게 평화·사랑·행복을 안겨주리라고 기대하는 것은 당치도 않다. 우리는 "사랑할 만한 적격자를 발견하면 행복하겠지"라고 말한다. 그래서 우리는 자신의 집착이 자신에게 적격자라고 말하는 누군가를 찾고, 쾌감의 순간을 얼마쯤 경험한다. 그러나 사랑에 서툰 우리는 그 관계가 서서히 나빠지게 되고, 결국 그 사람이 적격자가 아니었다고 결정한다! 고차의식으로 성장하면서 우리는 적격자를 찾기보다 자신이 제대로 된 사람이 되는 것이 더 중요함을 알게 된다.

우리는 왜 모든 부정적 감정이 삶의 상황에서 효과적 행동을 이끌어내지 못하는지를 깊이 이해해야 한다. 그런 감정은 단지 우리가 겪었던 흉터와 상처가 확장된 패턴의 결과다. 그리고 이 감정적 상처는 우리가 이해하고 사랑할 수 있게 하는 동질성이 아니라, 되레 초조하게 만드는 이질성을 인식하도록 이끈다. 현재 우리의 감정프로그램은 타인(과 우리를 둘러싼 세상의 조건들)을 위협으로, 우리의 안녕에 잠재적 위험요소로 인식하게 한다. 그다음 우리는 생존을 위해서 싸우거나 도주하려고, 아드레날린이 분비되고 심장박동이 빨라지며 혈당이 증가하는 정글 방식으로 반응한다. 우리는 주위의 세상을 인식하는 자신의 방식에 갇혀 있다.

하지만 우리가 고차의식의 더 명확한 인식으로 사물을 바라볼 때면, 누구도 어떤 상황도 감정의 위협이나 위험으로 느낄 필요가 없어지게 된다. 엊그제 당신이 느꼈던 가장 위협적인 상황에 대해 생각해보라. 일자리를 막 잃을 성싶은가? 당신이 가장 사랑하는 사람이 당신보다 다른 이에게 더 많은 관심이 있는가? 갚을 수 없는 미지급된 청구서가 있는가? 암일지도 모르는 통증이 있는가?

자, 이런 문제에는 해결책이 있을 수도 있고 없을 수도 있다. 지금·여기서 문제에 대해 무언가를 할 수도 있고, 안 할 수도 있다. 만일 문제에 관해 지금·여기서 무엇인가를 할 수 있다면 비록 그것이 단지 첫걸음에 불과해도 그것을 해보라. 문제에 관해 걱정하거나 불안해하는 것은 기력을 약화시킬 뿐이다. 당신이 할 수 있는 일을 하되, 그 결과에 집착하지 마라. 그렇지 않으면 당신은 자신에 대해 더 많은 걱정을 창조하게 될 것이다. 당신이 문제에 관해 지금·여기서 아무것도 할 수 없다면, 왜 그것을 걱정해서 굳이 자신을 불편하게 만들고 기력을 소진하는가? 이것이 당신 인생의 지금·여기의 부분이고, 바로 지금·여기의 모습이다. 걱정, 불안 또는 다른 불편한 감정들은 전적으로 불필요하고 당신의 통찰력과 행동의 효과를 낮출 뿐이다.

당신은 이런 고갈시키는 감정들이 유익하지 않음을 절대로 확신해야 하며, 불필요한 걱정이 (인생에서 가져야 하는) 순리적 효율과 즐거움을 빼앗는다는 점을 알아야 한다. 당신은 이 부정적 감정이 어떤 식이라도 작동하고 있다고 여기는 한, 고차의식으로 향한 성장은 지체될 것이다. 외부세상이 자기 내면프로그램(세상이 당신을 어떻게 대접해야 하는지에 대한 당신의 욕망·기대·요구·모델)과 일치하지 않을지라도 당신이 자신을 감정으로 들볶지 않는다면, 아마 잠이 50% 줄어들 정도로 매우 많은 에너지가 남을 것이다. 외부의 사람과 상황에 무슨 일이 벌어지고 있든 당신은 즐겁고 자애로워지며, 삶의 매 순간에 진정으로 감사할 것이다.

우리는 이런 감정프로그램을 어디에서 어떻게 얻었는가? 거의 전부가 인생 초기에 습득되었다. 예컨대 우리는 아주 어렸을 때, 엄마가 우리의 고사리 같은 손에서 향수병을 강제로 빼앗아, 그것이 깨지지 않게 하려는 그녀의 욕망에 기반을 둔 불쾌한 진동을 경험했다. 우리는 울었다. 아기였을 때 우리는 애처롭게 간섭받고, 지배당하며, 무엇을 할지를 지시받고, 통제되었던 경험을 통해 감정적으로 치열한 안전·감각·권력 프로그램을 계발했다. 우리의 감정이 후원하는 많은 프로그램은 상황이 어떻게 '되어야만' 하는지에 관한 반복되는 도덕적 지시나 진술에서 유래되었다. 이런 분리된 자아self의 '생존'을 보호하기 위한 로봇 같은 감정반응 때문에 '자아의식'이 계발되었다.

그래서 우리는 행복해지려면 사람들을 통제하고 조종하는 권력을 가져야 한다고 느끼도록 감정으로 프로그램된다. 우리는 결국 자신의 권력 집착(주위의 사람과 사물을 조종하고 통제하는 능력)을 심지어 멀리서라도 위협하는 어떤 이의 행위나 상황의 진동을 매우 정교하게 감지하게 된다.

우리의 신체가 성숙해지고 우리의 바이오컴퓨터(즉 뇌)가 더 예리하게 기능해낼 때, 우리는 자신에게 필요한 모든 능력을 갖추게 된다. 그러나 풍부한 감정 창고에 의해 후원받는 바이오컴퓨터는 여전히 우리가 어렸을 때 체험했던 능력의 결핍을 보완하도록 프로그램되어 있다. 이제 우리가 주위 사람이나 사물과 더불어 흘러가는 법을 체득할 필요가 있는데도, 타인들을 자신의 권력·명성·서열을 위협할지 모르는 대상으로 인식하므로 권력 집착은 우리가 사람을 사랑하지 못하게 한다. 사랑하고 사랑받고 싶다면 권력(또는 그밖에 뭐든지)에 집착하면 안 된다.

의식하는 존재로서 삶의 행복을 찾으려면, 우리는 '자신이 명확히 누구인지(우리는 순수의식이지 우리가 연기하는 사회적 역할이 아니다)', 지금·여기에서 우리 삶의 실질적 조건이 정확히 무엇인지를 인식하는 것이 가장 필요하다. 우리의 문제는 기본적으로 정말 단순하다! 그러나 우리 자신과 주변 세상에 대해 이렇게 명확하게 인식하려면 부단한 내면 작업이 요구되고, 이는 지금·여기의 삶에 있는 것이 무엇이든 감정으로 받아들이는 습관을 계발하는 것을 의미한다. 왜냐면 오직 감정적으로 침착한 바이오컴퓨터만이 명확하고 현명하게 볼 수 있고, 사람·상황과 상호작용하는 효과적 방법을 내놓을 수 있기 때문이다.

우리의 권력 집착은, 우리가 사는 세상의 실상을 인식하기에는 너무 어릴 적에 자신의 바이오컴퓨터에 설치했던 행복 파괴 프로그램의 한 실례일 뿐이다. 지금 우리가 명확히 인식하기 위한 기본적 역량을 갖췄더라도, 바이오컴퓨터에 주었던 작동명령이 우리를 더 낮은 수준에 묶어두고 있다. 그래서 우리는 무의식적으로 갇혀있게 된다.

지금·여기가 우리 삶의 실상이고 우리의 미래는 오로지 현재의 조건에서 생성된다. 그러나 바이오컴퓨터의 현재 프로그램인 집착·요구·기대는 우리의 의식을 지배할 뿐만 아니라 우리가 깨어 있을 때 대부분(그리고 우리의 의식은 대부분 시간에 자고 있다)을 지금·여기 삶의 상황에 관해 저항하고 투덜대는 데 보내도록 강요한다. 이것은 우리를 둔하게 해서 우리가 문제에 대한 효과적 해답을 찾지 못하게 한다. '의식상승을 위한 실생활 사랑법'은 이 덫을 돌파하고, 자신을 자유롭게 하며, 인간존재로서 완전한 잠재력을 발견하는 방법을 우리에게 제시해준다.

3장 고차의식 법칙

의식성장의 길은 다음 '고차의식 법칙'을 내면화하는 중요성을 충분히 이해해야 시작된다.

'자신을 포함하여 모든 사람을 조건없이 사랑하라.'

이 법칙은 당신이 자신과 타인 내면에 숨겨진 광휘를 발견하게 할 수 있다. 불행하게도 우리는 조건없이 사랑하는 가르침을 받은 적이 없다. 우리의 사랑 대부분은 어릴 적 우리에게 프로그램된 감정적 욕망으로 동기가 부여되었다. 우리는 대다수 사랑 체험을 통하여 우리가 사랑할 수 있으려면 자신이 사랑을 얻어내거나 사랑받을 자격이 있어야 하고, 상대도 우리의 사랑을 받을 자격이 있어야 한다고 배워왔다. 이는 조건적 사랑이며, 물물교환이나 상거래와 같다. 사랑하려는 의도는 좋으나 미숙한 시도가 대개 분리와 격리로 결말을 맺는 것은 당연하다. 우리는 "당신이 나를 진정으로 사랑한다면 당신은 '……'해줄 것이다."라는 조건을 사랑에 갖다 붙이도록 배웠고, '……'에 우리의 집착 중 하나로 채워넣는다. 이건 교환이지 조건없는 사랑이 아니다.

조건없는 사랑이란 뭘까? 그것은 '나의 감정프로그램(집착)이 주장하는(나는 당신이 해주기를 원하는) 것을 당신이 나에게 해주면 난 당신을 사랑할 수 있다'가 아니라, '나는 당신이 거기에 있고, 내 인생에 현존하는 부분이니 당신을 사랑한다. 비록 우리의 몸과 마음이 다른 여행을 하고 있을지라도 의식 차원에서는 우리가 모두 인간 본성이 비슷하므로 나는 당신을 사랑한다. 우리는 하나다.'라는 진실한 사랑이다.

진정한 사랑은 단순히 타자를 받아들이는 것이다. 완전히 조건없이! 우리는 타자의 심리적 공간에서 뭔가를 체험한다. 그것은 타자의 눈을 통해 세상을 보는 것과 같다. 타자가 겪고 있고, 느끼고 있는 것이 무엇이든 우리도 역시 우리 삶의 어느 때에 그 공간에 있었다.

사랑할 때 우리는 타자를 의식상승을 위한 여정을 펼쳐내고 있는 존재로 보게 된다. 우리가 세속적 성취를 위해 아무리 치열하게 애쓰더라도, 의식수준에서 우리는 모두 하나됨과 사랑을 추구한다는 것을 깨닫는다. 우리는 모두 의식상승을 위한 여정에 있다. 우리 중 몇몇은 삶이 제공하는 메시지를 듣고 있고, 집착을 제거하기 위해 의식적으로 작업하고 있다. 여타 사람들은 어떻게 자신을 의식적으로 작업하는지를 아직 모르기 때문에, 빠르게 진보하지 못하고 있다.

우리는 바로 지금·여기에서 자신을 사랑하는 법도 터득해야 한다. 우리가 자신의 과거 행동을 아무리 끔찍하게 심판했더라도, 우리의 삶은 매일 다시 시작한다고 느낄 필요가 있다. 우리는 언제나 사랑스러웠다. 아기가 온갖 말썽을 피울지라도 항상 사랑스럽다. 그래서 낮은 의식의 집착으로 프로그램되어 있는 한, 우리는 모두 아이다. 집착에 의한 단기적 결과물로 살아갈 때 우리는 자신이 몰두해서 울고 웃는 멜로드라마를 받아들여야 한다. 이것 역시 삶과 성장의 일부분이다.

실생활 사랑의 모든 시스템은 당신이 자신을 포함해서 누구든 무엇이든 조건없는 사랑법을 체득하는 것을 돕도록 설계되어 있다. 의식에 실생활 사랑이란 씨앗을 심기만 하면 씨앗이 자동으로 싹을 틔울 것이다. 당신이 다음 달까지 깨닫지 못한다고 해서 자신을 호되게 꾸짖지 마라. 당신이 자신을 사랑하고 받아들이는 법을 더 많이 배울수록, 고차의식으로 성장하기 위한 체험을 자신에게 제공하는 데 필요한 것을 정확히 수행하고 있다는 점을 더 많이 깨닫게 될 것이다.

자신을 사랑하지 않고서 어떻게 타자들을 사랑할 수 있겠는가? 자신과 '타자'에 대한 사랑은 당신 내면에 건축용 블록처럼 결합해서 참된 사랑의 아름다운 건축물을 창조한다.

조건없이 사랑하는 법을 배운다는 것은, 우리에게 프로그램된 집착(바이오컴퓨터에 지시를 요청하고 감정이 후원하는 집착)에 의한 방해에서 벗어나는 것을 의미한다. 이는 지금·여기에 있는 것을 명확하게 인식하고 현명하게 평가하여, 우리가 그것에 관해 하고 싶어 하는 어떤 일이든 효율적으로 행동할 수 있게 한다. 이것의 핵심은 지금·여기를 곧바로 감정에서 받아들이는 것, 즉 이전에는 받아들이기 어렵던 것에 대한 감정의 받아들임이다.

감정이 유발되면 우리는 실제 삶의 상황을 분명하게 인식하지 못한다. 그때 우리의 바이오컴퓨터는 분리와 격리를 강조하는 정보를 우리의 의식에 흘려보낸다. 우리는 집착프로그램에 근거하여 지금·여기에 대해 끔찍스럽게 왜곡된 평가를 창조한다. 이런 일이 발생할 때 우리는 자신과 '타자들' 사이에서 동질성은 억압하고 이질성은 확대한다. 그리고 이것은 조건없이 사랑하기 위한 우리의 능력을 파괴한다.

우리는 사랑하고 싶은 소망을 지니는 것만으로는 충분하지 않음을 모두 안다. 우리가 기억해낼 수 있는 정도의 먼 과거를 회상해보면 우리는 삶에서 사랑의 중요성을 자각해왔다. 사랑의 결핍은 세상의 대다수 불행, 즉 타인과 어울리는 데 어려움·환경파괴·편견·전쟁·인간성에 반하는 개인·집단적 범죄에 책임이 있음을 알지만, 우리가 그 불행에 관해 무엇을 할 수 있는가?

'고차의식 법칙'은 물병자리 시대를 위한 실용적 안내를 제안한다.

**타자의 감정을 상하게 할 때만큼이나
타자 때문에 성질날 때도 똑같이
세상에 고통을 증대시킨다.**

'의식상승을 위한 실생활 사랑법'은 사랑하는 것이 왜 그토록 어려운지 그리고 사랑에 관해 정확히 무엇을 할 수 있는지를 당신에게 단계별로 보여줄 수 있다. 다음 장에서 설명되는 '12가지 길'은 언제나 사랑의 바다에서 하나됨으로 살아가기 위해 당신이 무엇을 할 필요가 있는지를 말해준다.

4장 12가지 길

조건없는 사랑과 하나됨의 고차의식

집착에서 벗어나기

1. 나는 나에게 내 삶의 상황을 강력히 통제하도록 애쓰게 하고, 따라서 내 평온을 파괴해서 내가 자신과 타자를 사랑하지 못하게 하는 안전·감각·권력 집착에서 벗어나고 있다.

2. 나는 내 의식을 지배하는 집착이 내 주위의 사람과 상황이 변화하는 세상 속에서 어떻게 환상에 불과한 변형version을 창조하는지 발견하고 있다.

3. 나는 로봇 같은 감정 패턴에서 벗어나기 위해 새로 프로그램해야 하는 집착을 자각하도록 매 순간의 체험이 나에게 제공해주는 기회를 비록 아프더라도 환영한다.

지금·여기에 존재하기

4. 나는 소멸한 과거나 상상한 미래에 기반을 둔 나의 요구와 기대가 의식을 지배하지 않으면, 지금·여기를 누리는 데 필요한 모든 것이

나에게 있음을 항상 잊지 않는다.

5. 나는 바로 나의 프로그램이 내 행동을 창조하고 주위 사람들의 반응에 영향을 주기에, 내가 체험하는 모든 것에 대해 지금·여기서 완전히 책임진다.

6. 나는 지금·여기서 나 자신을 완전히 받아들이며, 내가 느끼고 생각하며 말하고 행하는 모든 것을(감정이 후원하는 집착을 포함해서) 의식상승을 위한 성장에 필요한 부분으로서 의식하며 체험한다.

타자와 상호작용하기

7. 나는 조금이라도 숨기는 것이 타인과 분리되었다는 환상 속에 나를 갇혀있게 하므로, 기꺼이 나의 내밀한 느낌을 충분히 소통함으로써 모든 사람에게 진정으로 나 자신을 연다.

8. 나는 곤경이 영적 성장을 위해 필요한 메시지를 제공해주긴 하나 타인이 곤경에 처했을 때, 감정적으로 휘말리지 않고 그의 문제에 대해 자비심을 느낀다.

9. 나는 만일 내가 중심잡고 공명하며 자애로울 때는 자유롭게 행동하지만, 사랑과 확장된 의식에서 흘러나오는 지혜가 없고 감정에서 화날 때는 가능하다면 행동하지 않도록 한다.

'각성' 발견하기

10. 나는 내가 주변의 모든 것과 하나로 융합되게 하는 미세한 에너지를 인식하기 위해, 내 논리적 마음이 들떠서 검색하는 것을 지속해서 가라앉히고 있다.

11. 나는 내가 7개의 의식센터 중 어떤 것을 사용하고 있는지 지속해서 자각하며, 내가 의식센터를 전부 열어감에 따라 나의 에너지·예리함·사랑·내면평화가 늘어남을 느낀다.

12. 나는 나를 포함한 모든 사람이, 하나됨과 조건없는 사랑이라는 의식 상승을 위한 자신의 타고난 권리를 주장하기 위해 여기에 있는 깨어나는 존재로서 인식하고 있다.

이 '12가지 길'은 1972년에 공식화되었고, 그 이후로 무수한 사람의 삶을 바꿔놓았다. 그것은 수천 년간 축적된 지혜가 현대적이고 실용적으로 압축된 것이고, 당신이 주변 세상과 상호작용하는 동안 의식을 운영할 수 있게 시시각각 안내해준다. 그것은 당신이 지속해서 즐겁고, 의식적이며, 자애롭고, 행복하며, 충족된 삶을 살 수 있게 해줄 것이다. 만약 당신이 쾌감과 고통 사이를 오르내리는 파란만장한 경험을 충분히 했고, 언제나 당신 삶을 최대한 활용하고 누릴 준비가 정말로 되어있다면, 당신은 삶에 극적 변화를 만들기 위해 '12가지 길'을 이용해서 적용할 준비가 된 것이다. 다음 4개의 장에서 우리는 '12가지 길' 각각을 세부적으로 논의할 것이다.

의식상승을 위한 '12가지 길'은 당신의 영적 발전을 가속하는 방법을 보여주고, 당신이 실생활 사랑의 새로운 삶을 시작하게 한다. 이 '길'은 당신 내면에 숨겨진 아름다움과 행복을 발견하는 법을 당신에게 제시할 수 있다. 당신은 행복이 자기 외부의 사람과 사물을 자신의 욕망에 정확하게 맞춰 일치시키는 데 있다는 잘못된 가르침을 받았다. 하지만 욕망은 욕망을 충족시키는 우리의 능력보다 훨씬 빨리 증폭된다! '실생활 사랑 시스템'에서 집착은 어떤 욕망이든 충족되지 않을 때 당신을 화나게 하거나 불행하게 하는 바로 그런 욕망이다. 삶은 당신이 감정적으로 불쾌할 때마다 어떤 식으로든 집착을 제거하라고 경고하고 있다.

비록 집착이 쾌감을 가져다줄지라도 그 쾌감은 대개 오래가지 못한다. 왜냐하면 그다음 당신은 그 쾌감에 대한 위협을 인식하기 시작할 것이고, 그 쾌감을 앗아갈 인생의 변화에 관해 걱정할 것이기 때문이다. 그리고 당신은 오늘의 쾌감과 어제의 쾌감을 비교하고선, 오늘의 쾌감이 그만큼 만족스럽지 않다는 것을 종종 발견한다. 이 모든 것은 당신이 지금·여기에서 벗어나게 한다. 당신이 각각의 집착에 대해 치러야 하는 행복의 대가를 충분히 자각하게 될 때, 의식상승을 위한 큰 걸음을 내딛게 된다. 당신이 집착을 선호의 상태로 끌어올려야 이 같은 행동과 체험을 완전히 누릴 수 있게 된다.

당신은 자신의 의식이 어떻게 작동하는지 점차 눈뜨게 되면서, 바이오컴퓨터의 하드웨어와 프로그램을 구별할 수 있게 될 것이다. 예를 들어 백만 달러짜리 슈퍼컴퓨터는 완벽하게 작동할지 몰라도, 거기에 쓰레기 프로그램을 입력한다면 이 엄청난 기계에서 쓰레기 결과를 얻게 될 것이다. 컴퓨터 전문가는 이 문제를 지칭해서 GIGO(Garbage in, Garbage out 불완전한 프로그램을 입력하면 불완전한 답이 나올 수밖에 없다는 원칙)라는 단어를 쓴다. 만일 당신이 지속해서 자기 주변의 모든 사람을 사랑하지 않고, 지금·여기의 상황을 지속해서 누리고 있지 않다면, 그것은 굉장한 바이오컴퓨터가 '쓰레기' 프로그램으로 작동하고 있었음을 의미한다. 자신을 의식적으로 명확히 볼 때에야 당신은 자신이 완벽하게 작동되고 있기에, 유일한 해결책은 자신이 작동하고 있는 그 프로그램의 일부를 바꾸는 것임을 깨닫게 된다.

당신의 에고도 바이오컴퓨터의 작동에 중대한 역할을 한다. 과거의 쾌감과 고통 프로그램에 근거해서 에고는 벌어지고 있는 일에 대한 당신의 느낌과 체험을 생성하는 데 사용될 프로그램을 수천 가지 중에서 고른다. 에고는 어떤 감정(기쁨, 쾌감, 분노, 슬픔, 두려움, 실망, 짜증 등)을 유발할 것인지를 지시하는 주 제어기와 같고, 또한 당신 의식의 화면에 정확히 무엇을 투영할 것인지를 선택한다. 당신은 에고가 당신에게 자각하도록 내버려두는 것만을 자각한다. 에고가 낮은 의식센터에서 당신 주위의 사람과 사물에 반응하느라 바쁠 때, 당신의 각성은 주로 자신이 욕망하고 두려워하는 것에 초점을 맞추게 될 것이고, 그것에 따라 서둘러 처리해야 하는 느낌을 내면에 만들어낼 것이다.

이 낮은 의식의 프로그램은 대부분 당신이 3살 때 절박했던 우선순위를 대변한다. 당신이 이런 부적절한 어린 시절의 프로그램들을 재편해서 바꾸기 전에는, 단 하나에만 집중하는 절박함 때문에 고차의식의 아름다운 세상에 사는 데 필요한 당신 주위의 세상 에너지를 지속해서 무시하게 될 것이다.

이 '12가지 길'의 사용법을 체득하는 데는 5개의 단계가 있다. 각각의 단계는 당신에게 이 '길'이 삶에 아름답고 때로는 '기적적인' 변화를 만들어내는 법을 점점 더 자각하게 해준다.

1단계

당신은 '길'을 자각하지 못한다. 당신은 인생드라마를 무의식적으로 연기하고 있다. 당신은 기계적·무의식적 방식으로 사람과 사물을 욕망하고 거부하는 일상의 패턴을 겪어가고 있다.

2단계

어떤 일이 발생해서 누군가 당신이 싫어하는 말을 할 때, 당신은 비록 이 '12가지 길'을 인식하더라도 화나게 된다. 당신이 지금·여기에 대한 자신의 해석을 잘되게 해줄 프로그램으로 이 '길'을 이용할 때, 그것이 어떻게 자신의 삶을 작동하게 하는지 보이기 시작한다. 그러나 당신은 누군가 당신을 비판하면 당신을 자동으로 화나게 하고, 혹은 누군가 당신의 안전에 대한 집착을 유발하면 당신을 자동으로 두렵게 하는 자신의 예전 프로그램에 여전히 취약하다. 그래도 이 2단계는 자동으로 실행되는 경향이 있는 낮은 의식의 프로그램을 당신이 자각하고 있고, 삶에 지속적 즐거움과 행복을 창조하기 위해 자신이 이용할 수 있는 프로그램이 있음을 당신이 깨닫는다는 점에서 대단하다.

3단계

'길'의 사용법을 체득하는 당신은 자신이 두려움·분노·질투·슬픔 같은 불편한 느낌을 자각하자마자, 어떤 '길'을 어기고 있는지 정확히 잡아낼 수 있음을 알게 된다. 따라서 그 '길'을 이용해 논리적 마음을 끌어들이고 자신의 체험을 해석해냄으로써, 당신은 낡고 낮은 의식 프로그램의 노예가 된 무의식의 기간을 점진적으로 줄인다는 것을 알게 된다. 3단계는 당신이 경험하고 있는 부정적 감정을 몰아내는 데 몇 시간이 걸릴 수도 있지만, 이제 당신은 화나는 시간이 점차 줄어들어 부정적 감정을 단지 몇 분 혹은 몇 초 동안만 경험한다는 것을 발견하기 시작한다. 여전히 부정적 감정의 느낌을 유발할 수 있으나 당신은 그것에서 점점 더 빨리 벗어나고 있다.

4단계

누군가 당신이 싫어하는 무언가를 한다면 당신은 화를 내기 시작할 수 있지만, 동시에 한두 가지의 '길'이 자신의 의식에 별안간 떠오르는 것을 발견한다. 이것은 그 분노 반응이 전개되지 않도록 하는 통찰력을 당신에게 준다. 당신은 증가하는 자유를 누린다. 사랑하고 받아들이며 타인과 순리대로 상호작용하는 당신의 능력이 엄청나게 증가한다.

5단계

　당신은 부정적 감정반응을 유발했던 낮은 의식 프로그램을 모두 제거했다. 당신은 일어나고 있는 일을 해석하는 데 의식적이든 무의식적이든 그 '길' 중의 하나를 사용함으로써 지금·여기에 일어나고 있는 모든 일에 단순히 반응할 뿐이다. 당신은 이런 유형의 상황에 과거에는 화를 내거나 질투했지만, 이제는 분노나 질투의 느낌이 유발되지 않음을 인식할 것이다. 당신은 자신이 마음의 주인임을 깨닫는다. 왜냐면 자신의 마음이 운영하기를 바라는 프로그램을 당신이 결정했기 때문이다. 이것은 당신이 할 수 있는 가장 만족스러운 일 중의 하나다.

　일상의 상황들에서 '12가지 길'을 이용하기 시작하자마자 당신의 삶이 멋진 새로운 차원을 맞이한다는 점을 발견할 것이다. 이전에는 성가신 문제였던 것들이 이제는 당신의 바이오컴퓨터를 새로 프로그램하는 중요한 일에 당신이 자신감 있게 이용하는 아주 요긴한 체험이 된다. 당신은 자신에게 일어나는 모든 일이 정말로 완벽하다는 것을 실감하기 시작하는데, 왜냐면 당신은 모든 일이 바이오컴퓨터 프로그램의 패턴에 들어맞아서 행복을 체험하거나, 아니면 당신이 미래에 자신에게 이런 문제점이 없어지도록 바이오컴퓨터를 새로 프로그램할 반가운 기회를 당신에게 주고 있는 부정적 감정의 초기 단계를 체험하기 때문이다.

　'12가지 길'은 앞에 제공되어 있으며, 그것을 당신의 의식 깊숙한 곳에 심기 위해 암기하라. 암기하는 것은 당신이 이 '길'을, 의식의 차원 배후에서 자신의 인식을 형성하는 프로그램으로 이용하도록 돕는다. 단지 지적 이해를 위해 읽는다면 자신의 삶을 작동하게 할 수 있는 역동적 도구로서 '12가지 길'을 활용하지 못할 것이다. 매 순간에 의식의 흐름을 해석하는 데 이 '길'을 이용하라. 그것은 당신을 고차의식으로 곧장 인도할 수 있고, 당신이 삶에서 자신의 타고난 권리인 사랑·행복·지혜·충족을 발견하게 해준다.

5장 집착에서 벗어나기

집착이란 세상이 자신의 마음에 프로그램된 패턴에 들어맞지 않을 때, 불편한 감정반응을 유발하고 자신의 의식을 자극하는 하나의 프로그램(또는 당신의 바이오컴퓨터에 대한 작동명령)이다. 집착임을 확인할 수 있는 특성은, 만일 당신의 욕망이 충족되지 않으면 당신은 감정적 반응인 분노·걱정·불안·질투·두려움 등의 프로그램을 컴퓨터처럼 자동으로 실행한다는 것이다. 당신이 감정에서 회피하는 것도 역시 당신이 욕망하는 것 못지않게 집착이다.

첫 번째 길
나는 나에게 내 삶의 상황을 강력히 통제하도록 애쓰게 하고, 따라서 내 평온을 파괴해서 내가 자신과 타자를 사랑하지 못하게 하는 안전·감각·권력 집착에서 벗어나고 있다.

왜 집착이 행복을 파괴하는가? 해로운 집착이란 것이 있는가? 심지어 집착을 하나라도 가져서는 안 되는가? 사랑·지식·의식성장을 위한 집착처럼 도움되는 집착은 없는가?

물론 당신은 하나에 집착하거나, 원하는 만큼 얼마든지 집착할 수 있으나 각각의 집착마다 행복을 잃어버리는 대가를 치르게 된다. 물밀 듯 밀려드는 감정이 후원하는 각각의 집착은 가끔 자신과 타자를 감정의 전쟁상태로 만든다. 그 집착은 당신의 의식을 지배해서 명확히 인식하지 못하게 한다. 집착은 모든 이를 자신에게 위협이 되는지 도움이 되는지에 따라 순간적으로 평가하기에, 당신과 타자를 분리한다. 당신은 집착하지 않고도 같은 일을 할 수 있고, 같은 삶의 체험을 누릴 수 있기 때문에 집착이 필요하지 않다. 고차의식을 통해서 당신은 삶이 제공하는 온갖 아름다운 체험을 할 수 있다.

우리 주변 세상의 모든 사물이 끊임없이 바뀌고 있고, 우리의 몸과 마음도 끊임없이 바뀌고 있다. 시시각각, 매달, 매년 바뀌는 이런 변화는 우리가 욕망하고 기대하는 독단적 집착 패턴대로 자신의 삶이 흘러가게 하려는 우리의 능력에 영향을 준다. 그래서 우리는 외부세상을 자신의 집착에 맞추기 위해 끊임없이 매 순간 발버둥쳐도 그것은 언제나 무익한 몸부림이 된다. 여태까지 그 누구도 모든 생활의 기본 조건을 극복할 정도로 충분한 능력·명성·지식을 가졌던 적이 없었다. 얻는 것이 있으면 잃는 것도 있기 때문이다.

우리가 낮은 의식의 느낌으로 작동하면, 비록 우리가 하루에 수많은 집착을 만족하게 했더라도, 만족하지 않았던 단 하나의 집착이 우리의 의식을 먹이로 해서 우리를 불행하게 만든다. 그러니 우리가 집착과 벌이는 전투에서 이길 도리가 없다. 비록 사랑과 의식성장이라는 고귀한 집착일지라도, 낮은 수준의 집착인 안전·감각·권력보다 고통은 덜하나 불행이 없는 집착은 없다.

당신이 집착하는 한, 자신의 바이오컴퓨터(마음)는 당신으로 하여금 주위의 세상을 당신의 집착에 적합하도록 조종함으로써 행복을 찾아내도록 돕기 위한 헛된 노력에 사로잡힐 것이다. 집착에 사로잡힌 마음은 마치 너무 큰 소리로 연주하는 드럼 연주자가 당신이 심포니의 바이올린과 플루트 소리를 듣지 못하게 하는 것처럼, 주위의 사람과 사물의 미세한 진동에 공명할 수 없다. 지금·여기에 완전히 존재하기 위해서 당신은 심포니의 모든 악기를 경험할 수 있어야 한다. 고차의식의 아름다움으로 살려면 당신은 주위 세상의 더 총체적이고 더 미묘한 측면 둘 다를 인식할 수 있어야 한다. 집착은 악하지도 않고 나쁘지도 않으나, 다만 예리함·지혜·효율·행복을 사라지게 하는 너무 많은 희생을 당신에게 치르게 한다.

언제나 집착addiction은 조만간 불행을 야기하지만, 선호preference는 절대 그렇지 않다. 집착이 충족되지 않으면 당신은 불행하다. 집착이 충족되면 일순간 쾌감·안도감을 느끼고 무관심해지지만, 선호는 충족되지 않아도 그저 대수롭지 않고, 어쨌든 선호는 단지 하나의 선호였을 뿐이기 때문이다. 그러나 선호가 충족되면 당신 삶의 짜임새와 아름다움은 증가한다. 에고와 논리적 마음은 충족의 원천을 지키지 않아도 된다. 왜냐면 당신의 행복은 충족에 좌우되지 않기 때문이다.

모든 집착을 선호로 끌어올리는 것(아니면 만일 집착이 살아가는 기쁨을 더해줄 수 없다면 집착을 제거하는 것)이야말로 항상 즐겁고 자애롭게 되는 실생활 사랑의 열쇠다. 사람이 의식상승을 위한 어려운 길을 떠나는 데 있어서 경험에 의한 실용적 규칙은, 히말라야로 떠나기 위해 공기·식량(굶주림에 대비한)·대피소(맹추위를 대비한)가 육체의 필수품인 것처럼, 자기 자신만의 감정이 후원하는 요구를 들어주는 것이 길떠나는 데 필수며, 그 외 모든 집착(실례로, 가족이 먹고살 돈을 벌어놓고 영성의 길을 가겠다는 것)은 병이다!

오직 자신의 감정프로그램만이 어떤 것이 집착이고 어떤 것이 선호인지를 결정한다. 당신은 우리가 집착의 단념을 논의할 때 다만 그것은 욕망이 실현되지 않으면 당신을 들썩이고, 뒤흔들며, 불행하게 하는 뇌의 그 부분을 새로 프로그램한다는 의미라는 점을 명확히 이해해야 한다. 자신의 집착을 선호로 끌어올리면 삶의 패턴이 바뀔 수도 있고 바뀌지 않을 수도 있다. 우리가 설명하고 있는 성장은 전적으로 당신의 자동 감정프로그램을 재설정하는 데 있는 것이지, 꼭 당신의 외적 행동 바꾸기를 목표로 삼지 않는다는 것을 이해해야 한다. 집착하지 않는 한 당신이 선호하는 것이면 무엇이든 해도 된다. 왜냐면 당신이 집착에서 벗어날 때 자신의 행동은 하나됨과 지혜로 특징지어질 것이기 때문이다.

어떤 집착은 여타 집착보다 행복의 상실이란 면에서 희생이 더 크다. 당신이 은행에 돈을 적금하기 위한 집착은 박사학위를 따기 위한 집착보다 더 적은 만족감을 줄지도 모른다. 그러나 둘 다 당신을 끊임없는 위협의 상태에 두고, 당신의 의식을 지배하며, 주변 세상의 아름다운 모습에 완전히 공명하지 못하게 한다. 그리고 물론 돈이나 지식을 획득하기 위해 그것들에 **집착**할 필요가 없다. 당신은 돈이나 지식(혹은 뭐든)을 지니는 걸 **선호**할 수 있고, 그때에만 비로소 삶의 흐름이 당신에게 가져다주는 어떤 돈이든 지식이든 완전히 누릴 수 있게 될 것이다.

그러므로 당신의 집착을 형성하는 것은 외부 상황이 아니라, 바꾸어야 할 것은 오직 자신 내면의 감정프로그램이다. 그리고 여기서 놀라운 일은 당신의 능력 범위 안에서 완전히 그렇게 할 수 있음에도, 지금껏 당신은 외부세상을 자신의 집착에 일치되도록 조종하려고 헛되이 애써 왔다는 것이다. 자신의 집착을 몰아내고 선호에 근거해서 선택하며 시간을 보낸다면 당신은 평화로운 세상에 살게 될 것이다.

두 번째 길

나는 내 의식을 지배하는 집착이 내 주위의 사람과 상황이 변화하는 세상 속에서 어떻게 환상에 불과한 변형을 창조하는지 발견하고 있다.

우리는 사물을 있는 그대로가 아니라 우리의 방식대로 본다. 온갖 집착은 자신의 모든 감각입력을 통해 지속해서 흘러드는 막대한 정보의 흐름을 처리하는 효율적 과정을 (의식과 무의식 차원에서) 왜곡한다. 매 순간 바이오컴퓨터는 시각·청각·촉각·미각·후각의 수용기관과 신체의 조직과 장기들에서 수백만 개의 전기화학적 자극을 받아들이고 있다. 예컨대 몸에 있는 털은 각각 신경에 의해 뇌에 연결되어 있다. 내부의 모든 장기가 자신의 바이오컴퓨터에게 지속해서 신호를 보내고 있고, 그 대부분은 다행히도 무의식의 수준에서 다뤄진다.

뇌의 망상網狀활성화계는 의식으로 들어가는 정보를 선별하는 하나의 네트워크다. 그것은 주 분석장치인 대뇌 센터로 보내는 자료를 심사한다. 이 네트워크는 당신의 의식을 차단해서 당신을 잠들게 할 수 있고, 당신이 잠잘 때 의식을 높여서 당신을 깨울 수도 있다. 이 신경구조가 종종 '에고'로 언급되는 기능을 수행한다. (당신의 의식에 영향을 끼치는 신경학상의 요인에 대한 더 충분한 논의를 위해서는 22장을 보라.)

비록 의식이 번개처럼 빠르게 왔다갔다할 수 있지만, 당신은 의식해서 한 번에 오직 하나에만 완전한 주의를 기울일 수 있다. 망상활성화계(즉 에고)가 의식에게 무엇을 전해야 할지를 어떻게 선별하는가? 유년기 이래로 당신이 의식에 넣어왔던 그 프로그램에 따라 의식으로 들어갈 정보를 선정한다. 그래서 자신에게 미리 프로그램된 집착이 세상에 대한 당신의 체험을 결정짓는데, 왜냐면 집착이야말로 망상활성화계가 어떤 자료를 억누를지, 어떤 자료를 당신의 의식으로 보내서 완전한 주의를 끌게 할지를 결정하는 데 사용하는 기준이기 때문이다. 이런 식으로 자신이 욕망하고, 두려워하기로 프로그램된 것에 자신의 의식이 막대하게 지배되기 때문에, 당신은 점차 자신의 세계에 사람과 사물에 대한 환상에 불과한 변형version을 형성해간다.

당신이 주위의 사람과 사물에 대한 왜곡된 변형과 함께 살아갈수록, 그것이 세상에 대한 유일한 '참된' 그림이라고 더욱더 확신할 것이다. 따라서 당신은 자신의 세상에 자신·사람·상황에 대한 뒤틀린 그림을 그려낸다. 왜냐면 당신의 마음은 그 마음이 사실이라고 믿는 것은 뭐든 지속해서 당신의 인식을 형성하며 강화하고 찍어내는 피드백feedback을 일으키기 때문이다.

우리는 자신의 뇌가 자신의 세상을 창조한다는 점을 언제나 자각해야 한다. 당신의 집착 패턴, 즉 기대·욕망·애착·요구·롤모델이 주위의 사람과 사물에 대한 당신의 인식을 지배한다. 집착프로그램에서 벗어나게 될 때라야 비로소 당신은 자신의 세상에 상황들이 정말로 어떻게 상호작용하는지를 인식할 수 있게 된다.

세 번째 길
나는 로봇 같은 감정 패턴에서 벗어나기 위해 새로 프로그램해야 하는 집착을 자각하도록 매 순간의 체험이 나에게 제공해주는 기회를 비록 아프더라도 환영한다.

어떻게 자신의 집착을 발견할까? 그것은 간단하다. 다양한 생활면에서 당신이 자신을 초조하게 만드는 욕망과 기대를 그저 알아차리기만 하면 된다. 의식의 매 순간 흐름에 공명함으로써 당신은 자신을 걱정·불안·분개·초조함·두려움·화·지루함 등을 느끼게 하는 집착을 발견할 수 있다. 이런 식으로 당신은 모든 불편한 감정을 의식성장을 위한 기회로 활용한다. 비록 당신이 여전히 감정적이고 초조해할지라도 당신은 감정이 오르내리는(짧은 쾌감과 오랜 불행) 근원에 도달하기 시작한다. 그리고 더 깨어나고 더 활발해짐에 따라 당신은 깊은 만족감을 느끼기 시작한다!

과거에 당신은 자신의 복합적 안전·감각·권력 집착을 최소로 방해할 사람을 찾기 위해 지속해서 노력했다. 그러나 당신이 별로 매력을 느끼지 못하는 사람이, 어쩌면 당신이 집착에서 벗어나게 하는 데 가장 도움되는 교사일 것이다. 당신이 자신의 삶에서 대개는 몰아냈을 어떤 사람을 체험함으로써 집착을 해결한다면 당신은 더 빨리 성장할 것이다. 그 사람이 무엇을 하든 당신이 여전히 중심을 잡을 수 있다는 점을 발견할 때, 당신은 자신이 느꼈던 분리를 창조했던 바로 그 집착을 새로 프로그램했음을 알게 될 것이다.

그리고 비록 당신이 자신만의 성장을 위해 그 관계를 지속했지만, 상대도 빠르게 성장하는 데 이용할 수 있는 값진 체험(예컨대 조건없이 사랑받는 체험)을 그 상대에게 제공할 것이다. 느낌에서 자신을 떼어놓았던 집착을 새로 프로그램했을 때 당신은 우리를 결합해주는 하나됨과 사랑을 계발했을지도 모른다. 혹은 당신은 다른 방식으로 이 시간을 보내는 것을 선호할지도 모르고, 그러면 당신이 자신의 선호를 따르는 것이 더 큰 성장을 낳을지 모르며, 미래에 당신은 그 상대와 얼마간 함께하거나 전혀 함께하지 않아도 된다.

당신 주변의 모든 사람과 사물이 당신의 교사다. 세탁기가 작동되지 않는다면 당신은 받아들이기 어려운 것을 평화롭게 받아들이는 능력을 확인받고 있는 것이다. 만일 가전제품이 늘 작동하는 것에 **집착**한다면, 당신은 괴로울 것이다. 만일 가전제품이 잘 작동하는 것을 **선호**한다면, 당신은 그것을 수리해야 하는 지금·여기의 현실에 불편한 감정들을 덧붙여서 문제를 키우지 않을 것이다.

당신이 모든 것을 고차의식으로 향하는 성장의 한 단계로서 체험할 때, 매 순간 당신의 의식 흐름은 흥미진진하고 생생하게 된다. 당신은 곧 거의 언제나 평화롭고 자애롭게 느끼기 시작할 것이다. 이것은 당신의 의식이 '12가지 길'을 좀 더 능숙하게 이용하고 있음을 말해주는 표시다. 그저 묵묵히 계속해나가라. 당신은 자신의 길을 잘 가고 있다!

6장 지금·여기에 존재하기

'12가지 길'의 흥미로운 측면은 만약 당신이 그중 어느 하나라도 심오한 수준에서 완전히 따를 수 있다면, 당신은 그 '길'을 거의 모두 이용하고 있으리라는 점이다. 그 '길'은 체계적으로 상호 맞물려있고, 이것은 당신이 그것을 이행하는 것을 더욱 쉽게 만들어준다. 이 모든 '길'이 당신으로 하여금 삶의 현 상태에 공명하도록 새로 프로그램해 주긴 하나, 특히 4~6번째의 '길'은 영원한 지금 이 순간에 사는 법을 터득하는 데 도움된다.

네 번째 길
나는 소멸한 과거나 상상한 미래에 기반을 둔 나의 요구와 기대가 의식을 지배하지 않으면, 지금·여기를 누리는 데 필요한 모든 것이 나에게 있음을 항상 잊지 않는다.

만일 당신이 삶에서 지금·여기의 매 순간을 누리고 있지 않다면, 그것은 당신의 집착(달리 말하자면 삶이 어떻게 당신을 대접해야 하는지의 모델·욕망·애착·요구·기대·감정프로그램으로 알려진)이 소멸한 과거나 상상한 미래에 살도록 하고 있기 때문이다.

그것들은 당신이 지금·여기에 존재하지 못하게 하고 있다. 당신의 삶에 존재하는 모든 것은 영원한 지금 이 순간이며, 이 순간의 체험은 자신의 머릿속 프로그램으로 창조된다.

사람들은 대부분 자신이 과거에 무엇을 했는지, 미래에 무엇을 계획하는지에 관해 끊임없이 수다를 떨며 낮은 차원의 의식에 자신을 묶어두고 있다. 과거를 거론하며 시간을 보내거나 자신의 의식이 과거에 머물게 하는 것은 유익하지 않다. 왜냐면 계속되는 마음의 교란(그리고 마음에서 쏟아지는 말들)은 당신이 삶의 지금 이 순간을 온전하게 체험하지 못하게 하기 때문이다.

그리고 당신은 미래에 대한 생각에 끊임없이 몰두함으로써 오히려 자신을 위한 최상의 미래를 생성해내지 못할 것이다. 만일 당신이 바로 지금·여기서 해야 할 어떤 일이 있다면 서둘러서 행하라. 만일 당신이 이때 해야 한다고 느끼는 것이 무엇이든 실행했다면, 당신의 의식을 미래에 대한 생각들로 가득 채울 필요가 없다.

삶에서 문제에 대한 실질적 해결책은 당신이 집착으로 자신을 들볶기를 멈추고, 주위의 사람과 사물에 완전히 공명할 때에야 당신에게 다가올 것이다. 당신의 '각성'이 깊고 고요한 내면의 장소에서 자신의 몸·마음 그리고 주위의 모든 사람·사물을 지켜볼 때에야, 당신이 이해할 필요가 있는 모든 것이 내면에서 직관적으로 솟아나온다는 점을 발견할 것이다. 당신이 삶이라는 강과 함께 흘러가는 데 필요한 것을 정확히 일러주는 통찰력이 자신에게 생길 것이다.

자신의 삶에 벌어지는 일이 무엇이든 즉시 일어나는 감정을 인정하고 받아들일 때만, 당신은 지금·여기에 있을 수 있다. 만일 당신이 뭔가를 바꾸고 싶다면, 좋다. 그것을 하라. 그리고 당신이 자신의 의식에 감정의 소용돌이가 일어나지 않을 때에야, 정말로 효과적 변화를 만들어낼 수 있다. 당신은 자신의 탁월한 바이오컴퓨터의 충분한 자원을 사용해서 자신이 선호하는 어느 쪽으로든 흘러갈 수 있기 때문에, 이제 당신은 좀 더 예리하고 강력해질 것이다.

예를 들어 만약 차의 타이어가 터진다면 당신은 그것을 발로 걷어차고, 그것을 판 사람에게 화를 내며, 내야 할 수리비로 분개할 수 있고, 아니면 자신의 집착이 자신의 평화와 평온을 파괴하지 못하게 할 수도 있다. 어쨌든 이미 터진 타이어는 자신 삶의 지금·여기의 부분이기 때문에, 초조해짐으로써 당신은 상황을 단지 불편하게 만들 뿐이다. 당신의 타이어가 터지지 않기를 집착하지 말고, 대신 타이어가 팽팽하고 더 오래 쓸 수 있으면 좋겠다는 매우 자연스러운 선호로 끌어올리라. 타이어가 터지면 당신은 받아들이기 어려운 일을 단순히 받아들이고, 이것이 자기 삶에서 지금·여기의 현실임을 깨닫게 된다. 타이어를 잃었다고 해서 당신은 평화와 침착성을 잃을 필요도, 주위 사람들의 집착 패턴을 뒤흔들어서 그들에게 긴장과 불안을 야기하는 진동을 밖으로 내보낼 필요도 없다.

평온은 당신이 효과적으로 살기 위한 목표이자 또한 수단이다. 당신이 살면서 지금 이 순간에 충분히 공명할 때, 자신에게 삶의 매 순간을 누릴 것이 언제나 충분함을 발견할 것이다. 당신이 매 순간 행복하지 못했던 유일한 이유는 자신이 지니지 못한 것에 관한 생각이 의식을 점유해왔거나, 지니고 있으나 이제는 삶의 현재 흐름에 적절하지 않은 것에 매달리려 하고 있기 때문이다. 과거나 미래가 아닌 바로 지금·여기에 당신 주위의 사람과 사물, 그리고 당신 사이에 최적으로 상호작용하는 패턴의 키가 있다.

지금·여기의 의미는, 호랑이 두 마리에 의해 쫓기던 한 승려의 선禪 이야기로 멋지게 설명된다. 벼랑 끝에 몰린 그가 되돌아보니 호랑이들이 그에게 거의 접근했다. 벼랑에 걸쳐진 덩굴이 보이자 그는 재빨리 덩굴에 매달려 내려갔다. 그때 벼랑 아래를 내려다보니 그를 기다리는 독사떼가 보였고, 위를 쳐다보니 검은 쥐 흰 쥐 두 마리가 번갈아 그 덩굴을 갉아 먹고 있는 것이 보였다. 바로 그때 팔이 닿을 수 있는 곳에 먹음직한 딸기가 보였다. 그것을 따먹은 그는 자신이 살면서 최고로 맛있는 딸기를 즐겼다고 한다.

얼마 후 죽을 운명이었지만 그 승려는 지금·여기를 누릴 수 있었다. 삶은 지속해서 우리에게 '호랑이'를 보내고, 또 '딸기'도 보낸다. 하지만 우리는 자신으로 하여금 딸기를 즐기게 하는가? 아니면 우리의 귀중한 의식을 호랑이에 관해 걱정하는 데 사용하는가?

그 승려가 물리적 위험에 가장 명민한 방식으로 완전히 반응했다는 점에 주목하라. 그는 호랑이를 피해 달아나 심지어 덩굴에 매달려 벼랑을 내려갔다. 그다음 그는 지금·여기에 완전히 머물면서 삶이 그에게 제공하는 것이 뭐든 누렸다. 죽음이 임박했으나 그는 미래의 생각 때문에 겁나지 않았다. 자신이 할 수 있는 모든 일을 한 후에, 그는 자기 삶의 매 순간을 충분히 누리기 위해 그의 귀중한 의식을 이용했다.

'겁쟁이는 천 번 죽지만 용감한 자는 단 한 번 죽는다'는 속담이 있다. 우리 모두에게 죽음은 우리 미래의 일부다. 하지만 우리는 실존주의자들이 '산송장'이라고 불리는 인간이 되지 말아야 한다.

우리는 우리의 안전·감각·권력 집착을 위협하려고 과장할 수 있는 상황을 언제나 발견할 수 있다. 혹은 우리는 어떤 행동이 필요하든 의식적으로 실행한 다음, 우리가 누려야 하는 모든 것을 누리는 쪽으로 관심을 돌릴 수도 있다. 만일 우리가 있는 것은 누리고, 없는 것은 걱정하지 않는다면 우리는 언제나 충분히 행복해질 수 있게 된다.

다섯 번째 길
나는 바로 나의 프로그램이 내 행동을 창조하고 주위 사람들의 반응에 영향을 주기에, 내가 체험하는 모든 것에 대해 지금·여기서 완전히 책임진다.

당신이 불행하다고 느낄 때마다 생기는 그 감정은 주위의 사람과 사물이 바이오컴퓨터에 프로그램된 집착 패턴을 충족시키고 있지 않다는 것을 자신에게 말해주고 있다. 하지만 당신은 대개 이것을 사실대로 자신에게 말하지 않고, 그 대신 자신의 불행을 외부의 어떤 사람이나 대상에게 전가해서 '철수가 날 질투하게 해' 또는 '누리가 날 미치게 해'와 같이 말한다. 그러나 실제로는 누군가 당신의 집착 패턴과 일치하지 않는 일을 하고 있어서, 자신의 집착이 자신을 불행하게 만들고 있는 사건이 발생한 것이다. 당신에게 발생하는 모든 느낌과 모든 일에 대해 지금·여기서 당신이 완전히 책임질 때, 당신은 자신이 느끼는 어떤 불행에 대해서도 절대로 다시는 외부세상의 사람과 상황에 전가하지 않는다. 당신은 불행의 느낌이 '타자'에게 전가하는 책임 회피에 불과함을 깨닫는다. 당신은 불행을 자신 탓이라고 하고 있었던 것이다!

당신만이 자신에게 '강요할' 수 있음을 깨달을 때, 당신은 세상이 자신에게 '강요한다'고 여기는 사람(컴퓨터처럼 기계적으로 반응하는)이 되기를 멈출 수 있다. 당신은 감정프로그램과 고통 사이의 연관성이 보이기 시작한다. 당신은 이제 연관성에 관해 뭔가를 하기 시작한다. 즉, 자신을 새로 프로그램한다.

당신의 마음이 자신의 우주를 창조한다. 당신의 기대, 요구, 희망, 두려움, 집착, 동기, 과거 경험, 당신의 언어체계, 개인의 발상과 이론 그리고 지적 자료의 축적, 당신의 감정, 신경계의 구조와 기능, 그리고 당신의 몸 전체에서 주는 피드백, 이 모두가 복잡하게 상호작용하여 당신의 인식(당신이 다양한 감각을 통해 주위의 사람과 사물에게서 받아들이는 에너지로 창조하는 '그림')을 낳는다. 따라서 당신의 인식은 관찰자와 관찰되는 것이 합작하여 만들어낸 현상이다.

당신은 주위 사람과 사물에서 피드백을 받아서 자신에게 유입되는 감각 자료를 처리하는 방식을 지속해서 수정해간다. 예컨대 자애로운 사람은 자애로운 세상에 머문다. 자애로운 개인이 자신만의 매 순간 삶을 살아가면, 주위 사람이 그의 온화하고 수용하는 의식을 비춰주게 된다. 잠언(15:1)이 상기시키듯 "유순한 말은 분노를 가라앉힌다."

마찬가지로 적대적 사람은 적대적 세상에 머문다. 만일 당신이 내면에 돌덩이를 지니고 타자를 당신의 경쟁자로 간주한다면, 상황이 자신의 방식대로 되지 않을 때 속으로 즉각 분노·조롱·반감이 일어나는데도 겉으로 얄팍한 공손함을 보인다면 바로 그런 특성이 있는 사람들을 당신 주위에 창조할 것이다. 달리 말하면 당신이 **사랑센터**보다 높은 센터에 머무는 사람들과 함께 있을 때를 빼고는 당신의 행동이 주위 사람들의 반응을 창조한다는 것이다. 의식하는 존재는 주위의 드라마가 아무리 긴박할지라도 여전히 중심잡고 자애롭다.

따라서 세상은 당신의 거울이 되기 쉽다. 평화로운 사람은 평화로운 세상에 머문다. 화난 사람은 화난 세상을 창조한다. 도움되는 사람은 도움되고 자애로운 에너지를 타자에게 일으킨다. 불친절한 사람은 조만간 불친절한 방식으로 반응하는 사람만을 만날 때, 놀라지 말아야 한다. 행복한 사람은 행복한 사람들로 가득한 세상을 발견한다. 심지어 불행한 사람도 진정으로 행복하고 기뻐하는 사람과 함께 할 때는 순간의 행복과 기쁨을 체험하기 때문이다!

그러나 때때로 사람들은 당신에게 반대 이미지도 비춘다. 양극성의 한 측면에 집착할 때 당신은 자신 주변에 상반된 극성을 창조할 때가 있다. 예를 들어 만일 당신이 깔끔한 정돈에 강박적 집착을 보인다면, 당신 주위에는 평상시보다 더 너저분한 사람이 있기 쉬울 것이다. 반면에 만일 당신이 집착적으로 너저분하다면, 주변에 깔끔한 반응을 창조할 수 있다. 당신이 지닌 프로그램의 치우친 극성은 자신이 상호작용하는 사람에게 상반된 에고 반응을 불러일으킬지도 모른다.

의식이 성장하면서 당신은 자신이 주변 모든 이의 의식을 창조하는 수백 가지의 방식을 깨닫기 시작한다. 그리고 물론 그들도 당신의 매 순간 의식의 내용물을 결정하는 데 상호 역할을 한다. 당신이 정말로 무슨 일이 벌어지고 있는지를 명확히 볼 때, 이런 의식의 피드백은 절묘한 우주적 유머를 제공한다.

자신의 치우친 극성을 이해하고 그것에서 벗어나면서, 당신은 모든 존재의 심오한 차원(우리가 하나됨을 체험하는 곳)에서 타자들에 공명하기 시작한다. 집착에서 벗어날 때라야 당신은 그들이 자신의 집착에서 벗어나도록 돕게 된다.

당신의 예측과 기대는 이런 식으로 자기를 실현한다. 당신의 의식이 자신의 우주를 창조하므로, 세상을 바꾸기 위해 당신이 해야 할 일은 자신의 의식을 바꾸는 것이다! 그것이 아름답고 즐거운 세상에 사는 유일한 방법이다. 좀 더 자애롭고 의식하는 존재가 되기 위해 '12가지 길'을 사용하는 법을 터득함에 따라 당신은 자애롭고 의식하는 존재의 **바다**에 사는 자신을 발견할 것이다. 타자를 바꾸려고 노력하지 않고도, 당신은 타자가 좀 더 자애롭고 의식적이 되도록 돕는 데 최고로 효과적 방식으로 행동하고 있을 것이다.

여섯 번째 길

　나는 지금·여기서 나 자신을 완전히 받아들이며, 내가 느끼고 생각하며 말하고 행하는 모든 것을(감정이 후원하는 집착을 포함해서) 의식상승을 위한 성장에 필요한 부분으로서 의식하며 체험한다.

　의식상승을 위한 실생활 사랑법은 당신이 이전에는 받아들이기 어렵다고 간주했던 것을 지금·여기에서 감정으로 즉시 받아들이는 것에 기초한다. 받아들임이란 단순히 현재의 인식 때문에 자신에게 감정의 갈등을 야기하지 않으리라는 뜻이다. 감정에서 받아들인다고 해서 여생 동안 어떤 특정 사람이나 상황으로 지속해서 살아야 한다는 뜻이 아니라, 자신이 선호하는 어떤 행동이든 자유로이 하되 그 결과에 집착하지 말라는 뜻이다. 누군가 '당신의 에고에 상처를 주는' 어떤 일을 한다 해도, 당신은 의식해서 그 사람을 당신이 새로 프로그램해야 할 집착을 발견하게 해주고 있는 교사로 간주한다면, 더 빨리 성장하게 될 것이다.

　당신이 느끼고 행하는 무엇이든 우리가 세상이라고 부르는 무대에서 벌어지는 연극처럼 의식해서 체험할 때 당신은 정말로 살아 있음을 맛보게 된다. 당신은 자신과 타자를 인생드라마의 연기자로 간주하지만, 진아는 몸도 마음도 아니다. 당신은 그 연기자가 아니며, 당신의 진아는 당신의 '의식각성'Conscious-awareness(이하 '각성')이다. 그리고 당신의 '각성'은 관람석에서 쇼 전체를 파악하고 있을 뿐이다.
　셰익스피어가 말했다.

이 모든 세상은 무대라네,
모든 남성과 여성은 배우일 뿐.
그들은 퇴장하고 그리고 등장하지,
사람은 사는 동안 여러 역을 연기한다네.

당신이 안전한 시청자의 관점에서 자신과 타인의 인생드라마 전체를 지켜볼 때, 자신의 집착을 더 명확히 볼 수 있게 해주는 거리를 두기 시작하며, 자신이 인생이란 무대에서 연기해야 하는 그 집착 드라마를 완전히 받아들이기가 더 쉽다고 느끼게 될 것이다. 그리고 당신은 모든 것을, 의식상승을 위한 성장에 필요한 부분으로 의식해서 체험할 때 흥미로운 기쁨도 발견할 것이다.

실생활 사랑법에서 당신은 성장하기 위해 자신을 비난하거나 군인처럼 정확하게 반복해서 훈련할 필요가 없다. 그저 무엇이든 수용적이고 느긋하고 의식하는 방식으로 체험하고, 그 모든 체험 하나하나가 고차의식을 향해 자신이 지금·여기에서 성장하는 데 완벽하다는 것을 깨달으라. 당신이 매 순간 의식의 흐름을 의식해서 해석하는 데 '실생활 사랑의 길'을 이용할 때 집착은 점차 희미해질 것이다. 강을 거슬러가지 말고, '12가지 길'이라는 유리한 입지에서 그 강을 그냥 의식해서 체험해보라.

7장 타자와 상호작용하기

조종이 아니라 순리順理flowing가 고차의식의 길이다. 순리란 우리 주위의 세력과 더불어 움직이고, 우리의 환경 속에 있는 사람과 사물의 진동에 공명하는 것을 의미한다. 그것은 우리가 삶에서 놓치고 있는 사랑·아름다움·평화를 발견할 수 있게 해준다. 하지만 우리가 어릴 적에 배웠던 행복해지는 법에 대한 모델에 기반을 두면 순리는 불가능하다. 우리가 집착의 노예라면, 흘러가거나 조화로워질 수 없기 때문이다. 집착은 우리로 하여금 자신과 타인을 조종하도록 강요한다. 마음과 신체가 구조적으로 완전히 성장한 성인으로서 우리는 아름답고 자애로운 방식으로 삶이란 강에서 흘러갈 잠재력이 있다.

일곱 번째 길
　나는 조금이라도 숨기는 것이 타인과 분리되었다는 환상 속에 나를 갇혀있게 하므로, 기꺼이 나의 내밀한 느낌을 충분히 소통함으로써 모든 사람에게 진정으로 나 자신을 연다.

　모든 집착을 선호 수준으로 끌어올리거나 집착을 완전히 제거하기 시작할 때, 당신은 이제 타인에게 숨겨야 할 것이 없다는 점을 발견할 것이다. 그다음 당신이 체험하고 있는 것을 그대로 각각의 사람과 소통할 수 있다는 자체가 기분 좋다. 집착 제거를 통해 당신이 고차의식으로 성장하면서, 자신이 해왔던 게임(머니 게임, 안전 게임, 남성-여성 게임,

스승-제자 게임, 부모-자식 게임, 명성 게임, 권력 게임, 지식 게임, 전문가 게임 등)에서 모든 기만적이고 자아중심적 조종을 떨쳐버릴 수 있을 것이다. 당신이 이 게임을 의식적이고 자애롭게 한다면 아름다운 게임이 될 수 있지만, 집착적으로 한다면 고통과 불행이 뒤따르게 된다.

당신이 모든 사람에게 완전히 열려있지 않고 진실하지 않아서 내면의 느낌 일부를 숨기려고 한다면, 타자와 분리되어 있다는 환상을 지속하게 된다. 모든 이가 안전·감각·권력 집착에 갇혀있지 않았던가? 당신은 타자가 충격받을 정도로 끔찍한 욕망과 느낌이 자신에게 있다는 환상에 사로잡혀 있는가? 아니면 우리가 진짜로 모두 하나인가? 비록 자신이 이런 고통과 고립을 초래한 것으로 인식하지 못했을지라도, 우리는 자신을 평화롭고 자애롭지 못하게 하는 이런 것을 모두 내면 깊숙이 체험해왔다. 우리는 모두 우리 삶에서 언젠가 비슷한 곤경에 빠진 적이 있었다.

이러한 고립의 벽에서 빠져나오는 하나의 방법은 "그래, 여기 내가 있다. 이것은 내 집착이 나로 하여금 지금·여기서 느끼게 하고 있는 것이다. 나는 나 자신(내 집착을 포함해서)이 평화롭고 자애로운 고차의식의 상태를 향해 펼쳐지고 있는 여행길에 있다고 받아들인다."라고 되뇌는 것이다.

오랫동안 지속해서 고차의식의 상태를 체험하고 있는 누군가의 곁에 있을 때, 당신은 그 사람이 현재 당신 모습 그대로를 조건없이 받아들이리라고 확신할 수 있다. 왜냐하면 그 사람도 같은 여정을 걸어왔던 적이 있고, 당신을 도와주길 선호하기 때문이다. 만일 당신이 느긋해지고 터놓고 소통할 수 있다면, 가장 빠르게 성장하고 (비록 남아있는 집착 때문에 이렇게 하기가 때로는 약간 어렵겠지만) 그 여정을 가장 잘 누릴 수 있게 된다.

마음을 열어서 사람들로 하여금 당신의 모든 것을 볼 수 있게 하는 것이 아주 좋게 느껴진다. 당신은 얼마나 빨리 그들이 자신의 드라마를 멈추고, 당신이 이전에 동일시했던 가짜 가면과 역할이 없어도 받아들여질 수 있는지에 신기해할 것이다. 당신은 자신이 느끼는 그대로 느낄 만한 자격이 있다. 만일 '타인들'이 곤혹해 한다면 그것은 타인의 문제다. 타인이 당신에게 당신의 집착을 발견하게 해주는 교사이듯이, 당신도 타인에게 타인의 집착을 새로 프로그램하게 해주는 체험을 주고 있는 교사이다.

이 '길'을 한결같이 사용할 때 당신은 자신의 내밀한 느낌을 소통하기 위해 절규하거나 몹시 공격하거나 아니면 타자를 부당하게 위협할 필요가 없게 된다. 타자에 관한 판단을 내리고, 타자가 틀렸다고 입증할 필요도 없다. 당신은 그저 자신의 의식에 관해 말할 뿐이다. "네가 끔찍해서 다신 널 보고 싶지 않아"라고 말하기보다는 "넌 나를 내 집착 중 하나와 접촉하게 해주었고, 지금은 내가 너무 화가 나서 너와 함께 있고 싶진 않다"고 말할 수 있다. 다만 당신이 자신의 의식에 관해서만 말할 때, 당신과 상대방 둘 다에게 분리의 환상을 낳는 집착프로그램을 해결할 가능성을 주게 된다.

'9번째 길'은 집착에서 야기된 감정을 극복하기 위한 시간을 짧게라도 가지라고 제안한다. 그러나 의식성장의 초기 단계에 있다면, 당신은 자신의 관계를 항상 '우선시'해서 감정을 빠르게 소통하는 것이 더 중요하다는 점을 발견할지도 모른다. 숨김은 분리하고, 공개는 결합한다는 점을 명심하라.

고차의식으로 성장함에 따라 당신은 복잡한 패턴의 요구와 기대를 창조하는 숨겨진 '해야 할 것'과 '하지 말아야 할 것' 때문에, 어려운 역할 연기에 몰두하게 했던 방식을 자각하게 될 것이다. 당신이 그동안 취해왔던 안전·감각·권력이라는 춤을 드러내고 자신의 느낌을 진솔하고 공개적으로 소통할 때, '우리'란 공간을 향해 효과적으로 나아갈 수 있게 된다. 자신과 타자에게 당신의 선호를 명확하게 피력함으로써 이렇게 옭아매는 드라마를 대부분 헤쳐나갈 수 있음을 발견할 것이다. 당신은 자신의 내밀한 느낌을 공개해서 소통하는 것이 결국에는 오직 불행과 격리를 낳는 집착프로그램에서 벗어나도록 자신의 에고(그리고 타인의 에고)가 돕는다는 점을 깨닫게 될 것이다.

여덟 번째 길

나는 곤경이 영적 성장을 위해 필요한 메시지를 제공해주긴 하나 타인이 곤경에 처했을 때, 감정적으로 휘말리지 않고 그의 문제에 대해 자비심을 느낀다.

당신의 모든 감정 문제는 집착 때문에 창조된다. 고차의식으로 성장하면 당신은 이런 올가미에서 벗어나게 된다. 하지만 자동으로 실행되는 감정프로그램에 여전히 몰두하는 사람들과 상호작용할 때, 당신은 그들의 문제에 대해 자비심을 갖되 그들의 곤경에 감정적으로 휘말리지 않는 법을 체득하는 것이 중요하다. 자비로운 이해는 좋으나 연민과 동정심은 아니다.

자비는 당신이 타인의 곤경에 감정이입이 되어 다음과 같은 진동을 은연중에 내보냄을 의미한다. "그래, 난 알아. 나도 그런 적이 있었어. 네 방식대로 느껴도 괜찮지만, 그건 온통 드라마일 뿐임을 이해하려고 해봐. '호랑이'가 인생에는 늘 있는 법이고 우린 그놈에 대해 할 수 있는 일을 하면 돼. 하지만 무엇보다 '딸기'를 계속 즐기는 편이 나아. 만일 우리가 모든 주의력을 호랑이에 두지 않는다면 지금·여기를 누릴 만한 딸기는 언제나 충분해!"

자비란 타인이 자신의 삶에서 지금·여기에 있는 것을 거부함으로써 자기 자신에게 창조하고 있는 이중성과 분리를 이해하나, 그의 가슴 아픈 드라마에 휘말리지 않는다는 것을 의미한다. 자비는 당신이 그들 주변에 있을 때마다 중심잡고, 고귀하며, 자애롭게 머물면서 타인을 위해 당신이 할 수 있는 최대한의 일을 할 수 있다는 것을 깨닫고 있음을 의미한다. 왜냐면 그들은 자신의 집착을 촉발해서 스스로 고통받고 있으나, 잘되면 삶이 그들에게 제공하는 메시지를 포착할 수 있기 때문이다.

자비란 당신에게 안전·감각·권력 집착이 남아있어서 자극받는 강박관념이나 죄의식에서가 아니라 명확한 사랑의 공간에서 그들을 사랑하고 섬기는 것을 의미한다.

당신은 감정에서 줄 여유가 없는 선물은 주지 않는 법을 체득한다. 당신이 누군가를 돕는 데 화가 난다면, 이것은 의무감·이중성·분리를 낳는다.

당신은 심리적으로 그와 같은 도움을 줄 여유가 없고 그 수령자는 그것을 받을 여유가 없다. 만일 당신이 '죄의식'의 느낌을 회피하기 위해 주든가, '당위'나 '의무'의 동기에서 준다면 개인적 거리감과 분리로 치르는 대가가 너무 크다.

당신이 자유롭게 흐르는 사랑이 아닌 의무나 당위의 느낌 때문에 누군가를 돕는다면, 상대방이 당신의 도움을 청할 때 당연히 화가 날 수밖에 없다. 이 부정적 느낌은 당신이 상대방의 지금·여기의 실질적 필요에 민감해질 수 없게 하고, 실제로 도움될 것을 행하거나 말하지 못하게 할 수 있다. 단지 상대의 말을 경청하면서 상대방과 함께 자애로운 공간에 있는 것이, 당신이 줄 수 있는 어떤 조언보다 더 도움될 때가 아주 많다.

하나됨과 사랑의 느낌으로 누군가를 '도울' 수 있을 때, 당신은 그 느낌이 당신의 기분을 좋게 하므로 그것을 그냥 한다. 당신이 타자와 하나됨을 느낀다면, 받는 자도 주는 자도 없이 여기에는 단지 우리만 있게 된다. 그것은 마치 한 손이 다른 손을 씻기는 것과 같다. 당신은 단지 에너지가 당신을 통해 흐르게 하고 있을 뿐이다.

집착에서 야기된 고통에 갇힌 사람과 함께 있을 때, 당신은 이것을 자신의 의식에 대해 작업할 기회로 활용한다. 당신이 '타자'를 위해 할 수 있는 가장 멋진 일은, 타자와 함께할 때 여전히 행복하고 자애롭게 되는 것이다. 타자가 자기 인생드라마에서 아무리 비극적 역할을 연기하고 있더라도 당신은 조연 배우로 휘말리지 않는다. 이 역할을 연기하는 것은 타자의 몫이다. 타자는 아마 이 역할을 (의식·무의식적으로) 선택했을 것이고, 그것에 매달려 있다. 타자에게 자신의 집착이란 덫에서 벗어나게 하는 기회를 주는 최상의 방법은, 타자가 너무나 심각하게 받아들이는 그 '일'에 당신이 감정으로 휘말리지 않도록 하는 것이다. 타자는 자신이 동일시하고 있는 그 '일'이 아니다. 그 모든 것의 이면에 '우리'가 있다.

'고차의식의 법칙'에 따르면 그 게임은 '자신을 포함해 모든 이를 조건없이 사랑하는 것'이다. 조건없는 사랑을 느끼는 사람의 수가 증가하기 시작하면서 당신은 각자가 분주하게 연기하고 있는 많은 안전·감각·권력 드라마를 더 자각하게 될 것이다. 사람들이 자신의 삶에 창조하고 있는 문제 덩어리에 당신이 '지나치게 동정적인' 반응을 보인다면, 당신이 만나는 모든 이를 사랑할 정도로 충분한 시간과 에너지를 실제로는 지닐 수 없음을 깨닫게 된다.

'내가 널 돕고 있어' 혹은 '내가 널 구해줄 거야' 같은 낮은 의식의 동기에서가 아니라, 단순히 '우주가 이 에너지를 내게 주었고 그것을 전달하는 것이 기분 좋다'는 각성에서 당신이 자신의 자애로운 에너지를 흘려주고 사랑하며 섬길 때, 당신의 삶은 가장 잘 작동하게 된다. 당신이 의식적으로 될수록 에너지는 증가하게 되고, 또한 자신의 안전·감각·권력 집착 때문에 고갈되지도 않을 것이다. 그러면 당신은 주위의 사람을 사랑하고 섬기는 쪽으로 흘러갈 에너지가 지속해서 자유롭게 흐르도록 하는 셈이다.

아홉 번째 길

나는 만일 내가 중심잡고 공명하며 자애로울 때는 자유롭게 행동하지만, 사랑과 확장된 의식에서 흘러나오는 지혜가 없고 감정에서 화날 때는 가능하다면 행동하지 않도록 한다.

감정에서 화날 때 당신은 똑같이 낮은 의식에 사로잡혀 있는 타인의 집착 패턴을 활성화하고, 상대는 당신의 초조함을 비춰줄 것이다. 당신이 말하고자 하는 바에 둔감해지고 충분히 공명하거나 이해할 수 없게 된 상대는 당신의 내면 갈등을 비춰줄 것이다. 왜냐면 당신이 상대의 집착을 유발하고, 이것이 효과적 소통을 방해할 것이기 때문이다. 당신이 자신과 타인의 감정을 자극했을 때 당신의 말과 행동은 평화·사랑·하나됨을 파괴하는 방식으로 다뤄질 것이다. 당신은 어떤 일을 도모하려고 권력을 과시할지도 모르나, 그것은 관련된 모두에게 적절하지 않다는 느낌이 들 것이다. 그리고 그 행동의 귀결은 앞으로 더 큰 갈등을 야기할 것이다.

나쁜 진동은 홍역처럼 전염성이 있다. 당신이 화·분개·두려움으로 상호작용할 때마다, 우리가 벗어나기를 소망하는 그 집착을 되레 더 강화한다. 어떤 사람이 자신의 친구에게 고함쳤으며, 그 친구는 집에 가서 아내와 다투었고, 그의 아내는 아이를 팼으며, 아이는 고양이를 걷어찼다는 이야기를 알고 있을 것이다.

이제 그 이야기의 방향을 바꿔보자. 좋은 진동도 전염성이 있기 때문이다. 어떤 사람이 친구에게 칭찬했고, 그 친구는 집에 가서 아내에게 키스했으며, 그의 아내는 아이를 아주 다정다감하게 대했고, 아이는 부탁받지 않았는데도 고양이에게 우유를 가져다주었다는 이야기의 그 사람이 되어보자.

세상에 나쁜 진동의 총합이 늘지 않게 하려면, 당신은 신체적 위험상황에 처하지 않는 한, 행동하기 전에 자신이 중심잡고 공명하고 자애로워질 때까지 기다리라. 그러면 당신의 인식과 지혜는 좀 더 효과적 행동 방침을 자신이 선택하도록 이끌 수 있게 된다. 당신이 원래 행동하기로 의도했던 것과 똑같은 행동을 하더라도, 그것은 이제 관련된 모든 이의 의식수준이 고양되었기 때문에 성공할 가능성이 더 높다. 집착이란 드라마를 연기하는 대신 당신은 자신의 느낌과 선호를 공명해서 말하는 인간존재로서 지금·여기서 소통하고 있다.

'7번째 길'과 '9번째 길'은 당신을 흥미로운 곤경에 빠뜨린다. '7번째 길'은 당신의 내밀한 느낌을 소통하라고 말하고, '9번째 길'은 당신이 예리하고 중심잡히며 자애로워질 때까지는 가능하다면 소통을 보류하라고 말한다. 이것은 당신이 항상 완전히 열려있고 사람들과 소통할 준비가 되어 있으나 심란한 감정에 사로잡혀 있다면, 자신이 유발했던 싸우거나 도주하는 느낌을 행동으로 옮길 게 아니라 자신의 집착을 해결할 약간의 시간을 자신에게 주라는 뜻이다.

고차의식으로 가는 성장의 부분은 이 2개의 '길'을 얼마나 예리하게 다루는지와 관련될 것이다. 당신은 '9번째 길'을 자기감정을 숨기기 위해 사용할 수 있고, 아니면 자신이 유발한 부정적 감정에서 자신을 구출하기 위한 기회를 여타의 '길'에 적용할 시간만큼 자신의 반응을 늦추는 데 선용할 수도 있다. 만일 당신이 의식적이고 예리하며 자애롭기를 바란다면, 자신의 내밀한 느낌을 최우선적으로 남에게 내비치는 것을 오랫동안 미룰 수 없음을 언제나 잊지 마라. 표현되지 않은 감정은 당신의 인식을 왜곡해서 격리와 고통을 가져오고, 뇌에 퍼지는 악성종양인 암처럼 작용한다. 따라서 당신은 타인과 갖는 모든 관계에서 점점 더 많이 생생함과 아름다움을 창조하는 데 '7번째 길'과 '9번째 길'을 활용하는 법을 체득하게 된다.

8장 '각성' 발견하기

'12가지 길'은 당신에게 삶의 모든 감정 문제에 완전한 해결책을 제시한다. 당신은 불편한 감정의 파장을 경험할 때마다, 암초를 우회해서 평화로운 바다로 당신을 인도해주는 '길'이 언제나 준비되어 있음을 발견할 것이다.

열 번째 길

나는 내가 주변의 모든 것과 하나로 융합되게 하는 미세한 에너지를 인식하기 위해, 내 논리적 마음이 들떠서 검색하는 것을 지속해서 가라앉히고 있다.

우리의 훌륭한 바이오컴퓨터가 집착에 지배될 때, 우리 의식은 흐트러지고 곤란을 겪는다. 그때 우리의 의식은 채널이 고장 나고, 채널을 사용하고 싶을 때는 꺼지며, 잠자고 싶을 때는 오히려 계속해서 꺼지지 않고 희미해지기 일쑤며, 오로지 낮은 채널에만 맞춰질 TV와 같다. 우리가 이 조악한 성능의 TV에는 못 견디면서도, 불행히도 우리는 대부분 자기 마음의 조악한 성능에는 너무 익숙해져서 그런 비효율을 '정상'으로 종종 받아들이고 만다.

'10번째 길'이 당신에게 자신의 논리적 마음이 들떠서 검색하기를 가라앉히라고 말할 때 그 의미는 무엇인가? 각성이 일어나면서 당신은 논리적 마음의 활동이 보통 안전·감각·권력의 동기에 의해 점화된다는 점을 깨닫기 시작할 것이다. 당신은 자신이 소유한 것은 지키고, 소유하지 못한 것은 획득하고, 싫어하는 것은 피하려 애쓰고 있다. 당신은 논리적 마음이 어떻게 안전·감각·권력의 요구와 기대를 '합리화'하려는 에고에 볼모로 잡혀있는지를 발견한다. 당신은 자신의 논리적 마음이 타인에게 변명하기 위해 궁리해내는 상당수의 '영리한' 말이, 결국 당신을 '우리'란 공간에 들어오지 못하게 하는 분리하고 격리하는 반응으로 밝혀질 뿐이라는 점을 깨닫기 시작한다.

당신이 짊어져 온 집착의 무거운 짐을 줄이면 자신의 논리적 마음은 점점 더 고요해지고, 당신의 통찰력과 예리함이 증가하기 시작한다. 당신이 말하고 행동하는 것들과 관련해서 이전에는 가능하지 않았던 선택을 하기 시작한다. 의식의 화면 위 소중한 공간이, 세상이 꼭 어떻게 되어야 한다는 당신의 안전·감각·권력 집착 모델에 의해 유발되는 긴급 경보에 의해 점령되지 않을 때, 당신은 주변의 더 미세한 에너지에 공명하기 시작한다.

실생활 사랑법은 당신이 자신도 모르게 행복에 필수적인 것으로 프로그램했던 집착·목표·기대에서 벗어나게 함으로써, 당신을 고차의식의 강력한 영역에 살게 해준다. 왜냐면 당신의 바이오컴퓨터 구조와 기능이 워낙 강력해서 이 집착프로그램은 고집하고 지배하는 방식으로 당신의 사고·발상·말을 유발하기 때문이다.

집착 대신에 선호를 함양하는 것은 당신의 논리적 마음이 계속 휘두르며 검색하지 못하게 한다. 왜냐면 선호 자체는 당신을 들썩이게 하는 인기 있는 목표가 아니기 때문이다. 선호할 때 당신은 그저 일상생활의 현 상태에 따라 흘러가게 된다. 지금·여기가 당신에게 하나의 선택을 제공할 때마다 당신은 자신의 선호에 가장 적합하게 선택하지만 이렇든 저렇든 상관없다. 선호는 논리적 마음이 흥분해서 들썩거리고 애쓰지 않게 하며, 당신이 삶에서 지금·여기와 접촉하게 한다. 선호는 당신의 마음이 당신의 의식에게 조용하며 강력하고 전심하며 평화롭고 효율적인 하인의 역할을 다할 때까지 그 마음이 점점 더 침착해지도록 해준다.

따라서 '실생활 사랑 시스템'은 당신이 긴장·불안·갈등을 초월해서 삶의 모든 것을 순리대로 받아들이게 해준다. 낮은 의식에서 벗어나면 당신은 들떠서 검색하는 논리적 마음에서 벗어나도록 도움받게 되므로 더없이 행복하며 평화롭고 자애롭게 인생드라마를 지켜보는 내면의 깊고 고요한 장소와 지속해서 접촉하게 된다.

열한 번째 길

나는 내가 7개의 의식센터 중 어떤 것을 사용하고 있는지 지속해서 자각하며, 내가 의식센터를 전부 열어감에 따라 나의 에너지·예리함·사랑·내면평화가 늘어남을 느낀다.

이 책에서 나중에 설명되는 '7개의 의식센터'는, 고차의식으로 향한 여정에서 당신이 정확하게 어디에 있는지를 매 순간 당신에게 말해줄 수 있는 7단계의 척도로 구성되어 있다.

그 7단계의 의식 척도를 이용해서 당신은 시시각각 자신의 드라마를 명료하게 하고, 자신의 삶에 현실성과 깊이를 더한다. 낮은 의식센터에 연관될 때 당신은 자신의 에너지·사랑·통찰력·내면평화가 오르락내리락하리라는 점을 알게 된다. 당신이 의식을 끌어올리는 법을 익히면 막대한 에너지가 풀려나오고, 모든 사람을 조건없이 사랑하고 받아들일 수 있음을 누리게 된다. 자신을 더 높은 의식센터를 향해 성장하게 함으로써 당신은 자신이 삶에서 늘 구했던 아름다운 내면 평화를 발견하게 된다.

실생활 사랑에서 우리는 모든 센터를 통합하는 작업을 한다. 삶에서 무엇이든지 그 모든 센터의 측면들이 들어 있다. 당신이 낮은 안전·감각·권력 센터에 몰두하는 것에서 처음으로 벗어나서 자신의 의식을 끌어올려 조건없는 사랑·풍요 센터로 들어갈 때, 고차의식을 향해 성장하기 시작한다.

그다음 당신은 각성센터에서 자신의 드라마를 지켜보기 시작한다. 이 초월적 센터에서 자신의 드라마를 바라봄으로써 당신은 앞의 5개 센터에 의한 모든 생각·행동을 편견 없이 목격한다.

의식성장의 그다음 단계에서 사람은 각성센터를 뒤로하고, 개인적 영역을 제거해서 주위의 세상과 하나로 융합되는 평화로운 장소인 7번째 우주의식센터로 들어간다.

열두 번째 길

나는 나를 포함한 모든 사람이, 하나됨과 조건없는 사랑이라는 의식 상승을 위한 자신의 타고난 권리를 주장하기 위해 여기에 있는 깨어나는 존재로서 인식하고 있다.

자신을 포함해서 당신이 만나는 모든 사람은 명확한 인식·지혜·효과성·평화·사랑을 위한 능력이 있다. 우리는 동등한 존재다. 그러나 사람이 고차의식을 향해 의식적으로 노력하지 않았다면 이 숨겨진 내면의 광휘는 사람으로 하여금 분리되고 고립되게 하는 집착 게임에 의해 억눌릴 수 있다. 만일 우리가 자신을 포함해서 모든 사람을 깨어남을 향한 여정의 동반자로 간주한다면, 그것은 타인뿐만 아니라 고차의식으로 향한 우리의 여정에도 도움될 것이다.

우리는 자신이 하는 모든 것이, 하나됨과 사랑을 찾아내려는 능숙하거나 미숙한 시도라는 것을 깨닫기 시작한다. 비록 누군가 당신에게 고함치거나 당신을 때리더라도, 사실 그는 자신의 집착 패턴에 적합한 조건적 방식으로 당신을 사랑할 수 있도록 당신을 조종하려고 애쓰고 있는 셈이다. 당신의 에고가 균형감 있게 사람들의 지금·여기의 행동을 당신이 바라보게 한다면, 당신은 사실상 누구든지 공허한 행동을 할 수 있고, 자신도 인생의 어느 시점에 그런 행동을 했거나 하고 싶어했다는 사실을 깨닫게 된다.

우리는 서로 그리 다르지 않다. 우리의 에고와 논리적 마음은 우리가 타인의 잘못을 밝혀서 자신이 이른바 우위에 서기 위해 타인을 끊임없이 판단하게 한다. 의식하는 존재는 단순히 통찰력과 균형감에서 생겨난 자비심으로 누구나 깨어남을 향한 길에 있다고 본다. 우리는 자신을 받아들이고 사랑함으로써 타자를 사랑하는 법을 체득하고, 반대로 타자를 사랑함으로써 자신을 받아들이고 사랑하는 법을 체득한다.

당신은 우리가 자신의 의식에서 서로 분리하는 데 사용하는 (좋거나 나쁘다고 판단하는) 관점이 아니라 가장 간단하면서 도움될 만한 윤리적 기준은, 사물을 분리와 하나됨의 정도로서 살펴보는 관점임을 깨닫는다. 자신을 분리하는 생각·행동은 낮은 윤리적 척도이고, 자신을 통합하게 하는 생각·행동은 높은 윤리적 척도다. 사물에 '좋다'거나 '나쁘다'는 딱지를 붙이는 대신 당신은 자신의 통찰력을 활용해서 타자를 대하는 느낌에서 단순히 자신의 생각·행동이 자신을 얼마만큼 분리할지 아니면 결합할지 결정하게 된다.

당신에게 분리의 느낌이 들게 하는 것은 삶이 효과적으로 작동하지 못하게 하기 쉽고, **당신**에게 합일·사랑을 경험하게 하는 것은 당신의 에너지와 주위 세상의 에너지가 조화되게 한다. 어떤 일을 할지 말지에 관해 의구심이 들 때마다, 그것이 당신을 사람들과 더 분리된다는 느낌이 들게 하는지, 아니면 사람들을 향해 더 사랑한다는 느낌이 들게 하는지 그냥 스스로 물어보라.

당신이 자신의 느낌이 어떤지를 알 때, 즉 삶에 일어나는 모든 것을 자신의 집착이란 거대한 드라마에서 매 순간 연기하는 것으로 볼 때,

당신은 자신이 내면에 갖춘 잠재력을 얼마나 지속해서 억눌렀는지 깨닫게 될 것이다. 고차의식이란 당신이 주위의 세상에서 상호작용하는 모든 사람 및 사물과 순리적인 조화를 체험한다는 뜻이다. 이 의식은 당신의 삶에서 지금·여기에 있는 것은 뭐든지 당신이 감정으로 (느끼는 사실 그대로) 받아들이게 해준다. 고차의식은 신비적이거나 형이상학적이거나 난해한 상태가 아니다. 그것은 인간존재로서 타고난 당신의 권리인 실용적이고 아름다운 마음 상태다.

9장 7가지 의식센터

'실생활 사랑 시스템'에서는 우리가 의식상승을 위한 자신의 성장 패턴을 측정할 수 있게 하는 7단계의 척도를 사용한다. 이 척도는 3개의 낮은 의식센터인 안전·감각·권력과 4개의 높은 의식센터인 사랑·풍요·각성·우주의식으로 구성되어 있다.

이 센터들은 삶의 지금·여기에서 특정 개인의 경험을 생성하는 필터 역할을 한다. 당신의 바이오컴퓨터(눈, 귀, 기타 감각기관 그리고 뇌의 기억장치, 논리적 마음에 의해 발생하는 생각)로 유입되는 정보는 이 프로그램을 통해 처리된다. 이 프로그램이 지금·여기에서 당신만의 독특한 체험을 결정한다. 뇌의 감정영역은 당신의 집착프로그램에 의해 요구되는 다양한 느낌을 유발한다. 그다음 이것이 차례대로 피드백되면서 당신의 특정 에너지의 흐름과 생각 패턴을 강화한다.

3개의 낮은 의식센터는 인류가 진화의 정글 단계에서 살아남기 위해 계발되었다. 일반적으로 동물은 인식되어 유입되는 정보를 처음에는 안전이라는 측면, 그다음 감각(음식·섹스·패션·장식) 가능성, 그런 다음 동물이 동일시하는 자기 영역(권력)에 대한 위협이라는 순서로 자동으로 점검해본다. 예를 들어 어떤 고양이가 식사를 즐기는 수준에서 감각을 운영하고 있을 때, 어떤 예상하지 못한 소음은 그 동물에게 싸우거나 도주하기 위한 안전의식을 즉각적으로 활성화한다. 이 모든 것은 의식하는 생각 없이 자동화된 기반에서 행해진다.

　유아기를 벗어나면 우리는 사실 고차의식의 잠재력을 사용할 수 있음에도 종종 안전·감각·권력 의식의 자동화된 반응에 여전히 갇히게 된다.

　예컨대 안전프로그램을 이용할 때 우리는 자동으로 두려움의 체험을 유발하게 된다. 만일 욕망하는 감각을 얻지 못하면 우리는 자동으로 불만족의 실망감을 유발한다. 그리고 권력·자존심·명성 영역이 침해받으면, 우리는 자동기계처럼 즉각적으로 분노·적대감·짜증·증오심 등을 유발한다. 우리는 종종 2개 이상의 이런 필터들을 동시에 결합해서 지금 이 순간에 대한 우리의 개별 그림을 창조한다.

　7단계 의식 척도의 장점 중 하나는 당신의 체험을 일으키는 데 사용하고 싶은 필터를 자신이 선택할 수 있도록 균형감 있게 자기 드라마를 보게 해준다는 것이다. 이렇게 프로그램을 의식적으로 선택하는 것이 어린아이나 동물에게는 가능하지 않다. 어린아이와 동물은 그들의 자동화된 프로그램에 갇혀 있다. 당신이 정글 조상의 자아중심적 대본대로 강박적으로 연기해야 할 필요가 없도록 자기 드라마를 분명하게 보는 것이 그 프로그램에서 벗어나는 길이다.

　의식 척도의 아름다운 측면은 그 척도에서 한 단계씩 올라갈 때마다 당신 삶은 다음의 장을 당신에게 펼쳐준다는 것이다.

1. 더 많은 에너지
2. 더 많은 접촉(사람과)
3. 더 많은 즐거움

3개의 낮은 센터의 자명한 특성은, 당신이 삶에서 지금·여기를 해석하기 위해 안전·감각·권력 필터를 사용한다면, 절대로 삶을 지속해서 충분히 누리게 될 수 없다는 것이다. 당신은 자신의 인생을 제한적으로 개선하기 위해서 이 필터들을 이용해도 된다. 그러나 지상에 살아왔던 수십억의 인류 중에 지속해서 행복하고 만족할 정도로 안전과 유쾌한 감각과 권력을 충분히 경험했던 자는 아무도 없다. 오직 당신이 자신의 의식을 사랑센터에서 점점 더 생성해야만 만족스러운 체험이 시작된다.

이 낮은 센터들은 사람들과 삶의 상황을 인식하는 데 끊임없는 왜곡을 야기하기 때문에 당신에게 충분함을 가져올 수 없다. 이 센터들은 당신이 조건없이 사랑하지 못하게 하고, 당신 같은 존재가 아닌 사물로서 사람들과 관계를 맺게 한다. 그것은 당신이 강박적으로 상황을 쫓아가거나, 상황에서 달아나는 것에 에너지를 낭비하게 한다. 이 센터들은 당신이 서로 상충하는 동시적이고 복합적인 집착에 매달리게 하고, 바이오컴퓨터가 버거운 감정의 과부하에 관해 뭔가를 하도록 요구한다. 서로 상충해서 만족하게 할 수 없는 집착적 요구들로 과부하가 걸리면, 지금·여기의 체험은 억압·불안·우울·둔함으로 구질구질해진다. 이 견디기 어려운 감정들이 당신의 바이오컴퓨터에 의해 사용되는 이유는, 당신의 속도를 늦추고 당신의 안전·감각·권력 의식에 의해 생성되어 상충하는 요구·욕망·기대 때문에 당신이 갈가리 찢기는 것을 막기 위해서다.

정글의 삶은 빈번히 그곳에 서식하는 동물들에게 즉각 죽음의 위협을 가한다는 점을 기억해야 한다. 집에 목을 가르랑거리는 매우 사랑스럽고 아름다운 흰색 고양이가 있다고 치자. 하지만 이 녀석이 마당으로 나가서 새들을 발견하면, 몸을 웅크리고 성큼성큼 걷다가 죽이려고 덤빌 것이다. 고양이가 자신의 정글 프로그램을 실행할 때, 근처 새들의 자동화된 반응 패턴은 자신의 생사가 달린 고양이의 공격성을 처리할 수 있어야만 한다.

우리에게는 이런 당면한 생명의 위협에 대처하기 위해 수백 만년에 걸쳐 진화해온 신경계가 있다. 당신이나 내가 실제로 즉사할 위험에 직면했던 이래로 무수한 세월이 흘렀으나 정글에서는 대단한 방어벽이 되었던 싸우거나 도주하는 이 메커니즘이 아직도 바이오컴퓨터에서 운영되는 중이다.

만일 보트가 뒤집혀서 당신이 근처의 섬까지 1마일을 헤엄쳐야 한다면 그 메커니즘은 도움될 수 있다. 3개의 낮은 의식센터에 의해 처리될 때 생명의 위협은 당신이 전에는 결코 헤엄칠 수 없었던 방식으로 수영하게 해줄 자동적 신경반응을 일으킬 것이다. 하지만 일상에서 주위의 사람·상황과 갖는 통상의 상호작용에서 99% 이상 일어나는 이런 두려움·실망감·분노는 당신이 삶에서 커다란 즐거움과 효과를 얻는 데 도움되지 않는다.

예컨대 누군가 당신을 비판할 때 당신이 그 비판을 의식해서 듣고서 만일 그것이 적절하면 이용하면 되고, 그것이 부적절할 때는 어쩌면 무시해버려 화를 면할 수 있는데도, 당신이 분노로 반응한다면 '추가 비판'을 자초하고 만다.

'7개의 의식센터'는 자신을 비난하거나 부족과 열등의 체험을 낳는 또 다른 방법이 아니라 성장의 도구로 사용되어야 한다. 당신이 하루를 4단계에서 지내기로 해놓고, 자신을 3단계에 붙들어 놓았다는 이유로 자신을 사납게 공격할 필요가 없다. '실생활 사랑 시스템'의 어떤 부분도 당신으로 하여금 자기 자신이나 타자를 몰아붙이거나, 호되게 꾸짖게 하거나 또 자신이나 타자에 대해 불평하게 하는 기대를 불러일으키는 데 집착적으로 사용되어서는 안 된다.

실생활 사랑법은 당신이 단순히 그것을 계속 실천하고, 순간순간 당신이 어디에 존재하는지를 고요하며 수용하고 명상하는 방법으로 알아차린다면, 최고의 효과를 낸다.

그리고 당신이 현재 존재하는 곳이 지금·여기에서(다른 곳에 있으면 안 된다) 의식성장을 위해 완벽하다는 점을 잊지 마라. 당신은 그저 실생활 사랑법의 관점에서 보이는 의식의 순간순간 흐름에서 벌어지고 있는 일을 알아차린다. 그리고 실생활 사랑방식 중 하나를 이용할 때마다 당신이 이전에는 감정으로 몸부림치고, 자신과 타자를 화나게 하는 결과를 불러왔을 상황에서 자신이 더욱 평화롭고 자애로워지고 있음을 발견할 것이다.

이어서 '7개의 의식센터'를 요약해서 설명할 것이다. 만일 당신이 7개의 척도를 철두철미하게 익혀서 당신의 바이오컴퓨터가 각각의 순간에 어떤 의식센터로 작동하고 있는지 (굳이 그것을 분석하지 않고도) 느낄 정도가 되면 많이 도움될 것이다.

일곱 가지 의식센터

1. 안전 센터 THE SECURITY CENTER
 이 센터는 당신으로 하여금 식량, 대피소 또는 자신이 개인의 안전과 동일시하는 모든 것에 몰두하게 한다. 이 프로그램은 당신이 안전하다는 느낌이 들게 하려고 세상에서 '충분한 것'을 확보하려는 끊임없는 전투가 당신의 의식을 지배하도록 강요한다.

2. 감각 센터 THE SENSATION CENTER
 이 센터는 더 많고 더 나은 쾌감의 감각과 활동을 자신에게 제공함으로써 행복을 찾는 것과 관련이 있다. 다수 사람에게 섹스가 모든 감각 중 가장 매력을 끄는 것이다. 다른 집착적인 감각으로는 음악 감상, 음식 맛, 패션, 장식 등이 있다.

3. 권력 센터 THE POWER CENTER

자신의 의식이 이 센터에 집중될 때 당신은 사람과 상황을 지배하고, 자신의 명성·부·자존심을 늘리는 데 관심이 있다. 그 외에 수천 가지의 더욱 미묘한 형태의 권력구조, 조종, 통제 등이 관심 분야다.

4. 사랑 센터 THE LOVE CENTER

이 센터에서 당신은 자아중심적 관계를 초월하고, 순리대로 받아들이는 느낌과 조화로 세상을 보는 법을 체득한다. 당신은 모든 사람에서 자신을 보고, 자신에서 모든 사람을 본다. 당신은 안전·감각·권력의 드라마에 사로잡힌 사람들의 고통에 대해 자비심을 지닌다. 당신은 자신을 포함해서 모든 사람을 조건없이 받아들이고 사랑하기 시작한다.

5. 풍요 센터 THE CORNUCOPIA CENTER

당신의 의식이 이 센터에 의해 조명될 때, 당신은 자신이 창조하고 있는 세상에 대해 친근함을 경험한다. 당신은 언제나 완벽한 세상에 살고 있었음을 깨닫기 시작한다. 당신이 여전히 집착하는 정도에 따라, 완벽함은 감정이 후원하는 요구에서 당신이 벗어나는 데 필요한 체험을 자신에게 주는 데 있다. 당신이 집착을 새로 프로그램하면 그 완벽함은 삶에서 지금·여기의 지속적 즐거움으로 체험될 것이다. 당신이 더 자애롭고 수용적이 되면서, 세상은 당신이 행복해지기 위해 필요한 것보다 더 많은 것을 당신에게 주는 '풍요의 뿔(그리스신화에서 어린 제우스에게 젖을 먹였다고 전해지는 염소의 뿔)'이 된다.

6. 각성 센터 THE CONSCIOUS-AWARENESS CENTER

당신의 '각성'이 앞의 5개 센터에서 자신의 몸·마음이 연기하는 것을 지켜보는 센터가 있다는 것은 해방감을 준다. 이것은 당신이 판단 없이 자신의 몸·마음의 드라마를 목격하는 초월센터다. 이 센터 중의 센터, 즉 당신이 두려움과 취약성에서 벗어난 장소에서 자신의 사회적 역할들과 인생 게임들을 공평하게 관찰하는 법을 체득한다.

7. 우주의식 센터 THE COSMIC CONSCIOUSNESS CENTER

각성센터에서 충분히 살 때, 당신은 자기 각성을 초월해서 순수 각성이 될 준비가 된다. 이 궁극적 수준에서 당신은 모든 것과 하나다. 당신은 사랑, 평화, 에너지, 아름다움, 지혜, 명료함, 효율성 그리고 하나됨이다.

🕊 10장 3가지 불행 센터

어떤 의식수준에서도 옳거나 그르고, 좋거나 나쁘고, 순수하거나 악한 것은 없다. 당신은 자신의 의식이 자유롭게 7개의 어떤 수준에도 접촉하게 해줘야 한다. 당신은 자신이 존재하는 지금·여기에 있다. 실생활 사랑에서 자신의 성장은 집착을 정복할 어떤 미래 시점이 아니라 바로 지금·여기에서 자신과 타자를 완전히 받아들이는 데 달려 있을 것이다.

당신은 자신이 다음 단계로 성장하는 데 필요한 느낌을 당신에게 보내주는 집착을 체험하고 있다는 점을 깨닫고, 자신이 지금 있는 곳을 그냥 받아들이라. 자신의 지금·여기를 디딤돌로 즐거이 활용할 때 당신은 가능한 한 가장 빠르게 성장할 것이다.

여기에 의식상승을 위한 위대한 모험에서 당신이 존재하는 곳에 대한 순간순간의 느낌을 계발하는 데 이용할 수 있는 실생활 사랑의 척도가 있다.

1번째 의식센터: 안전 센터

당신에게 안전하다고 느끼게 하는 것이 무엇이고, 불안하다고 느끼게 하는 것은 무엇인가? 이 질문에 대한 당신의 답은 아마도 자신을 오도하고 있을 것이다. 왜냐면 당신의 안전감은 자신의 감정프로그램,

즉 내면의 자신에게 말하고 있는 것으로 창조되기 때문이다. 삶의 외부 조건은 당신에게 안전감이나 불안감이 들게 하지 않고, 단지 당신의 내면프로그램을 촉발할 뿐이다. 실제로 어떤 이는 돈이 전혀 없이도 안전하다고 느낄 수 있고, 어떤 이는 은행에 백만 달러가 있어도 불안하다고 느낄 수 있다.

외부세상이 당신의 안전프로그램과 일치하지 않을 때 안전센터는 자동으로 두려움과 불안감을 유발한다. 당신이 안전하다고 느끼기 위해 가져야 한다고 자신에게 말하는 조건을 성취하려고 애쓰는 데 자신이 불쾌해도 얼마나 많은 시간 동안 관여하는지 관찰해보라. 안전센터는 요구가 매우 심하며, 당신의 의식을 높은 의식센터에서 강력하게 끌어내린다.

당신의 안전감이나 불안감은 자신이 정신·신체적으로 성숙하기 전에 집착했던 사람에게서 습득한 감정프로그램 때문임을 이해하기 시작할 때, 당신은 이 첫째 의식수준에 갇혀 있는 데서 벗어날 것이다. 당신은 또한 자신이 안전하다고 간주하는 것은 뭐든 충분히 갖추기가 불가능함을 알아차릴 것이다. 당신은 쳇바퀴에서 가능한 한 빨리 달리고 있는 다람쥐와 같을지 모른다. 더 빨리 달린다고 또는 더 효율적으로 성취한다고 해도 거기에 도달할 방법은 없다.

역설적으로, 만약 당신이 두 번 다시 삶에서 두려움을 느끼지 않는다면, 실제로 신체 수준에서 즉각적으로 싸우거나 도주해야 하는 정글의 상황에 직면하지 않는 한 아마도 더 안전할 것이다. 즉 두렵다는 감정 반응을 의식이 대체하면 당신은 훨씬 안전해질 것이다.

예를 들면 당신이 붐비는 도로를 횡단하고 싶은데 질주하는 자동차가 당신을 덮칠까 무서워한다면, 다칠 확률이 오히려 높아진다. 단순히 앞뒤로 달리는 자동차들을 의식하며 차량이 정지할 때까지 길가에서 침착하게 기다리는 것이 가장 안전할 것이다. 당신이 최소한의 두려움·피해망상증·위험도 느끼지 않고서 이렇게 차량이 정지한 것을 인식한다면, 침착하고 평화롭게 도로를 건널 수 있다.

어린아이처럼 자동차가 덮칠 때 무슨 일이 벌어지는지 전혀 의식하지 못하는 경우라면, 두려움은 당신이 전반적 상황에 대해 좀 더 자각하게 하는 데 도움된다. 하지만 일단 당신이 삶의 상황에 연관된 다양한 요인을 의식할 정도로 나이가 들면 두려운 반응은 당신을 더 흥분시켜서 덜 예리하게 만들고, 긴장하게 해서 자신의 에너지를 다 써버리며, 당신이 지금·여기를 누리지 못하게 한다.

당신은 '안전'을 위한 갈망이 어떻게 자신의 감정프로그램에 좌우되는지 점점 더 깊이 이해함으로써 안전 수준을 초월하게 된다. 그 프로그램은 당신이 자신만의 두뇌로 하는 여행이다. 당신의 불안감은 자기 주위의 사람·사물·상황에 의한 필연적 귀결이 아니다. 당신이 바로 지금의 자기 삶이 자기 인생의 모습임을 깨닫기 시작할 것이다. 만일 상황이 어떻게 되어야 하는지에 대한 자신의 집착 모델을 제거한다면, 당신은 바로 지금·여기서 기분 좋게 느낄 정도로 충분한 것을 늘 지니고 있다.

만일 당신이 생활에 변화 주기를 선호한다면, 불안감을 주는 집착프로그램을 초월할 때 훨씬 효과적으로 변화를 줄 수 있다. 당신의 의식이 사랑·풍요 센터에서 점점 더 운영되기 시작할 때, 고차의식은 당신으로 하여금 낮은 의식이 제공하는 '안전'을 위한 몸부림보다 훨씬 실질적 안전을 제공하는 상황으로 흘러가도록 해줄 것이다. 왜냐면 실질적 안전은 고차의식을 통해 발견할 사랑과 순리에만 놓여있지, 세상에서 주위의 사람과 사물을 조종하는 것에서는 절대로 발견될 수 없기 때문이다.

2번째 의식센터: 감각 센터

안전센터에 매달려 있는 사람은 자신에게 '안전하다고 느낄 수만 있다면 나는 행복해질 수 있다'고 말한다. 그러나 더 안전하다고 느끼기 시작하자마자 그는 이것이 전혀 사실이 아님을 발견한다. 그다음 그가 사람과 사물이 자신의 삶에 끊임없이 다양한 패턴의 근사한 감각을 제공하도록 조정할 수 있다면, 그는 행복해지리라고 느낀다.

당신이 대다수 사람과 같다면 섹스는 당신의 가장 인기 있는 감각일 것이다. 당신의 생활방식은 성적 감각을 제공해주도록 설계되어 있을지도 모른다. 함께 있기로 선택한 사람들, 당신이 구매하는 옷, 사는 집, 생각·말·행동하는 방식은 자신이 가장 욕망하는 섹스 파트너에게 자신을 매력 있게 만들어줄 것이라는 계산으로 결정되는 경향이 있을 것이다. 이것은 당신이 주체이고 '타인'을 자신의 성적 대상으로서 취급하는 자아중심적 섹스로 알려졌다.

이렇게 해도 아무런 잘못은 없지만, 문제는 행복을 제공할 수 없는 의식수준을 당신이 운영하고 있다는 점이다. 섹스는 절대로 충분하지 않기 때문이다. 당신은 단지 자신의 작은 부분에만 그리고 타자의 훨씬 더 작은 부분에 공명하고 있다. 타인은 당신에게 온전한 사람으로 반응하지 않고, 당신도 온전한 사람으로 타인에게 반응하지 않는다. 절묘한 성적 춤 이면에 실제로 양쪽 다 자아중심적 관계의 천박함을 느낀다. 정확히 뭔지는 몰라도 뭔가가 잘못되어 있음을 안다. 왜냐면 아무리 황홀한 성적 오르가슴을 느껴도 절대로 충분하지 않기 때문이다. 비록 하루에 오르가슴을 12번 맛본다 해도 삶은 여전히 공허해 보일 것이다. 왜냐면 이 '감각센터'에서 쾌감은 섬광처럼 번뜩하고 지나가며, 무관심과 지루함은 오랫동안 지속되기 때문이다.

감각이 아무리 '멋들어져도' 당신이 행복을 위해 감각에 의존하는 한, 절대로 당신은 행복해질 수 없다. 감각만을 뒤쫓을 때 당신은 내몰리고, 좌절하며, 때때로 질리고, 지금·여기의 흐름에 공명하지 못하게 된다. 하지만 이제 당신의 의식이 '감각센터'에 갇히지 않으면, 똑같은 감각임에도 완전히 누릴 수 있게 된다. 당신의 의식이 주로 사랑센터나 풍요센터에 공명할 때, 감각은 지금·여기에서 흐르는 삶의 부분으로서 당신의 행복을 늘릴 수 있다.

비록 섹스가 다수 사람이 가장 심하게 집착하는 감각일지라도, 그것은 절대 '감각센터'에 있는 우리의 유일한 집착이 아니다. 우리는 음식 맛, 음악 감상, 우리가 인상적인 집으로 간주하는 특별한 환경 체험,

영화와 연극의 감각 등을 통해 행복을 발견할 수 있다고 우리 자신에게 말한다.

감각을 통한 행복 추구는 교묘하게 우리를 계속 바쁘게는 하지만, **당신이 충분해질 때까지**는 그 어떤 것도 늘 충분해지지 않는다. 당신이 고차의식을 통해 충분해질 때, 모든 것을 거대한 인생드라마의 요소로서 누릴 수 있게 된다. 그때까지 그 어떤 것도 당신에게 효과가 없고 당신이 즐거움을 집착적으로 요구하는 한, 자신이 추구하는 즐거움은 당신을 벗어나기 쉬울 것이다. 집착을 선호 수준으로 끌어올릴 때에야 당신은 그것을 모두 누리게 된다.

자신의 의식이 당신이 집착하고 있는 감각 패턴을 제공하는 쪽으로 주로 향할 때, 당신은 안전센터에 매달려 있었을 때보다 더 많은 에너지를 갖게 될 것이다. 당신은 대개 더 많은 이와 함께하고, 잠이 덜 필요할 것이다. 자신의 안전에 관해 염려하는 인간보다 섹스를 찾아다니는 개인이 확실히 더 많은 에너지를 생성한다. 사실, 안전 수준에 심하게 집착하는 사람은 아마도 초저녁에 잠들 것이다. 따라서 감각을 통한 행복 추구는 명확히 안전센터를 통한 행복 추구보다 개선된 것이다. 하지만 지혜·평화·평온은 아직 보이지 않는다.

3번째 의식센터: 권력 센터

당신에게 절대 '충분함'을 제공할 수 없는 낮은 의식센터 중 마지막이 권력센터다. 세상 사람은 대부분 이 3개의 낮은 안전·감각·권력 센터에 집착한다. 권력센터를 통해 행복을 발견하려는 시도는 분명히 고차의식을 향해 진일보한 단계다. 당신이 **권력센터**에서 작용할 때 더 많은 에너지를 지니고 더 많은 사람과 상호작용하나, 이는 여전히 자아중심적 상호작용이 될 것이다. 여기서 사람들은 당신의 권력게임에 협력하든지 아니면 권력게임을 위협한다. 이 **센터**의 삶은 경쟁하고, 맞서는 일련의 움직임이다.

'**권력센터**'에서 당신은 무엇을 위해 애쓰는가? 그것이 안전의 형태로서 돈이라기보다 권력을 휘두르는 방식으로서 돈인가? 그것은 당신이 명성이 더 높아질수록 더 많이 사람들을 조종할 수 있기 때문에 명성인가? 당신의 권력 집착이 자신에게 최신 자동차, 매혹하는 집, 유행하는 옷 등에 몰두하게 하는가? 아니면 당신은 타인이 당신을 흥미있고 성취하는 사람으로 인식하도록 그 게임을, 지식과 다양한 취미 같은 내면 상태의 상징으로 끌어올렸는가? 아니면 어쩌면 섹스가 이제는 단지 감각을 위해서 뿐만 아니라 자신의 **권력센터**에 대한 하나의 도전으로도 즐기는 권력게임이 되었는가? 에고의 도전 때문에 유혹하기 가장 어려운 섹스 상대를 구하고 있는가?

당신은 권력게임에서 가장 성공한 사람들이 평화·평온·하나됨(타자와)이란 관점에서 내적 성취가 정말로 없이, 다만 세속적 성공의 외적 증거로 공허하게 생활한다는 것을 알아차린 적이 있는가? 사람이 외적으로 더 성공할수록 내적으로는 덜 성공하는 경우가 종종 발생한다. 그 사람들에게는 불안, 궤양, 심장질환이 외적 '성공'과 더불어 증가하는 경향이 있다.

매 순간 의식이 안전·감각·권력에 치중되는 정도에 따라 당신은 우리 문화의 낮은 의식관습에 갇히고, 삶에서 행복해질 만큼 충분한 것을 발견하지 못하게 된다. 당신이 이런 낮은 의식수준을 사용해 삶에서 성공하려 노력해도 완전히 헛수고라는 점을 깊이 깨달을 때에야, 비로소 의식상승을 위한 다음 단계로 나아갈 준비를 하는 것이다. 그렇다고 해서 반드시 외부 활동을 철저히 바꿔야 한다는 의미는 아니다. 왜냐면 당신이 단념해야 할 것은 자신의 집착적 요구이지, 자신의 활동이 아니기 때문이다.

이를테면 불행을 야기하는 것은 돈이나 섹스 자체가 아니라, 바로 돈이나 섹스에 대한 집착적 요구다. 당신 외부의 사건이 자신의 내면프로그램과 정확히 일치하지 않을 때, 당신을 계속해서 실망하고 좌절하며 고통받게 하는 것은 바로 감정이 후원해서 바이오컴퓨터가 내는 경고음이다. 따라서 당신은 누릴 것이 전부 여기에 있기 때문에 자신의 세속적 활동을 단념하지 않아도, 자신이 주변에서 언제나 이용 가능했던 풍요로운 인생을 누리지 못하게 하는 요구(감정이 후원하는)를 단념하게 된다.

돈, 정치권력, 신분 상징, 서로 군림하는 이들 등과 연관된 좀 더 분명한 권력게임을 보는 것은 쉬운 일이나, 우리의 좀 더 미묘한 권력게임을 자각하는 것이 도움된다. 예컨대 큰 목소리로 소리치는 이는 타자를 통제하려고 애쓰고 있다는 것이 분명하지만, 만약 타인이 듣고자 한다면 조용해져야 하고 열심히 경청하게 만드는 유별나게 부드러운 목소리로 이야기할 때도 권력게임이 있을지 모른다. 지속해서 주위 사람에게 명령하고, 강력히 자기 의견을 받아들일 것을 주장하는 이는 **권력센터**에서 기능하고 있을 수 있다. 그러나 늘 조용한 사람도 자신이 '상냥하게 받아들이고' '항상 가장 잘 안다는' 태도로 미묘하게 조종하고 있을 수 있다. 이런 미묘한 조종 유형은 자신이 진짜 원하는 것을 끌어내는 데 타인으로 하여금 에너지를 투입하게 한다. 이 게임은 자아중심 유형의 분리를 창조한다. 우리는 자신에게 "내가 원하는 것을 얻기 위해 난 뭘 하는가?" "나는 어떤 가면을 쓰는가?" "나는 그 드라마에서 어떤 역할을 하는가?"라고 물어봐도 좋다.

당신의 두뇌에는 개인적 영역과 사회적 지위의 일부로서 자신이 지금 지키고 있는 수백 가지가 있다. 이 모든 것이 당신의 참모습이 아님을 점차 깨달을 때라야 행복이 증가할 것이다. 그것은 당신이 지금의 모습이 되기까지 습득한 에고가 후원하는 프로그램일 뿐이다. 안전·감각·권력 집착이 다양하게 구현되는 것을 포기할 때, 당신의 에너지는 막대하게 증가하고 잠의 필요성은 감소하게 될 것이다.

고차의식은 당신이 보호를 모두 포기할 때, 포기한 것을 모두 돌려받게 하는 식으로 보상한다. 당신이 포기하는 것은 자기 내면의 집착적 요구고, 당신이 돌려받는 것은 자신이 행복해지는 데 필요한 더 많은 모든 것이다. **사랑센터**로 성장할 때 당신은 삶에서 자신이 필요한 모든 힘을 갖고 있음을 발견하고, 사실 자신이 필요한 것보다 더 많이 지니게 될 것이다. 왜냐면 당신이 주변의 모든 사람을 조건없이 받아들이면 이것은 자신이 **권력센터**에서 작용했을 때는 절대로 열 수 없었던 문들을 열어줄 것이기 때문이다.

당신이 권력에 집착해서 삶에 접근할 때, 즉시 타인의 권력 집착에 의한 저항에 직면할 것이다. 그들은 당신이 원하는 것을 얻도록 자신을 열어주지 않고, 오히려 걸어 잠가서 당신이 그들을 위협하며 밀어붙이는 힘에 자동으로 대립하게 된다. 높은 의식센터로 성장함에 따라 당신은 삶을 협박해서 자신이 행복을 위해 필요하다고 생각하는 것을 얻어내려고 애쓰면서 권력센터에서 밀어붙이고 있었을 때는 절대로 획득할 수 없었던 효과를 경험하기 시작할 것이다.

당신의 에고와 논리적 마음의 가장 극적인 활동은 일부 권력센터에서 유발될 것이다. 의식성장의 일부 방식들은 에고와 논리적 마음을 파괴되어야 할 적으로 다루지만, 실생활 사랑법에서 우리는 그것들을 진정으로 우리를 돕기 위해 그곳에 있는 친구로서 간주한다. 하지만 그것들이 우리를 돕는 만큼이나 종종 우리를 해치는 무지한 친구와 같을지도 모른다. 도움됨은 기술·이해 양쪽 다를 요구한다.

예컨대 우리의 에고와 논리적 마음은 차에 치인 후에 척추를 다쳐서 길에 쓰러져 있는 친구를 본 좋은 의도의 이웃사람과 같다. 그 이웃이 다친 그를 들어 병원으로 옮길 때 부러진 척추는 친구가 다시는 걷지 못하게 척추 신경을 뭉개버린다. 그 이웃은 도와주려다가 오히려 무지하게도 친구에게 해를 입힌 셈이다.

마찬가지로 우리의 에고와 논리적 마음도 비록 좋은 의도를 지녔을지라도 낮은 의식 프로그램을 사용할 때, 지속해서 우리의 삶이 최적의 즐거움을 낳는 방식으로 작동하지 못하게 한다.

실생활 사랑법은 당신의 에고나 논리적 마음을 죽이려고 하지 않는다. 이것은 우리를 돕고 싶어하는 친구이므로 우리는 집착을 근절하고 집착을 선호 수준으로 끌어올리는 것을 돕는 데 이것을 이용한다. 우리는 외부세상의 돌아가는 방식이 자신의 집착 모델에 적합하지 않을 때, 에고가 불편한 느낌을 유발한다는 것을 깨닫는다. 외부세상이 자신의 집착과 들어맞을 때, 에고는 우리에게 쾌감이 넘치게도 한다. 어떤 경우든 우리는 자신이 집착적 요구를 자각하게 하는 감정체험을 주기 위해, 그리고 집착이 선호로 새로 프로그램되지 않으면 조만간 그것에 대해 치러야 하는 '엄청난 대가'를 이해하기 위해 에고가 필요하다.

그 목표는 에고를 죽이는 것이 아니라 일감의 부족으로 에고를 물러나게 하는 것이다. 만일 당신이 자기 에고를 죽이면, 정신분열증의 단단한 껍질 안으로 숨어들어 삶이 제공하는 아름다운 것을 누리지 못하게 될 것이다. 에고는 당신이 아직 해결하지 못한 집착들을 당신에게 들춰주는 아주 중요한 역할을 한다. 당신이 자신의 집착을 새로 프로그램할 때 자신의 에고는 행복을 방해하는 부정적 감정을 유발하기를 자동으로 멈출 것이다. 그래서 에고를 환영하고, 에고의 작용을 지켜보며, 당신이 고차의식으로 성장하는 데 필요한 체험을 제공해줄 자신의 필수 부분으로 에고를 이용하라.

3개의 낮은 센터는 삶에서 불행을 낳는다.		
센터	연관된 감정들	3개의 낮은 센터가 인생의 즐거움을 오르락내리락하게 하는 이유
1. 안전	두려움, 걱정, 불안 등	① 지속해서 내몰아가는 강박관념. ② 상실에 대한 지속적 두려움. ③ 논리적 마음은 미래를 걱정할 일련의 가능성을 언제나 끝없이 유발할 수 있다.
2. 감각	실망, 좌절, 지루함 등	① 지속해서 내몰아가는 강박관념. ② 상실에 대한 지속적 두려움. ③ 우리가 즐기는 감각을 반복적으로 경험할 때, 그것에 물리고 지루하게 된다.
3. 권력	적대감, 분노, 분개, 짜증, 증오 등	① 지속해서 내몰아가는 강박관념. ② 상실에 대한 지속적 두려움. ③ 우리가 권력으로 위협하면, 타자의 반격을 자초하고 그러면 우리는 방어하고, 통제하려고 애쓰는 덫에 지속해서 사로잡히게 된다.

11장 즐거움을 낳는 센터

앞 장에서 우리는 삶에서 행복해지는 데 '충분히' 얻고 있다는 느낌을 지속해서 받으려면 안전·감각·권력 센터에 의지할 수 없음을 이제 알았다. 안전센터의 문제점은 조금만 생각해봐도 당신의 안전 설비에 틀어막아야 하는 구멍이 언제나 더 있다는 점을 발견하게 된다는 것이다. 그리고 거기에는 끝이 없다.

감각센터 역시 당신이 행복해지도록 작동하지 않는다. 당신이 반복적으로 하는 것이 무엇이든 십중팔구 지루해질 것이기 때문이다. 당신은 더욱더 다양한 것을 발견해서 지루함의 덫에서 벗어나고자 하지만, 이것 또한 관련된 다른 문제들을 자신의 삶에 초래한다.

권력센터도 역시 당신이 행복해지도록 작동하지 않을 것이다. 당신의 밀어붙이기·지배·조종은 타인에게 비슷한 행동을 자극할 것이기 때문이다. 타인의 방어·공격적 전략 때문에 당신은 더욱 지배적이고 강력해지려 하지만, 외부의 사람들이 훨씬 큰 권력으로 대응하기에 이 상황은 단기간에만 효과가 있을 뿐이다. 당신이 상황을 간단히 해결할 거로 예상했던 방책이 실제로 자신의 삶에 다음번 문제를 예비하는 셈이다. 당신이 자신을 뒤얽히게 해왔던 무의식의 춤을 알아본다면, 자신의 인생을 누리기 위해서는 높은 의식센터가 요구된다는 것을 깨닫기 시작한다.

앞 장에서 우리는 자신의 의식이 3개의 낮은 안전·감각·권력 센터로 작동할 때, 더 큰 외적 성공을 성취할지는 몰라도 행복이란 측면에서 보면 내적 실패자가 됨을 알았다. 우리의 의식이 즐거움을 낳는 사랑·풍요 센터의 관점으로 삶의 드라마를 점점 더 많이 다룰 때 우리는 깨어남을 향한 여정에서 어딘가에 도달하기 시작한다.

4번째 의식센터: 사랑 센터

실생활 사랑법에서는 4번째 의식센터를 사랑센터라고 부른다. 사랑은 자기 주변의 모든 사람과 모든 것을 조건없이 받아들일 때 온다. 우리는 이것을 어떻게 하는가? 자신의 의식이 **사랑센터**에 살 때 당신은 누가 무슨 일을 저지르든 벌어지는 모든 것을 즉각적으로 받아들이지만, 이 받아들임은 다만 (느끼는 사실 그대로의) 감정에 기반을 둘 뿐이다. 그럼에도 당신은 자신의 선호를 누릴 권리가 있다. 아기가 우유를 뒤엎어서 부엌 바닥에 엎질러도 엄마는 아기를 사랑할 것이다. 엄마는 우유가 고스란히 남아있는 것을 선호하나, 엎질러진다 해도 그것이 지금·여기의 상황이라고 받아들인다. 굳이 감정적으로 화나서 자신과 아이를 괴롭힐 이유가 있는가?

누가 무엇을 행하고 말하든, 화나지 않고 모든 이를 조건없이 사랑하는 방법은 뭔가? 자신의 안전·감각·권력 집착을 초월함으로써만 이렇게 할 수 있다. 왜냐하면 자신의 내면에 길들였던 그 프로그램과 외부의 사건이 일치하지 않을 때 당신을 괴롭히는 것은 바로 자신의 감정프로그램이기 때문이다.

집착이 녹아 없어지기 시작하면서 당신은 주변의 모든 것과 모든 사람을 다르게 체험하기 시작한다. 다른 관점이 생긴 당신은 이제 주위의 상황·사람을, 자신이 집착하는 '필요'를 충족하기 위한 수단으로 보지 않는다. 왜냐면 당신은 그런 필요에서 벗어나고 있고, 그저 '좋아, 그것이 지금·여기에 존재하는 방식이다'는 관점으로 바라보기 때문이다. 각각의 개인이 지금·여기에서 뭔가를 한다면 당신은 그에 대한 필요성이 존재하며, 자신을 포함한 모든 이가 자신의 집착이 발현되는 세상을 창조하고 있다는 사실을 깨닫게 된다. 이런 집착이 야기하는 공허함과 고통을 의식적으로 알아차릴 때, 당신은 집착에서 벗어나도록 돕는 통찰력을 얻게 된다.

사람들이 하는 모든 언행을 각성으로 향한 여정의 일부로 받아들일 때 당신은 **사랑센터**에 있게 된다. 만일 그들이 깨어남을 위한 의식하는 여정에 있다면 당신은 자신의 매 순간 '언행'도 받아들여지리라는 것을 안다. 왜냐면 이 언행 역시 그들이 성장하도록 돕는 것이기 때문이다. 혹여 그들이 그런 여정에 있지 않아서 화를 낸다면 그것은 그들의 문제다. 당신이 집착을 선호로 끌어올릴 때, 이전에는 감정적으로 용인할 수 없었던 것을 바로 받아들일 수 있음을 발견하기 시작한다. 결국, 당신은 (받아들이는 것 빼고) 정말 선택권이 없게 된다.

존재하는 것은 무엇이든 **존재한다!!!** 그것은 선택권이 바로 지금·여기에 있다는 것이다. 당신은 일 초, 일 분, 한 시간 또는 하루 지나서 그 상황을 바꿀 수도 있겠다. 그리고 짜증내지 않으면 당신은 자신의 선호를 더욱 효과적으로 실현할 수 있을 것이다.

사랑센터에 점점 더 많이 사는 법을 체득함에 따라 당신은 자신의 의식이 머무는 새로운 세상을 창조하고 있다는 것을 발견하기 시작할 것이다. 사람과 조건은 이제 위협이 아니다. 무엇도 당신의 선호를 위협할 수 없을 것이기에. '타자'는 단지 당신의 집착만을 위협할 수 있다. 그런데 당신은 집착을 빠르게 없애고 있다. 곧 당신의 마음은 어떤 '타자'도 창조하지 않을 것이다.

자신의 집착이 새로 프로그램되면 당신은 자신의 '에고'가 점점 더 할 일이 없어지고, 타인의 에고를 점점 덜 활성화한다는 점을 발견할 것이다. 이렇게 당신이 에고가 할 일을 줄일 때 사람들은 더 순수해진 당신을 경험하기 시작한다. 이것은 그들이 더 순수해지도록 돕는다. 비록 그들이 여전히 낮은 센터에 갇혀있더라도, 당신과 함께 있을 때 그들은 긴장의 느낌이 거의 들지 않음을 발견하게 된다. 그들은 더 즐거운 의식센터에서 산다는 것이 무엇과 같은지 맛보기 시작한다. 그들이 당신과 함께 있지 않을 때는 효과가 떨어질지 모르나 당신은 이미 깨어남의 씨앗을 심었을 것이다.

점점 더 **사랑센터**에 살 때 당신은 혈액순환이 더 원활해지고, 손발이 더 따뜻해지는 점을 느낄 것이다. 당신의 혈관은 추위를 아주 심하게 느끼지 않도록 이제는 좁아지거나 경색되지 않을 것이다. 얼굴은 홍조를 띠고, 목 뒤와 머리는 특별히 따뜻한 상태를 유지할 것이다. 피부는 추위를 경험하나 내적으로는 추위를 느끼지 못할 것이다. 이것은 고차 의식으로 성장할 때 발생하는 아름다운 생리현상 중 하나다. 이렇게 순환계가 더 열리는 것은 뇌와 다른 기관에도 영향을 끼쳐서 더 효율적으로 기능하게 한다. 감기와 질병이 거의 없어진다.

사랑센터에서 점점 더 시간을 보내면서 당신은 자신이 사람들에게 점점 더 영향을 끼치는 것을 좋아하고 있음을 볼 것이다. 이제 당신은 피해망상에서 벗어났으므로, 말·눈·소리뿐 아니라 촉각기관을 통해서 접촉할 때도 온정과 하나됨의 멋진 느낌을 누릴 수 있게 된다. 이중성과 분리라는 환상을 극복해나가면서 당신은 이전에 자신이 사람들을 조건없이 사랑하지 못하게 했던 것은, 바로 당신이 믿도록 길들었던 대로 타인들의 행동이 아니라 순전히 자신의 두뇌였다는 점을 깨닫기 시작한다.

통찰력을 지니게 된 당신은 사람들이 여전히 낮은 의식수준에서 연기하고 있는 집착의 세속적 드라마를 알아보기 시작하며, 여전히 분리의 환상에 몰두하는 그들에게 자비심을 느낀다. 그들을 돕는 최상의 방법은, 그들이 (어쩌면 그들 생애에 처음으로) 조건없는 사랑 체험을 인식할 수 있도록 당신 자신에 대해 작업하는 것임을 당신은 안다. 그들은 자신에게 "우와! 내가 어떤 말과 어떤 행동을 하든지 언제나 나를 받아들이는 사람이 여기 있다"고 말하기 시작한다. 그들이 안전·감각·권력을 좇아 발버둥칠 때 사랑은 당신이 그들의 '일'에 말려들기를 요구하지 않는다. 당신은 그들이 거기에 있기에 그냥 그들을 받아들이기만 하면 된다. 왜냐면 그들은 거기에 있을 권리가 있고, 그들이 있는 곳이 그들의 성장을 위해 그리고 당신의 성장을 위해서도 완벽하기 때문이다.

타인에 대한 자신의 온갖 체험은 당신을 평화롭고 자애롭게 하고, 아니면 새로 프로그램해야 할 집착이 당신에게 남아있다는 것을 자각하게 한다.

당신이 이전에는 받아들일 수 없었던 일들을 어떤 사람이 행하도, 이제는 그것을 감정으로 받아들일 수 있을 때, "좋아! 난 그걸 잘 해내고 있어. 저 사람이 방금 나를 점검했고 나는 그 집착에서 벗어나는 시험에 통과했어."라고 자신에게 말할 수 있게 된다. 당신이 점점 더 사랑센터에 살고 있기 때문에, 자신의 에고가 당신을 격려하게 하는 것에는 어떤 잘못도 없다. 당신은 의식센터를 끊임없이 끌어올리기 위해 자신의 에고를 이용한다.

만약 한 사람이 뭔가를 하는데, 당신이 상대에게서 초조감과 격리감을 조금이라도 느낀다면, "그는 내가 제거해야 하는 집착을 보여주고 있으니 나의 교사다"고 자신에게 말할 수 있게 된다.

사랑센터에서 당신은 '일'을 사랑과 보살핌의 표현으로 체험한다. '일'은 이제 업무가 끝나야 인생을 다시 마음껏 즐길 수 있게 된다는 느낌으로 무의식적으로나 기계적으로 수행되지 않는다. 당신은 '타자'의 필요가 마치 자신의 필요인 것처럼 그것을 충족시키는 데 에너지를 넘치게 하는 법을 체득해서 고차의식으로 향한 성장을 증진할 것이다. 한 오래된 격언을 달리 말하자면, "내가 누구인지 모를 때 나는 주변의 모든 사람을 **섬긴다**. 내가 누구인지 알 때 나는 주변의 모든 사람과 하나다."

이타적 봉사는 3개의 낮은 의식센터에서 벗어나는 멋진 방법이다. 안전·감각·권력을 움켜잡는 에고는 항상 신기루처럼 낮은 의식 상태를 가장 강화할 외적 인정을 구하며 보상도 노리는 것에 에너지를 쓰며 거래할 것이다. 당신이 쾌감을 주거나 불가피하거나 안전·감각·권력 과시를 강화하는 일에만 임할 때 당신은 자신의 에고로 하여금 당신을 속여서 스스로 함정에 빠지게 한다. 보상을 계산하지 않는 이타적 봉사는 사랑센터의 특징이다.

당신은 사랑의 세상살이는 언제나 충분해진다는 점을 체험으로 깨닫기 시작하고, 고립·분리·피해망상의 느낌은 항상 감정프로그램 때문에 인위적으로 창조된다는 점을 알며, 우리의 몸과 마음이 비록 다르다 할지라도 '각성영역'에서 우리가 모두 같다는 점을 깨닫는다.

그리고 엄마는 아기가 무엇을 하든 자신의 아기를 사랑하듯이, 고차의식으로 성장할 때 당신도 주변의 모든 사람이 무엇을 말하고 행동하든지 그들을 사랑할 수 있다는 것을 깨닫는다. 심지어 누군가 당신을 맹렬하게 공격하거나 때린다 해도 상대는 단순히 자신의 집착대로 연기하고 있을 뿐이다. 그가 당신과 상호작용할 때 그의 집착이 자신을 괴롭히지 않도록 그는 당신을 달리 행동하게 하려고 애쓰고 있는 것이다.

그래서 무슨 일이 일어나더라도 당신은 모든 것을 사랑으로서 체험한다. 당신은 마침내 주위의 세상에서 벌어지는 어떤 것도 당신을 사랑 센터에서 벗어나게 할 수 없는 지점에 도달한다. 당신은 감정에서 모든 것을 받아들이고, 누가 무엇을 말하고 행하든 언제나 사랑으로 돌아갈 수 있다. 그리고 이런 식으로 당신은 타자가 그 자신의 집착을 초월하도록 돕는 최선의 일을 하고 있을 것이다. 심지어 타자가 당신을 해치려고 노력할 때조차 당신이 여전히 자애롭다면, 타자는 정말 체험하고 싶으나 아직 찾는 법을 모르는 그런 사랑의 장소를 자신한테서 찾아내기 시작할지도 모른다. 모든 것이 사랑·평화·하나됨을 일으키는 효과적이거나 비효과적인 방법, 둘 중의 하나다.

당신의 행동이 아무리 끔찍할지라도 당신은 언제나 이해받고 사랑받기를 원한다. 그래서 타인들도 마찬가지다. 다만 당신이 어떻게 자신의 집착에 갇혀있는지 기억해낸다면 그런 타인들을 이해할 것이고, 활짝 열린 존재로서 조건없이 사랑할 수 있게 된다.

'해야 할 것'과 '하지 말아야 할 것'으로 결합하는 관계는 그 관계의 자연스러운 지금·여기의 생동감을 잃는다. 사랑은 두려움이나 압력으로 결합해서 프로그램된 집착일 리가 없다. 진정한 사랑은 집착하는 곳이 아니라, 활기차게 지금·여기에 완전히 참여하는 곳에서 꽃피고 머무른다. 그리고 최적의 미래는 자유로운 흐름이자 기대 없는 현재의 순간에서 언제나 생성된다.

만일 자신에게 현재 해야 할 의무가 있다면 당신은 이를 인정하고, 그 의무를 다한다. 왜냐면 당신이 고차의식의 여정을 시작할 때, 바로 지금 있는 곳에서 출발하기 때문이다. 자신의 의무를 무시하거나 회피한다면, 당신은 '자기책임을 타인에게 돌리는' 태도를 창조한다. 이런 태도는 에너지를 '우리'란 의식으로 화합시키는 공간을 창조하지 못한다. 그래서 당신은 자신의 의무에 대한 본질을 의식적으로 이해해서 자신에 대해 작업함으로써 그 의무를 해결한다. 장차 당신은 '우리'란 공간 내에서 순리대로 충족할 수 있는 의무만 지게 된다.

당신이 사랑센터에서 살며 집착에서 비교적 벗어날 때, 모든 사람을 조건없이 사랑할 수 있음을 발견할 것이다. **왜냐면 조건적인 것은 바로 당신의 개입이지 당신의 사랑이 아니기 때문이다.** 하루 24시간 동안 당신은 자신과 비슷한 선호를 지니고, 자신이 함께 일하기를 즐기는 사람들과 함께 대개 시간을 보낸다. 에너지의 내밀한 조화가 사람들 사이에 일어날 때 그들은 당신과 함께 있음을 즐기게 된다. 당신은 인생드라마에서 버거운 활동을 계속해서 유지할 필요가 없고, 그저 묵묵히 함께 있으면서 전적으로 각자의 공간에 있음을 누릴 수도 있다. 당신이 많은 일을 함께할지언정 그 행위는 절대 강박적이지도 인위적이지도 않다. 당신은 단순히 함께 있는 것만으로도 심오한 내적 평화를 체험할 수 있다. 그리고 당신은 주변의 모든 이를 사랑할 수는 있으나, 모든 이의 드라마에 반드시 말려들게 되는 것은 아니다.

두 사람이 **사랑센터**에서 사랑할 때 그들은 자신이 타인을 위해 지니는 사랑을 (그들이 공유하는 사랑을) 손상하거나 위협하는 것으로 경험하지 않는다. 그들은 자신들을 고통에 취약하게 하는 집착을 낳는 사랑의 낭만적 모델인 질투로 결합하지 않고, 완전히 몰입하나 완전히 집착하지 않는 상태로 자신의 의식을 유지한다. 그들은 상대에게 완전한 자유를 주고, 상대를 조건없이 받아들인다. 그들은 에고가 비교적 없는 방식으로 서로 사랑하고 섬긴다. 그들 둘 다 동등하게 사랑하고 섬기는 행위는, 삶이 제공할 수 있는 최고로 멋진 것을 낳는다.

자신의 삶에 창조하고 있는 평화·조화·사랑을 체험하면서, 당신은 지상의 60억 명이 사랑과 섬김의 방식으로 살 때에 세상의 모든 문제가 스스로 해결된다는 것을 깨닫기 시작한다. 당신은 자신이 지닌 온갖 느낌 그리고 자신이 하는 온갖 생각과 소통이, 영원히 연쇄적으로 스스로 전파할 수 있는 사랑 에너지의 총합을 세상에 늘릴 수가 있다는 점을 알게 된다.

5번째 의식센터: 풍요 센터

사랑센터에 점점 더 생활하면서 당신은 더 많은 사람과 삶의 상황에 자신을 열게 될 것이다. 사람과 상황을 피하는 과거의 습관 대신, 이제 당신은 무서워할 것이 아무것도 없음을 깨닫고, 이전에는 결코 발견할 수 없었던 우정을 발견하기 시작할 것이다. 자신의 안전·감각·권력 집착 때문에 이전에는 절대 체험하지 못했을 삶의 영역을 당신이 탐구하고 있음을 발견할 것이다. 당신은 이제 그 영역을 선입견으로 판단하는 방식이 아닌 열린 마음과 관용하는 방식으로 체험한다. 당신은 자신이 낮은 의식센터에 기초해서 선택했을 때보다, 자신이 이용 가능한 다양한 경험에 1,000% 더 개방될 것이다.

이 열린 마음은 당신이 거의 기적적인 방식으로 삶을 체험하기 위한 첫걸음이다. 당신이 열려있는 덕택에 자신에게 문제였던 대다수 삶의 상황이 이제는 멋진 해결책을 제공한다. 당신은 사태들을 자신에 대한 사람들의 태도로 생각하는 관점에서 벗어나 결과와 사건의 관점으로 본다. 당신에게 가르쳐줄 것이 있는 (그러나 당신이 스스로 단절했던) 사람들이 이제 당신의 삶 속으로 들어올 수 있다. 에고가 집착의 노예로서 해야 할 일이 점점 줄었기 때문에 당신은 지금·여기의 전체 영역을 체험하기 시작한다.

자신의 인식이 엄청나게 증가한 당신은 이제 생각할 때 고도의 예측 능력을 지니게 된다. 당신은 현재 자신이 사는 아름답고 평화로운 세상을 창조했으므로, 주변의 사람들도 내면의 아름답고 평화로운 장소를 찾도록 돕고 있다. 그리고 당신은 의무감을 느끼지 않고도 도움을 받아들일 수 있다.

당신은 삶을 잇달아 벌어지는 '기적적인' 사건으로 체험하기 시작하겠지만, 사실 이런 변형은 당신의 삶 어느 때라도 일어날 수 있었다. 왜냐면 당신이 단순히 끊임없이 주위의 사람과 사물에 대한 개방성을 증가시킴으로써 변형을 창조했기 때문이다. 당신은 그 기적이 항상 그곳에 있었으나 자신의 시야에서 벗어난 마당에서 일어났다는 것을 알아보기 시작한다. 왜냐면 당신은 자신의 집착 때문에 자신을 들볶고 주위의 사람과 사물을 조종하느라 너무 바빴기 때문이다. 삶은 이제 당신에게 '풍요의 뿔'을 제공하고 있다.

그리고 당신이 지키고 있는 집착의 수를 대폭 줄일 때 풍요 의식은 자동으로 당신을 돕는 강력한 3가지 요인 덕분에 '기적'을 일으킨다.

1. 집착이 당신의 에너지를 낭비하므로, 이제 당신은 자신의 선호대로 사용할 거대한 에너지의 공급원을 지니게 될 것이다.
2. 집착이 당신을 눈멀게 하므로, 이제 당신은 다양한 삶의 상황에서 해야 하거나 하지 말아야 할 것을 명확히 통찰하게 될 것이다.
3. 집착이 당신을 타자에서 분리하므로, 이제 당신은 사람들이 당신을 사랑하고 돕는 자애로운 에너지 장에서 살게 될 것이다.

풍요센터를 통찰함으로써 당신이 높은 의식센터에서 머물 때, 언제나 자신에게 '충분함'을 줄 친근한 세상에 살고 있다고 느끼기 시작할 것이다. 당신은 또한 완벽한 세상에도 살고 있다고 깊이 느끼기 시작할 것이다. 집착프로그램을 지닐 때 당신은 단기간 행복이란 제한된 관점 때문에 세상을 완벽하다고 느끼지 못하게 될 것이다. 하지만 의식하는 존재로서 당신이 자신의 전반적 발전을 위해 필요한 삶의 체험을 당신에게 정확하게 끊임없이 제공한다는 관점에서 당신의 세상은 완벽하다.

피해망상증이 있는 사람은 모든 사람이 그가 행복해지는 데 필요한 것을 얻지 못하게 애쓰고 있고, 세상은 그를 해하려는 거대한 음모라고 느낀다. 풍요센터는 피해망상증의 정반대를 상징한다. 이 센터에서 당신은 주위의 사람과 상황을, 자신이 행복해지는 데 필요한 모든 것을 지속해서 제공하는 풍부한 세상의 한 부분으로 체험한다.

당신이 자기 세계의 더욱더 심오한 측면을 친근하고 양육하는 장소로서 체험할 때, 더욱더 풍요센터에서 살기 시작할 것이다. 당신은 어디에서나 편안하게 느끼게 된다.

누가 더 바랄 것이 있을까? 그러나 당신이 마지막 2개의 의식센터를 향해 성장함에 따라 반드시 더 많은 것이 있다.

12장 충족 센터

당신이 행하거나 느끼는 모든 것이 정도의 차이는 있으나 앞의 5개 센터와 각각 관련된다는 것을 깨달을 때, 당신은 자신의 삶에 대한 통찰력이 증가하게 된다. 예를 들면 당신이 식사하면서 그 맛을 즐길 때, 대부분 감각센터에서 음식을 체험한다. 그러나 음식이 당신을 안전하다고 느끼게 하는 감정의 버팀목 역할을 할 수도 있기에, 먹는 것은 안전센터와 연관된 측면이 있다. 물론 기본 영양은 당신의 안전과 관계가 있다. 또는 당신은 타인이 신성해지기 위해서 정말로 어떤 음식을 먹어야 하는지를 거만하게 말함으로써 음식을 권력센터에서 체험할 수도 있다. 당신은 새로운 맛을 받아들여 사랑하는 방식으로서 음식을 사랑센터에서 즐길 수도 있다. 또는 당신은 자신이 고차의식에서 사는데 필요한 모든 것을 제공해주는 아름다운 세상에 산다는 확인을 더해주는 풍요센터의 관점에서 음식의 가치를 인정할 수도 있다. 성장함에 따라 당신은 그 5개 센터의 무수한 조합으로, 아니면 그 전부로 음식을 체험하기 시작할 것이다.

앞의 5개 센터 각각에서 당신은 자신을 지속해서 판단하고 있다는 점을 발견할 것이다. 정도의 차이는 있으나 당신은 생각과 행동을 특정 의식센터와 비교해서 당신이 그 센터의 기준을 충족하고 있는지를 측정한다. 각각의 센터는 행해져야 할 일을 당신에게 제시한다.
①안전 성취 ②감각 체험 ③권력 발휘 ④무슨 일이 일어나든 조건없

이 모든 사람과 모든 것을 사랑하고 받아들이는 능력 얻기 ⑤주변의 모든 것에 대한 친근함과 완벽성을 체험하기

당신이 자신을 몰아붙인다고 생각하지는 않더라도, 정말로 빠르게 진보하고 있는지 계속 궁금해할지도 모른다. 당신은 속으로 "저 사람이 나보다 빨리 성장하고 있는가?" "나를 막고 있는 것이 뭐지? 나는 내 의식이 사랑센터에 있다고 생각했는데, 방금 나는 우리의 관계에서 권력 측면을 자각하게 되었어." "내가 망쳐버렸나?" "내가 하루에 얼마 동안 각각의 센터에 있는지 기록하는 게 도움될까?" "난 한 달간 3개의 낮은 센터에 의한 생각을 대부분 제거해야 하는가?"라고 말하고 있을지 모른다.

당신은 사랑센터와 풍요센터에 집착하는 단계를 겪어갈 것이다. 당신이 조건없이 사랑하고 있다고 생각했다가 감정으로 받아들일 수 없는 어떤 것을 발견할 때, 조바심을 내게 될지도 모른다. 그때 당신은 '나는 이걸 서둘러 해치워야겠어. 그러면 난 다시 느긋해져서 내 주변 상황과 사람을 조종하기를 멈출 수 있게 돼. 이 문제를 잘 처리해내면 앞으로는 정말로 순리대로 흘러갈 수 있다'는 느낌이 들지도 모른다.

비록 고차의식으로 향한 성장이 조건없이 자신과 타자를 받아들이는 것과 관련됐다 하더라도, 당신은 앞의 5개 의식수준 각각을 자신의 측정 기준으로 삼는다는 점을 발견할 것이다. 한데 이것도 하나의 집착이 아니겠는가? 이 의식센터 각각은 당신을 두려움, 분개, 분노, 불안,

걱정 등에 취약하게 잡아두는 족쇄로서 간주될지 모른다. 심지어 당신의 의식이 시간 대부분을 풍요센터에 머물 때도 그 의식이 비록 순금으로 된 가벼운 사슬로 간주될지 몰라도 여전히 사슬에 묶여 있는 것이다.

6번째 의식센터: 각성 센터

이 사슬에서 벗어나게 되는 방법은 당신의 의식이 '각성센터'에 머물게 하는 것이다. 이것은 앞의 5개 센터에서 펼쳐지는 당신의 드라마를 그저 목격하는, 내면 깊숙한 곳에서 체험되는 평화로운 장소다. 이 센터에서 당신은 어떤 식으로든 판단하거나 평가하지 않는다. 당신은 그저 자신을 목격한다. "저기 한 남성이 조건없는 사랑센터에 있다. 삼순이가 그에게 몹시 화를 낼 때 그는 정말로 자애로울 수 없다는 생각을 방금 했다. 그는 아직 모든 것을 사랑의 형태로서 체험할 수 없기에, 자신을 비하하고 있는 것이다."

초연한 각성센터에 있는 당신은 자신이 앞의 5개 센터에서 하는 행동을 그저 지켜볼 뿐이다. 당신은 자신을 어떤 식으로든 격려하지도 비판하지도 않는다. 당신은 더없이 행복하게 그 쇼를 즐기고, 편견 없이 자신을 목격한다. 당신은 자신의 드라마가 어떻게 되든지 간에 내버려 둔다.

당신은 자신이 몰두해 있는 앞의 5개 의식센터에서 벗어나는 초월센터로서 '각성센터'를 이용한다. 왜냐면 5개의 모든 센터는 벌어지고 있는 일에 대한 특별한 버전version을 창조함으로써 이런저런 식으로 당신을 묶어두기 때문이다. 당신이 모든 것을 관찰해서 받아들이는 내면의 깊고도 고요한 곳에서 삶의 매 순간을 체험할 때 당신은 모든 사슬을 끊어버리게 된다.

각성센터는 주위의 세상과 당신 사이에 공간을 준다. 이 센터에서 당신은 이제 인생의 기복에 취약하지 않다. 마침내 자유로워진 당신은 몸·마음이 비록 다양한 유형의 드라마를 겪고 있을지라도 그 어떤 것도 당신을 괴롭히거나 넘어뜨릴 수 없다. 당신이 머무는 의식센터와 관계없이 여전히 해오던 일상대로 '밥을 짓고 사람을 만나야만' 할 것이다. 당신은 여전히 주변 세상에서 활기있는 역할을 하고 싶어 할 것이다. 여전히 다양한 것들을 체득하고, 사람들과 상호작용하며, 의식적으로 생활함으로써 좀 더 아름다운 세상을 건설하는 데 자신의 역할을 하고 있을 것이다.

그러나 **당신**은 그 역할을 하고 있지 않을 것이다. 일하고 놀며 느끼고 행하는 등 이런 일상의 드라마에 휘말리는 것은 단지 당신의 몸·마음뿐일 것이다. 당신의 '각성'은 그 드라마를 모두 언제나 평화로운 내면 깊숙한 아름다운 장소에서 벌어지는 마술쇼로 지켜보고 있을 것이다. 비록 몸·마음이 분노나 질투의 발현을 겪을지라도 당신은 자신이 출연하는 드라마에서 집착하는 역할 중 하나를 연기하고 있을 뿐임을 자각한다. 왜냐면 당신은 타인이 매일의 인생드라마에서 타인 자신의 대사를 읊조릴 때, 당신의 몸·마음도 그 역할을 포착해서 당신의 대사를 말하고 있는 것을 그저 묵묵히 목격하고 있기 때문이다.

당신이 각성센터에 살 때, 삶이라는 거대한 무대 위의 한 배우로서 자신을 체험할 것이다. 매일 당신은 자신의 바이오컴퓨터 프로그램이 지시한 대사대로 연기한다. 당신은 타인이 포착하는 역할과 그 역할에 대한 타인의 반응이, 깨어남을 향한 그의 여정에서 지금 순간에 그가 체험하고 있는 의식센터의 기능임을 이해한다.

우리는 각자가 우주적 연극에서 오늘의 대본을 쓰는 데 사용하고 있는 의식센터에 의해 생성되는 세상을 창조한다. 연극 배역 담당자는 당신의 의식성장을 도울 목적으로 배우로 분장한 다양한 사람들을 대기해놓았다. 하지만 당신의 고차의식은 자신의 몸·마음이 무대 위에 있는 타자의 몸·마음과 상호작용하는 것을 지켜보는 '관객석'에 나가 있다. 그리고 당신은 자신이 하는 모든 말·행동을, 자신이 집착이란 덫에서 벗어나기 위한 성장의 부분으로 본다.

에고와 논리적 마음을 활성화하는 집착프로그램은 지속해서 '당신이 진정 누구인지' 깨닫지 못하게 한다. '당신이 뭐라고 생각하는지' 혹은 '당신이 누구라고 생각하는지'를 아는 법은, 자신의 에고가 지키고 있는 것을 주의해서 알아차리는 것이다. 살아가는 과정에서 당신이 지금 내세우는 그 '겉치레' 또는 사회적 이미지는 뭔가? 어떤 것이 분노·두려움·질투·슬픔을 유발하는가? 논리적 마음이 방어하는 그 '어떤 놈'은 뭔가? 당신이 지금 에고로 행하고 후원하고 있는 모든 춤이, '당신이 지금 자기라고 생각하는 자'를 대변한다. 이 프로그램 전부가 당신을 취약하고 불안하게 만든다.

당신은 자신에 대해 어떤 이미지를 갖고 있는가? 타자들에게 어떤 인상을 심어주고 싶은가? 당신은 자신을 성취형 인간, 유능한 사람, '가난한 자를 돕는' 사람, 세상이 이용하는 사람, 좋은 엄마, 좋은 아빠, 유능한 사업가, 낙오자, 다양한 지식게임에 정통한 자, 예술형 인간, 섹스게임의 진짜 전문가 등으로 투영하는가?

어쩌면 당신의 에고는 우리 문명의 약점을 아주 잘 통찰하고 있고, 그 모든 약점을 초월하고 있다는 이미지를 명확히 지키고 있을 것이다. 어쩌면 당신은 어떤 취미가 있고, 기타 연주자, 오토바이 타는 자, 파도타기 하는 자, 화가, 시인, 가수 등으로서 자신의 이미지를 지킨다. 또는 자아 이미지에 대한 이런 세속적 투영을 끝냈다는 이미지일지도 모른다. 어쩌면 에고는 이제 신비한 영적 산의 등반자로서 '순수한' 당신의 이미지를 지키고 있을 것이다.

당신은 자신의 방식이 사람들을 위한 유일한 방식도 최상의 방식도 아니라는 점을 누군가 지적하면 화나는가? 이런 순간 삶에서 자신의 에고가 당신의 에너지와 의식으로 하여금 향하게 하고 있는 다양한 게임들은 무엇인가?

당신이 자신의 다양한 활동과 게임 또 개인적 영역을, 자신의 에고가 현재 지키고 강화하려고 애쓰고 있는 드라마로 명확하게 볼 때, 자신이 지금 누구라고 생각하는지를 이해하게 될 것이다. 그러나 당신은 이런 '요소' 중 어떤 것도 아니다. 이 모든 것은 단순히 당신의 참된 의식적 존재를 발견하기 위해 겪어가고 있는 춤에 불과하다. 만일 당신이 자신의 에고가 지금 방어하고 있는 그 모든 활동, 속성, 인격 특성, 개인적 영역을 목록으로 작성해보면 그것 중 다수는 10년 전의 목록에는 없었음을 발견할 것이다. 그리고 만약 당신이 고차의식을 향해 성장한다면 그것들은 대부분 지금부터 10년 후의 목록에 있지 않을 것이다. 의식이 성장하면서 당신은 자신에게 프로그램했던 역할들을 기계적으로 연기하느라 바쁜 상태를 균형감 있게 바라본다.

에고가 방어하느라 바쁜 이 모든 것이, 당신을 가둬두는 일련의 틀로서 역할을 한다. 어느 틀이든 숨이 막히게 하며, 쾌감과 고통의 파란만장한 경험을 항상 맛보게 하는 취약함의 원천이다. 당신이 지금 지키고 있는 집착 모델들은 대부분 당신이 태어나서 성장했던 시간과 공간 사이에서 상관적으로 작동해온 개성의 패턴을 나타내준다. 만일 당신이 다른 사회집단에 태어났더라면 자신의 에고는 일련의 다른 역할을 지키는 일에 바쁠 것이다.

우리가 누리기 위해 세상이 여기에 있지만, 자신의 인생드라마에서 연기하는 역할과 동일시하는 데서 벗어날 때에만 세상을 전적으로 누릴 수 있게 된다. 장기나 바둑 게임을 지속해서 즐기는 유일한 방법은, 당신이 그 게임을 너무 심각하게 받아들여서 승패에 감정적으로 휘말리지 않는 것이다. 뽐내는 논리적 마음을 가진 인간존재는 문제 풀기를 즐긴다. 그러나 우리는 (어쩌면 명성에 집착해서) 이런 문제를 너무 심각하게 받아들여 지금·여기의 인생 상황에 생생한 재미를 잃게 하는 경향이 있다. 우리는 우리의 본질적 인간성과 우리의 행동을 일으키는 동기부여 모델을 구별하는 방법이 필요하다.

현재 갇혀있는 사회적 게임과 동일시하는 것에서 벗어나기 위해서 우리는 게임의 본색을 명확하게 알아봐야 한다. 루스 베네딕트Ruth Benedict의 『문화의 패턴』 같은 책을 읽는 것이 도움된다. 우리가 비교인류학이라는 관점에서 우리가 속한 부족의 관습을 통찰할 수 있어야 문화적 올가미에서 벗어날 수 있다.

우리가 진실로 지배 부족의 경제·사회적 관행을 통찰한다면, 어떻게 에고는 우리가 행복해지는 데 정말로 필요없는 요구를 그토록 많이 계속해서 잘해낼 수 있을까? 어떻게 우리는 지금 열중하고 있는 수많은 명성 게임을 그토록 진지하게 받아들일 수 있을까? 우리의 삶을 작동하게 하는 데 필요하다고 이전에 생각했던 그 의미 없는 '손익 게임'과 '명예 굴욕 게임'에 우리의 자만심이 어떻게 우리를 계속 갇혀 있게 할 수 있겠는가?

의식하는 존재는 개인적 게임이든 사회적 게임이든 거부하지 않고, 다만 게임으로 다룰 뿐이다. 만일 우리 부족이 "우리가 중심가를 지날 때 몸의 성적 부위를 장식해서 돋보이게 하는 게임을 하자"고 말하면, 그것은 지금·여기란 인생 게임의 한 역할로 받아들여진다. 만일 어떤 부족이 "여기는 누드로 목욕하는 해변이다"고 말하는 곳에 의식하는 존재가 있더라도, 그 지역에 집착하지 않는 개인은 지금·여기에 있는 상황과 함께 흘러갈 수 있다.

개인이 피해를 보는 곳이 아니면 의식하는 사람들은 그 부족의 활동, 느낌과 함께 흘러간다. 그들은 엄청나게 유연하고, 사회라는 오케스트라가 어떤 춤을 연주하더라도 편안해하며, 그 춤을 바꾸려고 노력하는 데도 똑같이 편안해한다. 왜냐하면 그들은 대개 변화를 위해 작업해가는 방법을 '우리'란 공간에서 찾기 때문이다. 그들의 의식·사랑·통찰력·유연성은 우리가 '당연하다'고 여겼던 사회적 엄격함을 우리가 자유롭게 뛰어넘도록 돕는 메시지를 준다.

그래서 우리는 자신의 에고가 그토록 단호히 방어하고 있는 개성이 아님을 점차 체득하게 된다. 만일 우리가 자신의 개성이 아니고, 우리가 사회에서 습득했던 이런 동기부여의 수집물이 아니라면 그럼 우리는 무엇이며 누구인가? 우리는 대다수 자신을 몸으로 여기는데, 사실 몸은 피부에 의해 둘러싸여 있는 뼈, 근육, 기타 신체기관들의 변화하는 구조물이다. 신체가 건강하지 않아서 통증을 바이오컴퓨터에 전달할 때, 에고는 우리가 그 아픔과 완전히 동일시하도록 아픔에 관심을 집중하는 경향이 있다. 고차의식으로 성장하면서 우리는 자신이 머무는 몸이 아님을 점차 깨닫게 된다. 우리의 몸은 우리의 의식이 머무는 신전일 뿐이다.

일단 당신이 자신의 다양한 사회적 역할이나 자신의 몸과 동일시하기를 멈추면, 아마 "아하! 나의 본질은 나의 논리적 마음이구나"고 말할 것이다. 바로 이것이 인간의 본질이 아닌가? 이것이 언어를 사용하고, 분석하며, 계산하고, 생각·이미지를 일으키며, 감각을 분류하고, 기억해두었다가 다시 불러내고, 상징을 사용하고, 믿음과 가정을 비교하는 등의 능력이 있는 자신의 바이오컴퓨터의 한 부분이 아니겠는가? 하물며 아리스토텔레스조차도 인간을 이성적 동물이라고 정의하지 않았던가?

그러나 여기서도 당신의 논리적 마음은 당신의 본질이 아니다. 당신의 지성이나 논리적 마음은 굉장한 '육감六感'이므로 자신이 적절히 이용하는 법을 알면, 고차의식으로 가는 여정을 도울 수 있다. 아니면 그 육감은 당신이 지금 어떤 프로그램에 갇혀있든지 그것을 유지하는 엄격하고 논리적인 방어선을 형성하도록 자신의 에고와 맹목적으로 협력함으로써 3개의 낮은 의식센터에 당신이 무기력하게 갇혀 있게 할 수도 있다. 그러니 이런 육감 역시 지나가게 하라.

당신은 이제 그 범위를 좁히고 있다. 만일 당신이 자신의 사회적 역할, 자신의 몸이나 논리적 마음이 아니라면 그럼 뭐가 남는가? 당신은 자신의 감각(시각·청각·촉각·미각·후각 자료가 접수되는 다양한 관문)인가? 아니면 당신은 자신의 감정(자신이 얻거나 피하는 데 수많은 에너지를 들이는 느낌의 분위기)인가? 당신은 자신의 프로그램(자신의 에고가 관심과 에너지를 대부분 집중시키는 욕망·동기·기대·요구의 집합체)인가? 아니면 당신은 자신의 에고(자신이 낮은 의식센터에 갇혀 있을 때 그런 전제적 독재자인 '주 통제자')인가?

다행스럽게도 당신의 본질은 이들 중 어느 것도 아니다. 그래서 우리는 '당신'에 대한 탐구를 계속한다. 당신이 '대단한 사람'이 되기를 원하는 자신의 에고가 후원하는 프로그램 때문에 자신의 본질에 대한 탐구가 불투명해질 수 있는가? 자신의 이름, 기억 그리고 논리적 마음이 결합해서, 당신이 이 세상을 살면서 사람들의 주목을 받는 특별한 존재라는 환상을 당신에게 주는가?

이 시점에서 당신은 '나에게 남은 건 하나도 없다'는 느낌을 받을지도 모르지만, 당신의 본질은 당신이 고차의식으로 성장하도록 돕기 위해 체험할지도 모르는 어떤 것이다. 실생활 사랑법에서 우리는 당신의 본질을 자신의 '각성'覺醒Conscious-awareness(의식 각성, 이하 '각성')으로 정의한다. '각성'이 의미하는 바를 이해하려면, 전방을 바라본 다음 잠깐 눈을 통해 전달되고 있는 이미지를 주목해보라. 그다음 눈을 감아라. 계속 책을 읽기 전에 지금 이것을 해보라.

시각적 감각들이 사라졌지만, 당신의 '각성'은 그대로 남아있다. 당신의 모든 생각·감각·이미지 이면에 자신의 '각성'은 항상 거기에 있다. 우리는 주로 자신의 마음이 계속해서 분석하고 계산하며 상징화하고 말하며 기억해내고 미래화하며 과거화하게 하는 폭포수처럼 끊임없이 쏟아지는 말·활동·생각·감각들로써 '각성'을 질식시키고 있다.

위의 실험은 당신의 시야와 당신의 '각성'이 같지 않음을 증명해준다. 더 나아가보자. 계속 읽기 전에 눈을 감고, 1분간 지금 그것을 해보라.

당신은 무엇을 인식했는가? 당신이 자신의 바이오컴퓨터에 시각의 입력을 차단할 때, 아마 소리를 인식하게 되었을 것이다. 하지만 소리는 당신의 '각성'이 아니다. 완전히 어둡고 고요한 장소로 간다고 가정해보라. 시각과 소리가 입력되지 않는 상태에서 당신은 이제 점점 깊은 수준에서 자신의 몸에 공명하기 시작할지도 모른다. 관념·생각·말의 자극과 오감五感의 좀 더 지배적 사건에 가려져 이전에는 관심받지 못했던 신체감각들을 체험할 수 있다. 당신은 감정이 후원하는 드라마 그리고 논리적 마음에 의해 휘둘리는 집착의 분출을 잠재울 때에만 비로소 자신의 본질을 충분히 체험한다.

달리 말하면 당신은 자기의식의 각성이다! 당신은 뇌의 중심부에 자신의 생각·이미지·감정이 투영되는 TV 화면을 시각화해도 된다. 각성은 그곳에 색채로 된 시각·소리·단어·생각으로 모두 있고, 뇌의 중심부에 있는 가상의 TV 화면 위로 모두 지나가고 있다. 그러나 당신은 TV 화면이 아니다. 화면 위의 이미지도 자료도 아니다. 당신이란, 화면에 흐르는 그 모든 자료를 자각하는 것을 의식하는 그 '각성'이다. 당신은 단순히 화면의 자료에 대한 주시자이다. 람 다스Ram Dass가 말한 대로, '바라보는' 것 빼고는 어떤 일도 없는 마음의 조용한 구석에서 자신의 화면을 관찰하라. 당신은 화면에서 벌어지고 있는 사건을 단순히 '바라보는' 그 의식이다. 당신의 본질은 순수한 '각성'이다.

화면의 주시자로서 당신은 완벽하다. 그 화면은 화면에 온갖 아픔과 괴로움을 보여주고 있는 끔찍한 영화를 상영하고 있을지도 모른다. 어쩌면 그 화면에는 멋진 저녁노을, 유쾌한 성적 체험, 즐거운 식사를 보여주는 행복한 영화를 상영할지도 모르나, 당신의 본질은 자기 인생 화면에 그 장면이 지나가는 것을 다만 지켜보는 순수 각성이다. 자신이라고 생각하는 것 이면에 **당신은 존재한다!**

당신의 본질은 완벽하고, 언제나 완벽했으며 언제나 완벽할 것이다! 자기 본질의 완벽함을 변경하기 위해 당신이 할 수 있는 일은 아무것도 없다. 그리고 이 완벽함은 에고에게 보호받을 필요가 없다. '자신이 진정 누구며 무엇인지'를 깨달을 때, 당신의 에고는 느긋해지고 당신은 삶을 정말로 누릴 수 있게 된다. 왜냐면 그 무엇도 이제는 당신에게 위협을 가하거나 '절대 필요'를 부과하지 않기 때문이다. 당신은 진실로 본질적 자기가 되기를 누릴 수 있고 그제야 삶이 당신에게 가져와 펼치는 드라마를 완전하고 끊임없이 누릴 수 있다.

각성센터에서 드라마의 주시자로 자신을 체험하기 시작하면서, 당신은 세상이 올바르게 작동되게 하려면 지적 노력, 의지, 광적 피해망상의 경계심이 필요하다는 환상에 다시는 시달리지 않게 된다. 대신 당신은 주위의 에너지를 자신의 에너지와 어울리게 하는 힘과 심오한 평화, 절묘한 아름다움을 체험한다. 주변의 자애로운 에너지의 바다와 공명함으로써 당신은 지속해서 아름다운 삶을 살기 위해 자신이 늘 필요한 것보다 훨씬 더 월등한 안전, 즐기는 감각, 효력, 사랑을 갖출 수 있음을 깨닫는다. 그리고 당신은 자신의 에고가 과거에 후원해왔던 사회·개인적인 것 대신에 본질적 자기를 자신의 '각성'으로 여기는 법을 체득하면서, 자신의 인생드라마와 자신의 본래 모습인 완벽한 존재 둘 다를 지속해서 철저히 누리게 된다.

7번째 의식센터: 우주의식 센터

당신이 가장 높은 의식센터를 향해 성장하면서 관찰해보면 자연스럽게 다음 3개의 국면으로 들어갈 것이다.

1. 당신의 의식이 사랑센터와 풍요센터에 점점 더 많이 머물기 시작하면서, 당신은 앞의 5개 센터 각각에서 자신이 하는 모든 생각·행동을 바라보게 해줄 다중적 인식이 생기기 시작할 것이다.
2. 이런 다중적 각성을 지속하다가 당신은 초연한 6번째 각성센터에서 자신을 목격하는 법을 체득할 것이다. 이 수준에서는 의식에 대해 더 낮다거나 더 높다는 느낌이 전혀 없다. 의식은 각성센터에서는 모두가 같다. 그다음에야
3. 당신은 각성센터를 뒤로하고 이타적이고 합일적인 우주의식센터의 공간으로 들어간다.

각성센터는 자신을 자각하는 것이 특징이다. 당신의 본질인 '각성'이 있고, 당신의 신체와 감각 그리고 당신의 논리적 마음이라는 일상의 드라마가 있다. 당신은 모든 드라마를 통찰력과 균형감으로 바라본다. 비록 이것이 평화롭고 멋진 의식센터이기는 하지만 여전히 이중성이 존재한다. 당신과 세상 사이에 미세한 분리의 선이 여전히 있다.

'우주의식센터'에서 사람은 자기-각성에서 돌연 순수-각성이 된다. 달리 말하면 사람은 이제 자신을 목격하고 있지 않다. 몸·마음·감각·각성이 분리되지 않는다. 이 의식센터의 사람은 안전·감각·권력·사랑·풍요를 체험하지 않고, 바로 자신이 안전·감각·권력·사랑과 삶의 충만함 자체다. 가장 높은 의식 상태는 '자아'라고 불리는 것을 새로

프로그램함으로써 달성된다. 사람의 사고활동이 침착하게 된다. 자애로운 받아들임의 단계를 통해 인식의 방향은 자아중심적 조종에서 주위에 있는 모든 것과의 합일로 전환되었다.

뭔가를 '체험하는' 것과 뭔가가 '되는' 것 사이의 이런 차이를 이해하기 위해서, 당신은 격렬한 오르가슴에 이를 때 무슨 일이 일어나는지 고려해보라. 오르가슴에 이를 때까지 당신은 성기의 커지는 흥분·압력·자극 같은 성적 감각을 체험하고 있었다. 당신이 섹스를 경험하고 있지만, 오르가슴의 순간에는 이제 경험자가 아니다. 당신은 자신이 섹스하기를 즐기는 것을 이제는 의식하지 않을지도 모른다. 격렬한 오르가슴의 순간에 당신은 바로 그 체험이다. 그 순간 당신은 자신의 섹스 파트너와 완전히 하나됨을 느낄지도 모른다. 왜냐면 더는 자신을 분리된 의식으로서 체험하지 않기 때문이다.

우주의식수준에서 사람은 자신의 수용성을 제한하는 장막이 걷혔기 때문에, 엄청나게 효율적으로 기능할 수 있다. 사람은 이제 자신을 둘러싼 세상의 좀 더 미세한 뉘앙스에 공명한다. 그는 세상이 언제나 보내주고 있었으나 낮은 수준에서는 안전·감각·권력으로 점유되었고, 중간 수준에서는 사랑·풍요·각성(목격)으로 점유되었던 의식이 이전에는 포착하지 못했던, 더 미묘한 모든 단서의 폭넓은 스펙트럼에 열려 있다.

그리고 이제 고차의식으로 가는 여정 끝자락에서 사람은 신 같은 존재가 된다. 사람은 진실로 자신의 타고난 권리를 성취했다. 완전히 의식하는 존재로서 사람은 최적으로 예리하고, 최적으로 현명하고, 최적으로 효과적이다. 모든 개인의 영역을 초월했고 세상의 모든 사람·사물과 어떤 분리도 경험하지 않기 때문에 '타자'를 섬기는 것이 삶에서 하는 유일한 일이 된다. 왜냐면 '남'이란 없고 모든 것이 '우리'란 공간에서 경험되기 때문이다.

어쩌면 도움될지도 모르는 말을 해 보겠다. 우주의식센터는 성취하기가 대단히 어렵다. 이 세상의 60억 인구 중 그 센터에 지속해서 머무는 이는 오직 몇백 명 정도일 것이다. 그것을 성취하기 위해서는 보통 초연한 삶의 방식과 장기간의 치열한 의식성장 숙련이 요구된다. 이 센터에 도달하려면 심지어 선호조차 없어져야 한다.

이 책의 저자는 사랑·풍요·각성 센터를 이용해서 자기 인생의 체험을 생성하고 삶을 지속해서 즐긴다. 이것은 그가 100% 집착에서 벗어났다는 것을 의미하지는 않지만, 종종 어떤 분리하는 느낌도 없이 몇 주 동안 살아간다.

당신이 자신의 집착프로그램을 거의 99% 제거했을 때 그 남아있는 양은 어쩌면 매우 희박할 것이고, 행복을 방해하지 않을 것이다. 당신이 이 수준의 효율성에 도달하는 데 요구되는 내면작업을 끝냈을 때, 집착이 반복되기 시작하는 것을 체험할 때마다 당신은 정확히 어떤 '길'과 어떤 '방식'을 사용할지 안다. 자신이 어떤 안전·감각·권력 집착을 유발하고 있든지 간에 단기간에 잘 처리해서 곧바로 사랑센터나 풍요센터로 되돌아온다. 이 센터들은 당신이 행복하고 충족되며 현명하고 효율적이며 즐겁게 생활하는 데 총체적으로 적절하다. 우주의식센터에 관해 아는 것이 가치가 있으나 그것이 또 다른 집착이 되지 않게 하라. 만약 당신이 자신의 에너지와 당신 주변 세상의 에너지를 처리하고 해석하는 데 사랑·풍요·각성 센터를 이용하려고 열심히 노력한다면, 완전히 충분한 가슴속의 심오한 평화와 즐거움을 경험하게 될 것이다.

13장 집착에 대한 작업

'의식상승을 위한 실생활 사랑법'은 당신이 자신에 대해 작업하기 위해 사용할 수 있는 '5가지 방식'을 제공해준다. 이 방식들은 다양한 인생드라마에 깊이 연관된 바쁜 사람들을 위해 선택된 것이다. 이것은 당신을 일상에서 떼어놓지 않는다. '실생활 사랑방식'은 당신이 사업을 운영하고, 사랑을 나누며, 집을 청소하거나 영화를 보면서 이용될 수도 있다. 이 방식들은 당신을 일상의 상황 속으로 데려가서, 주위의 사람과 사물을 자신의 교사로 바라보라고 요구한다. 그러나 당신의 진정한 수석 교사는 언제나 '자기'다.

당신이 이 '5가지 방식'을 일상생활에서 매 순간 지속해서 사용한다면, 일상적인 의식의 흐름에서 멋진 만족을 발견할 것이다. 당신이 항상 원했으나 이전의 생활에서는 발견할 수 없었던 자유를 체험하고, 자신의 본모습인 자애로운 존재에서 당신을 분리하고 격리하는 컴퓨터 같은 프로그램에서 벗어나는 진정한 자유를 발견할 것이다.
다음은 그 '5가지 방식'이다.

방식 1
 '12가지 길'을 암기하여 일상생활에서 자신을 인도하는 데 이용하라.

'12가지 길'의 이용법을 체득할 때 당신은 그것이 자신 삶의 온갖 감정 문제에 대해 완전한 해결책을 자신에게 제공해준다는 사실을 알게 될 것이다. 하지만 그것에서 최대한 이익을 얻으려면 당신은 심오한 각성 수준에서 그것을 직관적으로 이용해야 한다. 일단 그것을 암기했다면, 아침에 깨어난 후와 밤에 잠자리에 들기 전에 그것을 말하라. 이것은 수년이나 심지어 수십 년이 걸리는 대신, 일이 년 안에 당신이 사랑센터를 깨달을 확률을 높여줄지도 모른다.

걱정, 분노, 질투, 두려움, 고민, 여타 불편한 감정을 느낄 때마다 삶은 당신에게 메시지를 주고 있다. 그 메시지는 언제나 당신이 '12가지 길'을 따르고 있지 않다는 것을 말해주고 있다. 그다음 단계는 당신이 이용하고 있지 않은 '길'들을 찾아내서 다시 아름다움을 느끼려면 무엇을 해야 할지를 그 '길'이 당신에게 제시하게 하는 것이다.

당신이 늘 자신에게 해오던 일상의 의문들(당신이 해결책을 발견하도록 돕지 못했던)로 방황하며 헤매지 마라. 만약 자신에게 말을 거는 이런 통상의 '자기대화법'이 효과적이었다면 당신은 지금·여기서 행복하고 평화롭고 평온하고 자애로울 것이다. 자신의 낡은 '자기대화법'을 사용하지 말고, 다만 '12가지 길'을 계속해서 검토해보라. 그것의 목적은 당신이 계속 의식하고 중심잡고 공명하며 자애롭게 하는 것임을 잊지 마라. 그것은 당신이 자신의 내면 집착에 맞추어 주위 사람과 사물을 조종하도록 설계되어 있지 않다.

'12가지 길'은 당신의 **모든** 집착이 선호가 되도록 마음을 새로 프로그램한 다음 당신이 평화롭게 살 수 있도록 도울 것이다. 당신이 초조해 할수록 '당신을 화나게' 한다고 느끼는 외부 조건에 관한 걱정을 멈추는 것이 더 중요하다. 그 대신 당신이 자신을 들볶게 하는 내면의 집착이나 기대에 집중하라.

'12가지 길'은 진실로 살아있다는 것이 무엇을 의미하는지 당신에게 보여줄 것이다. 현재 의식상태를 되돌아보면 당신은 살아있기보다 오히려 죽어있었음을 깨달을 것이다. 이 '길'에 머묾에 따라 당신이 필요한 모든 것은 외관상 기적이라는 모습으로 당신에게 다가올 것이다. 당신이 항상 원했던 평화·사랑·효과가 자신의 것이 될 것이다.

방식 2
당신이 어떤 의식센터를 체험하고 있는지 항상 자각하라.

자신의 의식에 대한 작업이 인생에서 당신이 할 수 있는 가장 만족스러운 일이라는 점을 발견할 것이다. 운전하든 책을 읽든 혹은 심지어 타인과의 집착적 말다툼에 사로잡혀 있든지 간에, 만일 당신이 어떤 의식센터를 사용하고 있는지 부단히 자각한다면, 언제나 외부 드라마에 아름다움을 더해줄 수 있게 된다.

당신이 하는 모든 것에는 의식수준의 모든 측면이 들어 있다. 우리는 3개의 낮은 센터에 열중할 뿐만 아니라 모든 수준에서 삶을 누릴 수도 있다. 예컨대 만일 당신이 사랑을 나누고 있다면, 안전 측면(안전센터)을 자각하거나, 단순히 매력적인 느낌(감각센터)을 즐기거나, 굴종이나 통제 측면(권력센터)을 의식할 수 있다. 당신은 사랑 나눔을 순수하게 타자를 받아들이는 행위와 조건없는 사랑(사랑센터)의 체험으로 자각할 수 있다. 사랑 나눔의 행위는 당신이 필요로 하는 모든 것을 세상이 당신에게 제공해주는 방식의 또 다른 구현(풍요센터)이다. 또는 당신의 센터 중 센터(각성센터)에서 전체 드라마를 지켜볼 수도 있다.

자신이 체험하고 있는 의식센터를 끊임없이 끌어올려서 한 단계씩 올라갈 때마다 당신은 점점 더 많은 사람과 상호작용함을 발견할 것이다. 당신은 또한 점점 더 에너지를 해방할 것이다. 예를 들어 당신이 완전히 안전에 몰두해 있다면, 감각과 권력을 구하기 위한 에너지를 많이 갖지 못할 것이다. 그리고 자신의 의식이 오직 안전에만 관심이 쏠릴 때 사람들과 친근함을 느낄 수 없다. 이 수준에서 사람들은 조종될 대상이다. 감각·권력 센터, 그다음 사랑·풍요 센터로 끌어올림에 따라 당신은 사람들의 삶에 관여하는 정도와 에너지가 점점 증가할 것이다. 각 센터는 그 이전의 센터보다 더 많은 에너지를 발생시키고, 당신이 더 많은 사람을 깊이 이해하게 해준다. 각 센터는 당신 삶의 증가한 풍요로움에 문을 열어준다.

자신이 어떤 의식센터를 체험하고 있는지를 각성하고, 지속해서 자신을 안내하기 위해 '12가지 길'을 이용하는 것이 명상하는 실생활 사랑법이다. 그리고 당신은 인생 전체가 명상이 될 수 있도록 바쁜 생활 중에도 항상 이것을 한다. 실생활 사랑법에서 명상이란 하루에 한두 번 행해져야 할 신성한 의식이 아니라, 지금·여기에서 사물을 명확하게 의식해서 끊임없이 바라보는 하나의 방식이다.

방식 3

자신의 집착과 그 결과로 초래된 불행 사이의 인과관계를 더 의식해서 자각하라.

실생활 사랑법의 막대한 효과에 공명하기 위해서는 자신의 집착 각각에 대해, 그리고 **그것이 당신을 고통받게 하는 일련의 사건을 발생시키는 방식**에 대해 점점 의식하는 것이 필수다. 당신의 에고와 논리적 마음은 집착을 해고하기는커녕 당신의 인생에 또 다른 문제들을 한바탕 유발하는 '논리적' 해결책과 친해지기 시작하므로, 당신의 에고와 논리적 마음이 어떻게 각각의 집착과 연관되는지를 알아차리는 것이 중요하다.

각각의 집착을 제거하도록 돕는 게임에 당신이 자신의 (매우 강력한 기능을 가진) 에고와 논리적 마음을 모두 완전히 끌어들일 수 있을 때에야 행복으로 이끄는 변화가 가장 빨리 온다. 당신은 자신이 겪는 고통이 실제로 집착 때문임을 의식해서 체험하자마자 많은 집착이 빠르게 녹아 없어질 것이다. 하지만 생애의 첫 2~3년 동안 아픔과 함께 당신의 바이오컴퓨터에 프로그램되었던 일부 더 깊은 집착은, 더 많은 내면 작업과 더 많이 인생을 '겪는 것'이 불가피하다. 이는 그 집착이 당신의 삶에 초래하고 있는 고통 패턴의 광범위한 파급효과를 충분히 체험해야 하기 때문이다. '방식 3'의 열쇠는 인생의 모든 고통을, 당신이 행복해지기 위해 가져야 한다고 자신에게 계속해서 충고하는 (집착적이고 감정이 후원하는) 모델·기대와 의식적으로 연결해보는 것이다.

이 방식이 대단히 기본적이고 근본적이어서 그것의 중요성을 아무리 과장해도 지나치지 않다. 당신이 극도로 화나서 '길' '7개의 의식센터' 또는 어떤 다른 방식도 기억해내지 못할지라도, 집착을 정확히 잡아내서 삶에서 그 집착을 불행·고통과 연결짓도록 요청하는 이 '방식 3'은 당신이 다시 의식적이 되도록 도울 수 있을 것이다! 이제 다시는 자신의 에고와 논리적 마음이 당신을, 외부세상이 당신에게 집착을 주고 있다고, 즉 타자가 당신 고통의 주범이라고 설득하지 못하게 하겠다고 지금 결의하라. 당신이 자신의 감정적 느낌에 대한 책임을 주위 사람과 사물로 돌릴 때마다, 자신의 함정을 안전·감각·권력 프로그램에 영속시키게 된다. 이 낮은 의식의 함정에서 빠져나오려면 당신은 항상 자신이 경험하고 있는 것에 대해 제대로 책임지고, 자신으로 하여금 사람들의 말과 행동을 감정적으로 거부하게 하는 집착에 대한 작업을 가능한 한 빨리 시작해야 한다.

제대로 책임짐으로써 당신은 자신의 에고와 논리적 마음에, 작동할 완전히 다른 방향을 일러주게 된다. 그 에고와 마음은 당신을 부추겨 사람들을 조종하고 그들과 싸우게 하기보다 오히려 당신을 새로 프로그램하도록 돕는 작업을 시작한다. 이것은 관심의 방향을 외부세상에서 자기 내면프로그램으로 바꿔버리는데, 이는 대단히 빠른 의식성장의 방식에서 얻는 핵심 이득이다. 만약 당신이 자신의 두려움·화·분개·질투심을 유발하는 데 이용하고 있는 집착을 정확히 잡아내는 데 전문가가 되면, 몇 개월 내로 대부분 사랑센터를 누릴 수 있게 될지도 모른다. 당신의 에너지·예리함·사랑이 새로운 '당신'을 창조하기 위해 치솟을 것이다.

실생활 사랑센터에서 우리가 연습할 때 이용하는 카드가 있다. 이 카드는 집착에서 자신을 해방하는 데 지름길이 되는 절차를 간략하게 설명한다.

집착에서 벗어나기 위해
 1. 고통을 탐구하라.
 2. 집착을 정확히 잡아내라.
 3. 집착을 새로 프로그램하라.
 4. 고통이 멈춘다.

'방식 3'을 적용하는 데 능숙해지려면, 당신은 어떠한 집착이 지금·여기의 삶에서 자신에게 격리된 느낌이 들게 하고 있는지를 자각할 수 있도록 자신만의 기법을 개발해야 한다. 당신은 "바로 지금 어떤 일이 벌어지고 있는가?" 같은 질문을 자신에게 해도 좋다. (이 질문에 답할 때 논리적 마음이나 에고를 정당화하고, 분석하고, 해명하는 데 사용하지 마라. 다만 육하원칙에 의해 사실을 대라.) "내가 구체적으로 어떤 감정을 체험하고 있는가?" (이 질문에 답할 때, 당신이 생각하는 것이 아니라 느끼는 것을 말하라. 감정의 느낌을 묘사하는 단어는 '불안한, 괴로운, 지루한, 외로운, 부끄러운, 짜증나는, 성가신, 좌절한, 혼란스러운, 슬픈, 우울한, 실망한, 걱정되는, 두려운, 분한, 적대적인, 화난, 질투하는, 비통한, 죄의식이 드는, 긴장된, 초조한, 당혹스런' 등이다.) "나는 자신에게 바로 지금 뭘 말하고 있는가?" "바로 지금 내 몸에 어떤 통증이나 긴장이 일어나고 있는가?" "내 자세와 얼굴은 어떤 모습인가?" "내가 옳고 타자는 모두 틀림을 증명하기 위해 논리적 마음이 추고 있는 춤은 무엇인가?" "외부세상에 대한 내 반응을 바꾸는 내면 작업을 하지는 않고, 내가 외부세상에서 뭘 바꾸고 싶어 하는가?" "내 에고는 어떤 겉치레 얼굴을 유지하려고 애쓰고 있는가?" "어떤 과거의 사건이 특별히 아팠기에 비슷한 사건만 발생하면 나를 화나게 하는 이런 프로그램을 내 바이오컴퓨터에 주었는가?" "나는 충분히 고통받았는가?" "지금·여기에서 내 삶이 나를 시험할 때마다 나는 정말로 이런 자동반응에서 벗어나고 싶은가?" "나는 지금·여기서 정확히 무엇을 거부하고 있는가?" "나는 자신에 관하여 무엇을 거부하고 있는가?" "이 사람이나 상황이 나에게 어떤 위협이 되는가?" "일어날 수 있는 최악의 상황은 뭔가?" "이것을 받아들이고도 여전히 행복할 수 있는가?" "나는 무엇을 방어하고 있는가?" "무엇을 숨기고 있는가?" "내가 생각하기에 사람들이 좋아할 수 없는 나의 부분은 뭔가?" "나는 상대가 어떤 생각을 하고 있다고 상상하는가?" "나는 어떤 가면을 쓰고 있나?" "내 자존심과 명성은 내가 어떤 춤을 추게 하는가?" "행복하고 충분하다고 느끼기 위해서 나는 자신과 타인과 외부세상에 무엇을 요구하고 있는가?" "내가 되어야 하고, 되어야만 하며, 꼭 되어야 하는 방식이라고 설정한 모델은 무엇인가?" "내가 대접받아야 하는 방식의 모델은 뭔가?" "내가 수용적이고, 자애롭고, 유연해지기 위해서 세상이 되어야 하는 방식이라고 설정한 모델이 있다면, 그 모델의 세부 항목은 무엇인가?" "어떤 의식센터에서 나는 작동하고 있는가?" "만일 요정 지니가 나타나서 내 소원을 들어준다고 하면 나는 지니에게 어떤 요구를 할 것인가?"

일단 당신이 집착을 정확히 잡아냈으면 다음 단계는 그것을 선호로 새로 프로그램하는 것이다. 새로 프로그램할 때 의지와 결단을 이용해서 바이오컴퓨터에 명확하고 확고한 작동명령을 내리라. 앞으로 유입되는 자료를 처리할 때 다른 식으로 기능하기를 바란다고 바이오컴퓨터에 말해보라.

이것은 강렬함과 확신으로 당신이 자신의 마음에 새로운 작동명령을 내린다는 뜻이다. 만약 당신이 그 새로 프로그램한 명령을 몇 번이고 계속해서 반복한다면 매우 효율적으로 작동한다. 의식집중을 다루는 다음 장에서 더 심각한 집착에 KO 펀치를 날리는 방법에 관한 추가 정보가 제공된다.

'방식 3'을 이용할 때 당신은 자신을 화나게 하는 데 사용하고 있는 요구(감정이 후원하는)를 찾아내기 위해 내면 깊숙한 곳을 바라보는 것이 열쇠라는 점을 항상 명심하라. 그것은 이렇게 간단하다. 다만 자신의 집착과 그 결과로 초래된 불행 사이의 인과관계를 좀 더 의식해서 자각하라. 그러면 당신은 곧장 사랑센터로 올라갈 수 있게 될 것이다.

방식 4

인식의 중심을 잡기 위한 도구로서 '우리의 모든 실생활 사랑법' 촉매를 이용하라.

만일 마음에서 모든 감각·느낌·생각은 배경背景에서(무의식적으로) 작동하게 하나 촉매는 계속 전경前景에서(의식적으로) 작동하게 한다면, 당신은 고차의식으로 훨씬 빨리 성장할 수 있다. 이렇게 끊임없이 반복하면 이것은 당신이 자신의 마음을 가라앉히고, 집중력을 강화하며, 인식을 넓히고, 직관적 지혜가 나오게 하며, 집착에서 벗어나게 하고, 자신에게 중대한 느낌이 들도록 돕는다.

당신이 타자를 그, 그녀나 그들이 아니라 항상 '우리'로 보는 자신의 그 부분에 지속해서 공명할 수 있도록 **'우리의 모든 실생활 사랑법'** (구절을 진언으로 삼는) 촉매를 천천히 그리고 묵묵히 반복해도 된다. 당신이 모든 사람을 오직 우리로만 볼 때, 즉 당신이 상황을 타자들의 눈을 통해 바라보고, 마치 그것이 당신의 것인 양 타자의 심리적 공간 속에서 사물을 느낄 때에야 하나됨은 당신의 것이 된다.

당신이 촉매Catalyst로 몇 시간 경험을 축적하고 나면, 아마도 점점 더 깊은 수준에서 촉매의 진동과 영향을 느끼게 될 것이다. 한 번에 오직 하나만 당신의 완전한 관심을 받을 수가 있기에, 이 집중 기법은 부정적 생각과 느낌을 배제하고 **실생활 사랑**의 진동으로 대체할 수 있다. 이것은 질주하는 마음속의 생각을 자신이 원할 때는 언제든 당신이 통제할 수 있게 해준다.

반복되는 구절은 끊임없이 다시 당신의 주의를 붙든다. **'우리의 모든 실생활 사랑법'** 촉매는 당신의 기분을 긍정적으로 바꾸는 데 이용될 수 있다. 당신이 심란해지거나 화날 때, 자신이 침착해지고 중심이 잡힌 다는 느낌이 들 때까지 이 구절을 되풀이하면 된다. 부단히 실습하면 점차 더 효과가 있게 될 것이다.

인식의 집중을 위한 이 도구는 다음과 같이 한다면 가장 효과적이 될 수 있다.

1. 다음처럼 각각의 단어를 연속해서 강조하라. '**우리**의 모든 실생활 사랑법' '우리의 **모든** 실생활 사랑법' '우리의 모든 **실생활** 사랑법' '우리의 모든 실생활 **사랑법**' 이런 식으로 계속하라.
2. 이것을 큰 소리로 말할 경우, '**우리**'라는 단어를 말할 때 목과 입을 열고, 그것이 가슴에 울리는 것을 느껴라. 온 세상이 당신의 열린 마음으로 흘러들게 해보라. 이것을 묵묵히 말할 경우, 이 열린 마음을 느껴보라.
3. 각각의 단어를 사랑해서 애무하듯이 말하거나 노래하라. 노래하기가 그냥 말하기보다는 대체로 마음을 가라앉히는 데 더 효율적이다. 왜냐면 노래하기가 당신 의식의 화면에 임의적 사고를 위한 여지를 거의 또는 전혀 남기지 않기 때문이다.
4. 이 촉매는 거의 이용하는 처음부터 마음에 평화와 조용함을 가져오는 데 대단한 효과가 있으므로, 당신이 촉매를 이용하는 경험을 쌓을 때까지 차를 몰거나 위험한 기계를 조작할 때 사용하지 않는

것이 좋겠다. 경험이 쌓이면 당신은 신경 쓰지 않고도 지금·여기 활동을 위한 에너지와 예리함을 지닐 정도로 촉매의 이용을 '조절할' 수 있게 될 것이다.

5. 진지하게 의식성장 작업을 하는 사람은 촉매의 이용에 숙달되기 위해 한 달간 하루에 최소 30분 동안 그것을 이용해도 된다. 그러면 그것은 필요할 때 이용할 수 있는 효과적인 의식의 도구가 된다. 스트레스가 많을 때는 종일 그것을 되풀이해서 끊임없이 이용하는 것이 유익하다.

사람들에 대한 자신의 인식을 증가시키기 위해 당신은 사람의 얼굴을 볼 때 촉매를 사용해도 좋다. 이것은 당신이 자신의 게임과 그들의 게임 이면으로 들어가 우리가 오로지 사랑하는 존재가 되는 장소로 옮겨가도록 돕는다. 이것은 '나는 네가 나를 볼 수 있는 것보다 너를 더 꿰뚫어 볼 수 있어' 처럼 에고가 연관될 수 있으므로 당신은 직접 눈 마주치기를 피하고 싶을지도 모른다. 그 대신 대부분의 조명 조건에서 창조되는 눈과 눈 사이의 콧등의 작은 빛 점을 하나 찾아서, 바로 이 점에 시선을 고정한 채 당신이 촉매를 운영할 때 인식되는 얼굴에서 많은 변화를 경험해보라.

방식 5 의식집중

실생활 사랑방식 중 가장 강력한 한 기법은 의식집중이다. 이 방식은 다음 두 장에서 상세히 설명된다.

14장 의식집중

의식집중은 강한 집착을 새로 프로그램하는 데 가장 강력한 방식 중의 하나다. 효과적으로 사용되면 평생의 집착이 때로는 놀랄 정도로 단기간에 감정프로그램에서 지워질 수 있다. 어떤 것이 우리에게 안전·감각(쾌감적)·권력을 위해 제공하는 기회가 많을수록, 우리는 실망과 고통에 자신을 노출하게 하는 집착프로그램을 더 많이 개발하게 될 것이다. 의식집중은, 강한 집착을 고수하며 일상의 삶을 살아가는 데 너무나 쓸데없이 많은 에너지를 소모하게 하는 이런 집착을 새로 프로그램하도록 우리를 돕는다.

의식집중은 우리가 최대로 성장하기 위해 현재 삶의 상황을 이용하도록 돕는다. 이 새로운 방식을 이용해서 우리는 삶에서 문제가 생기면 물러나기보다는 맞닥뜨린다. 예를 들어 만일 당신의 결혼관계가 불편하거나 업무에서 골머리를 앓고 있다면, 당신은 그러한 중대한 인생문제가 없을 때보다 이 효과적 기법을 이용해 훨씬 더 빠르게 성장할 수 있다.

의식집중은 당신이 아프고 괴로울 때 강한 느낌으로 자신에게 말한 모든 것이 자신의 감정프로그램으로 정착된다는 사실에 기초한다. 실제로 당신은 의식집중을 평생 이용해왔다. 어쩌면 당신이 어린아이였을 때, 손가락을 전구소켓에 집어넣어서 전기충격을 받았을 것이다. 손가락이 아픈 당신은 즉시 빼내고선 전구소켓이 아픔의 원인이라고 자신에게 말했다. 당신의 바이오컴퓨터는 '나는 손가락을 전구소켓에 집어넣으면 아프므로 집어넣지 않겠다'는 지시를 강력하게 프로그램했기 때문에, 이때가 당신이 그런 일을 했던 마지막 시기였을 것이다. 삶에서 그때부터 쭉 손가락이 전구소켓 안쪽 근처로 갈 때마다 당신은 다시 충격을 받지 않도록 당신 속에 '붉은 깃발'이 올라갔다.

평화롭고 고요할 때 당신은 자신의 논리적 마음을 새로 프로그램할 최상의 기회를 맞이하나 감정이 후원하는 집착은 그렇지 않다. 예컨대 당신이 고요할 때 가장 효과적으로 책을 읽거나 강의를 들을 수 있다. 집착에는 바이오컴퓨터가 다른 과정을 무시하거나 지배하게 하는 능력이 있기에, 당신이 화나는 순간에 자신의 바이오컴퓨터는 강의나 책을 잘 다루지 못할 것이다. 그러나 당신이 감정적으로 화나는 순간 의식집중방식을 이용함으로써 자신의 집착을 새로 프로그램할 수 있는 최고의 기회를 맞게 된다. 따라서 당신이 두렵고 질투나고 화나고 불안할 때마다, 삶은 자신이 집착에서 벗어나기 위해 이 방식을 이용할 절호의 기회를 당신에게 주고 있는 셈이다.

의식집중은 집착에 대해 작업할 때 언제라도 이용될 수 있다. 하지만 지난 몇 주간 당신이 ①'길'을 적용해왔고 ②자신을 화나게 하는 데 어떤 의식센터를 이용하고 있었는지 자각하고 ③그 집착과 자신이 느끼고 있는 고통을 연결하기 위해 '방식 3'을 이용해왔다면, 의식집중이 더 깊은 수준의 안전·감각·권력 집착을 제거하는 데 가장 효과적이다.

당신이 외부세상의 변화보다 집착에서 벗어나기를 더 치열하게 원할 때, 힘겨운 집착을 새로 프로그램하는 데 의식집중을 사용할 수 있다. 예컨대 내가 5개월간 반복해서 질투를 경험한 뒤에야 나는 함께하던 그 여성을 통제하는 것보다, 갈라놓는 질투심을 유발하는 그 집착에서 더 벗어나고 싶었다. 그 당시 나는 약 90분의 의식집중으로 죽을 때까지 질투를 유발하는 바로 그 집착을 명백히 새로 프로그램했다. 그러나 보통 반복해서 프로그램하는 기간이 필요하다.

'의식집중방식'을 이용하는 법은 다음과 같다.

1단계 고통을 탐구하라

첫째, 당신에게 두려움, 화, 질투나 다른 심란한 느낌을 유발했던 그 사건의 진상을 있는 그대로 검토하라. 그다음 당신이 내면에 창조하고 있는 고통을 자신이 체험하게 하라. 당신의 몸 즉, 머리, 어깨, 가슴, 배, 다리, 등, 팔 그리고 자신의 내면이 어떻게 느끼는지 알아차리라. 당신의 느낌을 자신에게 단순한 말로 묘사하라. '두려운, 불안한, 우울한, 질투나는, 화나는, 분한, 짜증나는' 등의 말을 사용하라. 그것에 관해 생각하지 말고 이유도 대지 마라. 당신이 받는 느낌을 관찰하고, 느낌 상태를 언급하는 한마디를 묘사하라.

2단계 집착을 정확히 잡아내라

이제는 당신이 1단계에서 간추려 묘사한 그 상황에서 고통에 책임이 있는 집착을 정확히 잡아내라. 당신이 만들어내고 있는 정확한 집착적 요구를 확실하게 공식화해라. 이전 장에서 설명된 집착을 공식화하는 방법을 일러주는 '방식 3'을 복습해도 좋다. 고통을 없애려면 먼저 그 직접적인 원인을 알아야 한다. 고통의 원인은 항상 당신의 머릿속에 있는 프로그램(감정이 후원하는)일 것이다.

이 집착프로그램은 항상 외부세상의 연이은 사건들과 당신의 초조함·불행 사이에 매개변수로서 틀림없이 존재한다. 만일 당신에게 이런 집착적 요구가 없다면, 외부사건은 당신이 현재 경험하고 있는 것을 유발할 능력이 없을 것이다. 그것은 다음처럼 작동한다.

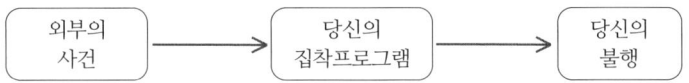

만약 당신이 중간요인을 제거한다면, 외부사건이 당신에게 불행한 경험을 만들어낼 방도가 없다. 에고와 논리적 마음은 외부사건을 고통의 원인으로 전가해왔다. 그러나 당신은 자신의 체험에 대해 책임지기 위해서 이제 신경계를 훈련하고 있는 것이다.

당신은 자신의 집착적 요구가 고통의 직접적인 원인임을 논리적 마음에 철저히 설득해야 할 것이다. 그 요구를 정확히 잡아내는 데 아주 구체적이어야 한다. 그 상황에서 정확히 당신이 무엇을 원하는가? 그 상황에서 무엇을 바꾸고 싶은가? 자신의 느낌에 공명한 다음 고통을 야기하고 있는 요구를 정확히 잡아냈다고 느껴지는지 확인해보라.

3단계 새 프로그램 구절을 선택하라

비슷한 상황에서 자신에게로 불러들였던 과거의 모든 고통을 먼저 되돌아보라. 대개 당신의 에고와 논리적 마음은 자신의 불행을 타자에게 전가했다. 이것이 당신에게 자신의 인생에 문제를 창조해온 것이 바로 자신의 집착이라는 점을 알아보지 못하게 했다. 과거에 일어난 일련의 비슷한 사건들을 검토해보라. 당신이 자신에게 모든 고통을 불러들이고 있었다는 사실에 완전히 책임져라.

이제 현재를 지나서 미래를 검토해보라. 몇 년을 더 살아야 하나? 이런 것들로 얼마나 오랫동안 자신을 계속해서 불행하게 하고 싶은가? 이 집착적 요구 탓에 당신은 정말로 불행·소외감·아픔·분리를 충분히 겪었는가? 그렇다는 확신이 들면 앞으로 나아가라.

이제는 당신이 자신의 바이오컴퓨터에 강력히 집어넣고 싶은 새 프로그램 지시를 선택해라. 이것은 당신의 바이오컴퓨터에 직접적인 명령이 될 것이다. 경험상으로 이 명령이 '애인이 남과 함께 있을지라도 나는 질투할 필요가 없다'처럼 부정문의 형태일 수도 있고, '나는 충분해'처럼 긍정문의 형태일 수도 있음을 우리는 안다. 경이로운 바이오컴퓨터는 뭔가를 하라거나 뭔가를 하지 말라는 2개의 지시 모두를 다루는 데 능숙하다.

짧고 함축적인 그리고 이면의 강렬함으로 그것을 신속하게 말할 때 기분이 좋은 새 프로그램 구절을 선택하라. 1단계에서 숨겨진 상황을 직접 언급하는 새 프로그램 구절로 시작해보라. 따라서 '삼순이가 나를 거부해도 나는 가치 없다고 느낄 필요는 없어'처럼 구체적 방식으로 시작해서, 그다음에 '거부당해도 정말 해롭지 않아' '내가 거절당할 때 화날 필요는 없지!' '얻는 것이 있으면 잃는 것도 있는 법이지!'처럼 좀 더 일반적인 프로그램으로 나아갈 수 있다.

당신이 집착적 요구에 완전히 질릴 때까지는 새 프로그램을 시작하지 마라. 자신의 고통을 직접 야기하고 있는 것은 자신의 집착이지 상황 자체가 아님을 당신이 분명히 알아볼 때, 그리고 그동안 해왔던 요구가 얼마나 불필요한지 알아볼 때, 비로소 당신은 새 프로그램을 시작할 준비가 된 것이다. 당신이 아직도 자신의 집착을 제거하기보다 집착을 만족시키고 싶다고 느낀다면, 새로 프로그램할 준비가 되지 않았다. 그 경우에는 통찰력을 얻기 위한 다른 방식을 사용하라. 집착이 삶에서 만들어내는 고통을 끊임없이 바라보고 고통을 창조하는 것은 외부세상이 아닌 바로 자신의 집착프로그램임을 보면서 고통과 집착을 연결지어보라. 부정적이고 갈라놓는 감정은 당신이 진정으로 원하는 것을 얻도록 절대로 도와주지 않고, 당신에게 오로지 불리하게 작동한다는 점을 자신에게 상기시켜라.

4단계 새 프로그램에 의식을 집중시켜라

이제는 당신의 자율신경계에 긴장을 강화하기 위해 몸 전체를 팽팽하게 하고, 자신의 감정프로그램을 기꺼이 수정할 준비를 하라. 무릎 꿇고서 무릎 부근까지 머리를 굽히는 자세가 이 방식을 촉진할 것이다.(하지만 반드시 이런 자세일 필요는 없다.) 고통을 야기하고 있는 그 집착을 제거하려는 최대의 결단력으로, 당신이 선택한 하나 이상의 새 프로그램 구절을 강력하게 반복하라. 그것을 계속해서 되풀이하라. 당신이 이 구절을 반복할 때 소리치거나 우는 것이 도움될지도 모르지만, 정말로 새로 프로그램하는 것은 소음이 아니라 그 집착에서 벗어나기 위한 자신의 결단력과 의지다.

당신이 새 프로그램 구절을 말할 때, 주먹을 꽉 쥐거나 바닥을 쳐라. 새 프로그램 구절을 당신의 바이오컴퓨터의 더 깊은 부분에 반복해서 주입하는 동안 팔이나 다리 근육을 팽팽하게 하거나 자신의 기분을 좋게 하는 것은 뭐든지 해라. 의식집중 동안 당신이 만일 소리치고 있다면, 소음을 줄이기 위해 베개나 스펀지가 들어간 머리 크기의 작은 플라스틱 휴지통을 이용해도 좋다. 그 휴지통은 당신의 귀에는 소리를 확대해주고 외부로 나가는 소리를 크게 줄임으로써 이웃에게 폐를 끼치지 않을 것이다.

집착에서 벗어나겠다는 치열한 결단력으로 새 프로그램 구절을 강력하게 반복함으로써 그 구절을 계속해서 당신의 바이오컴퓨터에 집중시켜라. 만일 바이오컴퓨터가 당신의 고통을 야기하고 있는 예전 프로그램을 놓아버릴 준비가 되어 있다면, 당신이 이 구절을 반복할 때 경험하는 감정적 부담이 점점 더 적어지고, 자신감이 넘치는 자유의 느낌이 계발되기 시작할 것이다.

의식집중이 제대로 될 때 기분이 좋아진다. 당신은 자신의 고통을, 자신의 에고와 논리적 마음이 보호하고 방어해왔던 특정 집착프로그램과 철저히 관련짓는 정도만큼, 이런 의식집중을 위한 절차가 효과적이라는 점을 항상 명심하라. 의식집중은 당신이 집착에서 진정으로 벗어나기를 소망하는 그 정도만큼 효과가 있다. 만일 당신의 일부가 행복해지기 위해 외부세상이 바뀌기를 여전히 정말로 원한다면 의식집중의 시도는 오로지 부분적으로만 효과가 있을 것이다. 만일 당신이 진심으로 새 프로그램을 의도하고 원하지 않는다면, 바이오컴퓨터를 속여서 새로 프로그램하게 하는 것은 불가능하다.

당신이 집착을 체험으로 알 때, 가능한 한 즉시 **의식집중**을 이용해보라. 당신을 겁나고 화나고 질투나고 분하게 만드는 감정의 초기 동요를 활용할 때, 항상 의식집중이 제일 잘된다. 만일 당신이 **의식집중**할 준비가 되어 있지 않다면, 자신이 그 집착을 떨쳐버리게 해줄 통찰력을 얻을 수 있도록 다른 방식 중 하나를 이용하라. 만일 감정이 식어버리면 그 감정 에너지를 생성하기가 더욱 어려워질 것이다. 하지만 나중에라도 의식집중을 이용하면 여전히 효과가 대단히 좋을 수 있다. 그것은 언제나 바위처럼 단단해서 심각한 집착의 한 부분을 조금씩 잘라내는 데 어느 정도 도움된다.

만일 당신이 엘리베이터에 있거나 큰 강당의 한복판에 앉아 있을 때 집착과 접촉할 경우, 즉시 바닥에 쭈그리고 앉아서 말로 우렁차게 새로 프로그램한다는 것은 분명히 실용적 수단이 될 수 없을 것이다. 공적 상황이라면 당신은 자신의 결단력을 강화하는 능력을 계발해서, 자신이 선택한 새 프로그램 구절을 그냥 묵묵히 사용해도 좋다.

위의 4개의 단계는 **의식집중**을 위한 기본 절차다. 그러나 **의식집중**을 하는 기술을 개선하도록 도와줄 수많은 배경적인 기법이 있다. 다음 장에서 의식집중이 가장 빨리 작동하게 해주는 기본자세를 검토할 것이다.

생명 구제책

부정적이고 분리하는 감정에 빠져있을 때

1단계: 고통을 탐구하라.

1. 여러 번 심호흡하며, 눈을 감고, 자신의 느낌에 공명하라. 자신이 그 느낌을 정말로 경험하게 하라.
2. 당신이 가장 강렬한 감정을 경험하기 직전에 말려들었던 그 장면에 대한 사실적이고 객관적인 그림을 정신으로 재창조해보라. 누가 관여되어 있는가? 그것은 어디서 일어나고 있는가? 무엇이 일어나고 있는가? 무슨 말이 진행되고 있는가?
3. 이제 자신을 그 장면 속에 다시 집어넣고, 당신이 생성해내고 있는 그 감정을 의식적으로 경험해보라.
   ① 당신의 몸에 공명하고, 그 신체감각을 묘사하라. 그 느낌을 설명하라. 정확하게 어떤 감정을 경험하고 있는가? 두려움·분노·실망 등으로 그것에 이름을 붙이라.
   ② 그 사건에 대한 당신의 해석과 접촉하라. "무슨 단어가 내 마음을 스치고 있는가? 나는 이 감정을 일으키고 있는 자신에게 뭐라고 말하고 있는가?"라고 자신에게 물어보라.
   ③ 집착적 요구의 근저에 있는 근원적 불안과 접촉하라. "나를 가장 괴롭히고 있는 것은 무엇인가?" "일어날 수 있는 최악의 상황은 무엇인가?"라고 자신에게 물어봐라.

2단계: 집착을 정확히 잡아내라.

1. 그 사건 발생 당시 당신은 상황이 어떠하기를 원했는가? 당신은 자신이 어떠해야 하고, 타자가 어떠해야 하고, 그 드라마가 어떻게 '펼쳐졌어야' 했는지에 대해 어떤 프로그램된 태도와 모델을 지니고 있었는가?

2. 근저에 있는 더 깊숙한 요구를 발견하기 위해 "만일 상황이 내가 원하는 방식대로 굴러가고 내 방식으로 프로그램된 모델이 충족된다면 나는 무엇을 얻는가?" "만일 내가 원하는 것을 얻지 못하고, 상황이 어떻게 돼야 하는지에 대한 내 모델이 충족되지 않는다면 그것은 내게 뭘 의미하는가?" "나는 나에 관해 어떻게 느끼는가?" 라고 자신에게 물어보라.

3. 이제 다음과 같이 자신에게 질문함으로써 당신의 요구나 주요 집착적 요구를 정확히 잡아내라. "이 상황에서 내가 집착적으로 요구하고 있는 것은 정확히 무엇인가?" "나는 행복하기 위해 무엇을 가져야 한다고 생각하는가?"

3단계: 새 프로그램 구절을 선택하라

1. 이런 집착이 어떻게 당신을 자동으로 반응하는 로봇처럼 행동하게 하는지 알겠는가?
2. 이 집착 때문에 당신이 어떻게 자신을 고통받게 하고 있는지 보이는가?
3. 이 집착이 당신의 삶에 창조해왔던 고통의 반복 패턴을 볼 수 있는가?
4. 당신은 충분한 고통을 겪었는가? 그런 요구를 기꺼이 내려놓겠는가? 그렇지 않다면 당신이 선택한 요구가 그 상황에서 정말로 당신을 괴롭히고 있음을 명확히 하고, 이 3단계를 반복하라.
5. 예전 프로그램을 바꾸기 위해 특정한 요구에 대응하는 한두 가지 짧고 함축적인 새 프로그램 구절을 선택하라. 따라서 인정받기 위한 요구에 대응하는 데는 "나는 인정을 원하지 않아"라는 구절이 적절할 것이다. 실수를 범하지 않으려는 요구에 대응하기 위해서 "내가 실수해도 자신을 거부할 필요는 없어"가 도움될 것이다. 격렬함으로 빠르게 말할 때 그 구절이 적절하다는 느낌이 들어야 한다.
6. 그 장면을 재연해서 당신의 감정을 다시 경험함으로써 새로 프로그램할 준비를 하라. 당신의 집착이 야기해왔던 고통에, 그리고 벗어나겠다는 당신의 결단력에 진정으로 접촉하라. 자유를 향해 추진하기 위한 에너지가 형성되게 하라.

4단계: 새 프로그램에 집중하라.

1. 눈을 감고서 열 번 빠르게 심호흡하라. 근육을 긴장시켜서 가능한 모든 감정 에너지를 증대시켜라.
2. 치열하고 힘있게 새로 프로그램하라. 새 프로그램 구절이 당신의 바이오컴퓨터에 들어맞는다는 느낌이 들 때까지 본능수준의 결단력으로 그것들을 반복하라.
3. 도움되는 통찰력을 얻기 위해 '12가지 길'을 큰 소리로 읽고 당신이 이용하고 있는 의식센터를 보라.
4. 이번에는 새로운 프로그램이 작동되게 하면서 당신을 같은 장면에 다시 갖다 놓아라. 당신의 새로운 프로그램에 따라 새로운 긍정적 반응과 느낌으로 당신이 그 상황에 반응하는 것을 시각화함으로써 그 새로운 프로그램을 재확인하라. 당신이 평생을 누리기 위해 정말로 되고 싶은 방식대로 자유로이 되어서 예전 프로그램에서 벗어날 수 있음을 재확인하라.

🕊 15장 의식집중을 위한 기법

의식집중의 효과를 높이는 (무의식의) 배경적인 태도와 기술이 있다. 이 장은 집착을 새로 프로그램하기 위해 당신이 이 방식을 사용할 때 도움될 실용적 것들에 대해 논의할 것이다.

하지만 먼저 의식집중의 4단계를 검토해보자.

1. 고통을 탐구하라.
2. 집착을 정확히 잡아내라.
3. 새 프로그램 구절을 선택하라.
4. 새 프로그램에 의식을 집중하라.

이 단계들을 유념하고, 이 방법은 다음의 5번째 방식을 이용할 때 효과가 높아진다.

5. 자신의 집착에 대해 분명하고 강력하게 자각하도록 도와주는 사람과 상황을 환영하라.

보통 당신은 자신이 '도저히 감당할 수 없는' 사람들로부터 자신을 주의 깊게 보호한다. 삶이 당신을 괴롭히는 관계를 당신에게 줄 때 당신은 다른 쪽으로 달아난다. '의식집중방식'을 통해 자신에 대해 작업하기 시작할 때 어떤 상황이나 사람이 자신에게 자신의 집착을 자각하게 하는 한, 당신은 그 상황을 절대로 다시는 회피하지 않도록 하라. 당신은 그 상황을 환영하고 존중한다. 그 상황은 당신의 의식을 끌어올리기 위해 당신이 바꿔야 하는 감정프로그램을 자각하게 하는 지속적 입력정보를 외부세상에서 제공해주기 때문이다.

'의식집중방식'은 당신이 평화롭고 고요하며 자애로울 때는 사용될 수 없고, 자신의 기존 감정프로그램이 당신 속에 이중성과 분리의 느낌을 일으키고 사랑할 수 있는 당신의 능력을 파괴하고 있는 그런 순간에만 효과적으로 사용될 수 있다.

이 순간에 당신이 자신에게 말하고 있는 것은 뭐든지 절대로 중대하다. 그러니 자신이 초조해지는 모든 책임을 반드시 자신의 집착프로그램으로 돌리라.

당신은 자기 외부의 그 어떤 것도 불행의 직접적 원인이라는 생각을 다시는 품지 못하게 자신의 인생 상황에 관해 자신에게 말하는 방식을 바꿔야 한다. "철수가 나를 미치게 해"라고 말하지 말고, "내가 철수랑 함께 있을 때 내가 나를 미치게 해"라고 말하라. "삼순이가 지각하면 짜증 나"라고 말하지 말고, "삼순이가 제시간에 나타나지 않은 덕분에, 그녀는 내가 시간 엄수에 집착한다는 점을 지속해서 일깨워준다"고 말하라.

어떤 것이 당신의 기대에 일치하지 않을 때, 이것은 당신이 자신을 초조하게 하는 자신의 일부 프로그램을 점차 제거하는 데 '의식집중방식'을 이용할 수 있게 해준다.

당신이 무의식수준을 새로 프로그램하기 위해 **의식집중**을 이용할 때는 매우 구체적이고 정확한 것이 중요하다. 당신이 감정적으로 화난 순간에 자신에게 말하는 모든 것은, 미래에 함께 생활해야 할 프로그램에서 역할을 맡는 법이다. 만일 당신이 외부세상을 탓하는 상투적인 실수를 범한다면, 그저 자신의 집착을 강화하게 될 것이다. 만일 당신이 "남자들은 끔찍해" "정치꾼은 끔찍해"처럼 외부세상에서 당신을 분리하는 말을 한다면, 세상과 자신을 결합하기보다 격리할 방식으로 자신을 프로그램하고 있게 될 것이다. 만일 당신이 이런 식으로 계속해서 자신에게 말한다면, 암적 냉소주의에 걸릴지도 모르며 이는 확실히 하나됨과 사랑 쪽으로 작동하고 있지 않다. 세상이 그런 식으로 되어있는데, 그것에 관해서 투덜댈 이유가 뭔가?

"도시는 끔찍해"라고 말하지 말며, "도시에서 어떤 것을 경험할 때 나는 나를 화나게 하는 내 감정프로그램의 그 부분에서 벗어나야 한다"고 자신에게 말하라. 달리 말하면 당신은 자신의 초조함과 불행의 이유가 '외부'에 있다고 말하기를 멈춰야 한다. 바로 그럴 때 지속해서 당신을 초조하게 하는 원인이 분명히 당신의 내면프로그램이라는 점이 그 문제의 진실이 된다. 당신이 그 집착을 새로 프로그램했을 때에야, 상황을 가장 효율적 방법으로 바꾸는 것에는 자신의 에너지를 투입하기로 선택하고, 자신이 바꿀 수 없는 상황에는 에너지 투입하기를 그만둘 수 있게 된다.

당신이 감정에서 화나는 이 중대한 순간에 격해져서 자신에게 말하는 것은 프로그램에서 핵심이 된다. 감정적으로 화난 순간 반복해서 자신에게 "모든 이가 날 짜증나게 해"라고 말함으로써 모든 이를 싫어하도록 자신을 프로그램할 수 있다. 마음에 이것을 너무 견고히 프로그램한 당신은 만나는 모든 이에 대한 자신의 인식을 변경해 버릴 것이다. 사람들을 사랑하고 싶다면, 당신은 '사랑 프로그램'을 설치하기 위해 이 기회를 이용할 수 있다. "나는 소외되어 있는 것이 지겨워. 난 모든 사람을 사랑하는 법을 체득해서, 이젠 이중성과 분리가 없어지게 하고 싶어. 어떤 요구도 조건도 없이 사랑하는 법을 터득해야 해"라고 자신에게 말하라.

감정적으로 화난 순간 격리하는 내용을 끊임없이 자신에게 말한다면, 사람들은 자신을 곧장 신경증이나 정신병이 되도록 프로그램하는 셈이다. 감정적으로 화난 순간 이를 실생활 사랑이란 긍정적 방법으로 자신을 프로그램할 기회로 삼는다면, 당신은 과거에 프로그램되었던 취약점을 지워버리게 된다.

요약하자면, 화난 순간 당신은 불행에 대한 책임을 정확하게 그것이 속한 곳에 극도로 명확하게 두는 것이 핵심이라는 말이다. 당신의 문제는 외부세상에 있지 않고, 자신의 내면프로그램과 지금·여기의 몸·마음의 상태와 외부의 사람·상황 사이의 상호작용에 있다.

외부의 현실을 바꾼다는 것은 극히 미미할 뿐이므로, 당신의 행복은 자신이 바꿀 수 있는 것을 바꾸는 것, 즉 세상이 자신의 기대에 부응하지 않을 때 당신을 자동으로 초조하게 하는 감정프로그램을 바꾸도록 집중하는 데 달려 있다. 당신이 주위에서 어떤 일이 벌어지더라도 다시는 초조해지지 않도록, 분노·분개·걱정·좌절·질투·두려움이 일어나는 매 순간을 자신에게 곧장 말을 걸기 시작할 소중한 기회로서 포착하라.

자신이 화난 순간 가장 강한 감정을 일으키는 구절과 생각을 찾아내라.

당신이 집착프로그램에서 벗어나기 위해 '의식집중방식'을 평생 사용하기를 바란다면, 소용돌이치는 느낌을 강화하는 구절과 생각을 모두 찾아보는 것이 중요하다. 자신에게 감정을 가장 강한 방식으로 억지로 경험하게 하라. 예를 들어 "걸핏하면 화를 내는 게 이젠 지겨워. 어리석게도 이런 바보 같은 감정적 혼란을 유발하는 자동로봇이 되는 건 지옥이야. 이 모든 어리석음에서 벗어나고 싶어. 이렇게 나를 질식시키는 건 바보 같은 짓이야"라고 자신에게 말하라.

구체적으로 하라. 예를 들어 질투가 문제라면 "나는 다시는 질투심에 갇히고 싶지 않다"고 말하라. 갇힌 그 느낌으로 들어가서 격한 느낌을 유발하는 구절을 계속 추적하라. 당신이 자신의 느낌을 강화하고 자신을 울게 하는 구절을 발견할 때, 그것이 더는 어떤 반응도 가져오지 않을 때까지 계속 반복하라. 다른 구절도 발견해서 그것을 닳아 없어지게 하라. 그런 다음 격한 감정을 유발하는 그것의 능력을 처음으로 돌아가서 다시 시험해보라.

당신이 정말로 그것을 하고 싶어 해야 한다는 점을 명심하라. 새로 프로그램할 때 당신은 자신에게 고함치고, 베개를 두드리며, 주먹을 움켜쥐고 이를 악물며, 침대나 탁자를 탕탕 치거나, 자신이 프로그램을 바꾸기로 굳건히 결단함을 자신의 에고와 논리적 마음에게 통보하는 것은 무엇이든 주저하지 마라. 이런 집착은 대다수 당신의 바이오컴퓨터에서 몇십 년 동안 작동해왔고, 당신이 다시는 특정한 상황에 자동으로 짜증내지 않도록 그것을 새로 프로그램하려면 당신 쪽에서 많은 결단력과 작업이 필요하리라는 점을 잊지 마라.

자신에게 '적절한 느낌'이 드는 새 프로그램 구절을 사용하는 것이 중요하다. 그것은 자신을 화나게 하는 상황과 자신을 검토하는 동안 당신이 얻은 새로운 통찰력을 대변해야 한다. 예컨대 '길'과 의식센터를 이용함으로써 당신은 비판받는 것이 어떤 식으로든 자신에게 정말로 위협이 되거나 해롭지 않다는 점을 깨닫게 될 수도 있다. 당신은 비판을 자신의 실적을 개선하도록 도울 수 있는 귀중한 피드백으로 인식하기 시작할지도 모른다. 비판에 대한 이 새로운 태도를 강화하고 그것을 당신 프로그램의 영구적 부분으로 만들기 위해, "비판은 정말로 유용하고 해롭지 않다"나 "나는 비판을 환영할 수 있다"나 "누군가 나를 비판할 때 내가 방어적으로 될 필요는 없다"처럼 그런 구절로 자신을 새로 프로그램하는 것이 귀중하다.

만일 당신이 자신에게 '적절하다는 느낌'이 들지 않거나 의식적으로 믿기지 않는 새 프로그램 구절을 이용한다면, 그 구절을 이용함에 따라

커지는 저항을 체험하는 자신을 발견하게 될지도 모른다. 자신을 새로 프로그램하면서 당신은 자유롭고 안심되며 더 확신을 느끼기는커녕 오히려 점점 더 긴장되고 당황할지도 모른다. 그럴 때 통찰력을 추가로 얻으려면 당신의 마음이 그 구절에 대해 상반되게 제시하는 주장에 귀를 기울여서 다른 방식을 사용하거나 142~145쪽(생명 구제책)에 있는 절차를 반복하는 것이 최선이다.

어쩌면 당신은 특정 요구를 떨쳐버릴 준비가 되어 있지 않을 수 있다. 그 프로그램 구절을 당신에게 좀 더 적절하다고 느낄 수 있는 구절로 약간 바꾸는 것이 좋겠다. 따라서 만일 "애인이 있어야 할 필요는 없어"가 적절하다는 느낌이 들지 않으면, "행복해지기 위해 아무개가 필요하진 않아" 또는 "아무개가 내 옆에 없어도 상처받을 필요는 없어"를 시도해보는 것이 좋겠다.

가식적 공간으로 너무 앞서 가지 말고, 당신이 어떤 상황에 반응하는 요구나 비건설적인 방식을 떨쳐버릴 준비가 정말로 되어 있다고 느낄 때까지 기다리라. 당신이 필요하다고 생각했던 어떤 것이 정말로 필요 없다는 점을 깨달을 때, 그것에 대한 집착적 요구를 떨쳐버리기가 더 쉽다는 점을 알게 될 것이다. 당신은 자신의 예전 프로그램이 터무니없다는 점을 분명히 알아봤을 때, 효과적인 새 프로그램 구절이 자연스럽게 당신에게 다가올 것이다.

당신의 바이오컴퓨터를 새로 프로그램하는 데 도움될 수 있는 지시 구절의 몇 가지 예를 들어보자.

"삶은 나의 교사다."

"나는 내 집착프로그램이 아니다."

"나는 사랑스럽다."

"나는 내 인생의 주인이다."

"나는 사람들을 통제할 필요가 없다."

"나는 있는 그대로를 받아들일 수 있다."

"나는 타인의 인정이 필요 없다."

"나는 실수해도 괜찮다."

"나는 내 모습 그대로가 괜찮다."

"나는 숨길 필요가 없다."

"나는 두려워할 것이 아무것도 없다."

"나는 놓아버리고 그냥 존재할 수 있다."

"나는 나 자신을 사랑한다."

"나는 공공연하게 나 자신이 바보가 돼도 괜찮다."

"논리적 마음이여! 나에게 그런 자료 보내길 멈춰라."

"나는 충분하다."

"나는 나의 지금·여기를 받아들인다."

"나는 내가 화나고, 실수하며, 질투하고, 사랑하지 않을 때도 자신을 거부할 필요는 없다."

"내가 있는 바로 여기에 있어도 된다."

"나는 자유로워지고 있다."

"나는 로봇이 돼야 할 필요가 없다."

"나는 이런 일이 발생할 때 초조해할 필요가 없다."

"나는 타인의 프로그램에 사로잡힐 필요가 없다."
"나는 그 사람이 있는 방식 그대로 그 사람을 사랑할 수 있다."
"그것은 **우리** 모두다."
"나는 통제하고 조종하고 집착하고 두려워할 외부의 받아들임, 인정, 존경, 사랑, 특별한 관심, 낭만적 사랑, 친한 관계가 필요 없다."

상황에 걸맞은 자신만의 구절을 만들어내라. 새 프로그램에 전문가가 될 때 당신은 그것의 효과에 놀랄 것이다. 집착들이 아무리 오래 존속되었고 아무리 강하다 해도, 끈질김과 결단력으로 당신의 모든 집착을 새로 프로그램할 수 있다.

당신은 대개 한 번에 단 하나에만 화나기 때문에, 한 번의 의식집중만으로는 원치 않는 과거의 모든 프로그램을 지워버릴 수 없다. 지금·여기에서 당신을 화나게 하고 있는 것만 새로 프로그램할 수 있다. 그러니 바로 지금 당신의 기분을 나쁘게 만들고 있는 문제만을 자신에게 분명히 말하라. 당신이 자신을 도와주는 어떤 이에게 의지했고 그가 해주기로 약속했던 일을 잊고 하지 않았다고 가정해보자. 이제 자신에게 그 상황에 대해 분명히 말하라. "나는 사람들이 약속을 지키지 않을 때 화를 낼 필요가 없어." "굳이 이 모든 소용돌이에 나를 밀어 넣을 필요가 없어." "사람들이 내 모델에 맞출 필요는 없어." "나는 내가 가진 것을 누릴 수 있어."

화난 순간 당신이 체험하는 느낌은 어느 정도 자신의 미래에 프로그램될 느낌이기 때문에 자신에게 아주 정확하게 말하라. "나는 이 집착을 새로 프로그램할 수 있어. 나는 이 상황에 대해 초조해질 필요는 없어. 나를 초조하게 만드는 건 바로 내 프로그램이니, 나는 그걸 바꾸기만 하면 돼. 그 프로그램은 어떤 식으로든 내게 도움되지 않아. 나는 뭘 준다 해도 그게 필요 없어. 나는 그런 감정적 반응에 매달릴 필요가 없어. 사랑이 더 중요해. 내가 마음에 이 고통을 창조하고 있어. 그것은 모두 내 마음에 있어." 같은 것을 말하라.

**자신의 고통을 탐구하는 방법(단계 1)으로
당신의 예전 프로그램대로 의식적으로 연기해도 좋다.**

옛 프로그램을 버리는 것과 새 프로그램을 창조하는 것을 구별하는 것이 도움된다. 당신이 의식적으로 심란한 상황을 다시 체험하고 마음에서 그런 쓰레기를 제거하려는 철저한 의도로 "나는 네가 싫어, 난 네가 싫어!"라고 외칠 때, 당신은 부정적 프로그램을 강화하고 있지 않고 그것에서 벗어나고 있다. 자신의 에고와 논리적 마음이 자동으로 부정적 감정을 정당화할 때마다 당신은 그것을 존속시키기 쉽기는 하지만, 심란한 상황을 다시 겪으면서 의식적으로 그 감정을 버리려는 목적으로 감정을 방출한다면 당신은 자신이 그 집착프로그램에서 벗어나도록 돕게 된다. 당신이 예전 프로그램을 의식적으로 겪어보고 불필요한 것으로 인식했다면, 바이오컴퓨터는 새롭고 건설적인 프로그램을 더 쉽게 받아들이게 된다. 집착프로그램에 대한 의식적 버림은 의식집중 준비에 유용한 에너지를 발생하게 한다.

당신으로 하여금 이런 분리하는 감정을 일으키게 했던 자신의 말을 다시 체험해보는 것이 도움될지 모른다. "내가 이번 시험에서 떨어지면 끔찍할 거야"라고 자신에게 말함으로써 두려움을 창조했을지도 모른다. "나는 삼순이 없이 차마 살아갈 수 없고 외롭다"고 말해서 슬픔이 창조되었을지도 모른다. "그가 날 이따위로 대접할 수는 없어. 나를 뭐로 보는 거야?"라는 생각에 화가 치민다.

당신은 최고로 강렬하게 진술을 생성해주는 이 감정을 모두 표현하는 동시에 쓰레기를 버리듯이 단순히 예전 프로그램을 버리고 있음을 명확히 깨달음으로써 그 상황을 충분히 다시 겪을 수 있다. 게임을 꿰뚫어 보고 그런 상황에 반응하는 새롭고 더 나은 방식을 계발하는 것이 게임이다.

자신의 감정반응 전압을 높이라.

'의식집중방식'을 효과적으로 활용하려면 당신이 할 수 있는 가장 강한 감정을 일으키는 것이 요구된다. 감정반응의 전기화학적 전압을 높이기 위해 당신이 할 수 있는 모든 것을 하라. 집착은 대부분 고통과 아픔을 통해 당신에게 프로그램되었다. 집착을 새로 프로그램하는 한 방법은 당신의 더욱 강한 느낌과 관련된 긴장을 활용하는 것이다. 당신이 감정의 치열함을 높인다면, 또 높일 수 있어야만 짧은 순간에 강력한 평생의 집착을 없앨 수도 있다. 만일 당신이 지속해서 치열하게 자신의 감정에 들어갈 수 없다면, 그 집착을 새로 프로그램하는 데 수개월 또는 수년이 걸릴 수도 있다.

가능한 한 많이 울어라. 왜냐면 울음은 더 빠르게 새로 프로그램하도록 당신을 돕기 때문이다. 비록 우는 것이 필수는 아니지만, 그것은 신속하게 새로 프로그램하는 데 필요한 치열함을 높이는 가장 손쉬운 방법이 될 수 있다. 당신은 울면서 "나는 이런 일로 나를 들볶지 않아도 돼. 나에게 분리하는 감정은 필요 없어. 나는 이 요구에서 벗어날 수 있어. 나는 매달리지 않아도 돼"라고 자신에게 계속해서 말하라. 당신이 더 오랫동안 울면서 집착을 제거하는 데 의식을 집중할수록, 삶의 특정한 상황에서 자신을 화나게 하는 그 프로그램을 더 효율적으로 제거할 수 있을 것이다.

새로 프로그램하기 위해 울 필요는 없지만, 울음은 그 과정에 속도를 높여준다. 감정프로그램의 상당 부분이 충격·아픔·울음·고통을 통해 당신 속에 주입되었기 때문에 당신이 이런 프로그램을 신속하게 지워버릴 수 있도록 현재의 아픔·울음·고통을 의식적으로 증대시키는 것이 도움된다.

어떤 사람이나 어떤 생각으로 하여금 자신의 감정이 가라앉게 하지 마라. 다만 당신이 이제 그 감정을 계속 요동치게 할 수 없을 때에만 멈춰라. 말없이 당신의 말을 들어주는 타인과 함께하는 것도 도움될 수 있다. 우는 사람이 곁에 있을 때 사람들은 대부분 "모든 게 좋아질 거야. 울음을 그쳐"라고 말하거나, 어떤 유형의 기분전환을 제안한다. 하지만 이것은 당신을 고통받게 하고 있는 무의식수준의 프로그램을, 의식집중방식을 이용해서 태워버리는 것을 막아버린다.

당신이 작업을 시작하더라도, 그 문제를 덮어두려고 자신의 감각과 논리적 마음을 이용하고 있을 것이다. 하지만 이렇게 하면 당신은 한때 기분이 좋아지겠으나, 미래에 비슷한 상황이 벌어지면 자신의 자동 프로그램에 다시 사로잡히고 말 것이다. 당신 곁에 있는 이는 당신이 무엇을 하고 있는지 이해해야 하며, 그저 당신의 진동을 경험하며 당신이 울도록 묵묵히 촉진하면 된다. 감정이 매우 격렬해지기 위해 무엇이든 하라. 왜냐면 감정이 매우 격렬해지면 당신은 외부세상에 어떤 일이 발생해도 다시는 감정적으로 화나지 않도록 집착을 새로 프로그램할 훌륭한 기회를 맞이하기 때문이다.

당신이 절대로 자신의 주인이 될 수 있다는 자신감을 키워라.

오래전에 당신이 자신을 프로그램했고, 자신이 프로그램한 것이니 당연히 새로 프로그램할 수 있다고 계속해서 자신에게 말하라. 당신이 모든 것을 자신에게 했다는 점을 잊지 마라. 당신은 자신의 통제를 벗어난 세력에 사로잡혀 있지 않다. 그것은 모두 당신의 마음에 있다. '의식집중방식'을 통해 당신은 자기 마음의 주인이 될 수 있다. 당신은 완벽한 존재요 순수한 '각성'이다. 당신이 행복해지기 위해 가져야 한다고 자신에게 말하고 있는 너무 많은 것에 자신이 사로잡혀 있다는 점이 유일한 문제다. 당신은 외부세상(그리고 그 속의 사람들)이 도저히 채워줄 수 없는 너무 많은 조건을 그곳에 두고 있고, 문화에 속박되어 있다. 당신은 이런 모든 집착·요구·기대로 자신을 프로그램해왔으니, 자신을 새로 프로그램할 수도 있다. 당신이 집착을 새로 프로그램하게 되면 평생 자유로워진다. 그때 세상의 온갖 행복과 아름다움이 당신의 것이 될 것이다.

당신이 삶에서 시도해왔던 모든 것에 실패했다고 느끼고, 이 순간 어떤 특정 지옥에 있어도 문제 되지 않는다. 당신이 의식상승을 위한 **실생활 사랑법**에 대한 이 책을 여기까지 읽을 정도라면, '의식집중방식'을 이용할 수 있다. 자신에 대해 작업하는 데 필요한 모든 것이 당신에게 있으며, 당신이 삶을 지속해서 누리지 못하게 하는 그 모든 지옥 같은 감정을 제거하기 위해 긍정적으로 자신을 새로 프로그램할 수 있다.

자신의 감정이 후원하는 집착은 당신이 **의식집중방식**을 처음 이용할 때는 사라지지 않겠으나, 각각의 방식을 연속적으로 적용하면 점차 집착은 선호로 바뀔 것이다. 섹스에 대한 집착처럼 복잡한 집착은 집착을 유발하는 다양한 요인 때문에 별도의 의식집중 시간을 요구한다. 인내하면서 결과를 얻어낼 시간을 자신에게 줘라. 심란한 순간에 "이 새 프로그램은 효과가 없어" 같은 말이나 생각은 도움되지 않는다. 당신은 자신의 새 프로그램이 작동하지 않도록 프로그램할 수도 있다! 그 대신 "천천히 하지만 확실히 나는 이 감정적 유발요인에서 벗어나고 있어"라고 말하거나 생각하라. 당신은 자신의 두뇌로 이런 신경을 연결하고, 결단하여 그것에서 벗어날 수 있다.

따라서 **의식상승을 위한 실생활 사랑법**은 모든 유형의 사람이 온갖 종류의 집착을 새로 프로그램할 수 있도록 설계된 '5가지 방식'을 당신에게 제공한다. 의식상승을 위한 여정을 촉진하고 싶다면, '5가지 방식'을 모두 이용하는 최고의 기술을 개발하기 위해 열심히 작업하라. 그러면 당신은 자신의 바이오컴퓨터가 새로 프로그램할 각각의 문제에 대해 아주 완벽한 방식을 자동으로 선택하리라는 점을 발견할 것이다.

처음에 당신은 '12가지 길', '7개의 센터', '5가지 방식'의 관점에서 의식의 작용을 이해함으로써 매료될지 모른다. 그러면 당신은 이 도구를 매 순간 의식적으로 이용할 수 있다. 이 도구의 목적은 당신이 삶의 현 상태에 공명해서 집착 때문에 야기된 왜곡에서 벗어나게 해주는 것이다. 그것이 당신을 위해 작동하기 시작할 때, 당신의 인생은 순조로워지기 시작할 것이다.

인생을 누리는 법을 터득하라! 당신이 지금·여기에 있는 것과 어울리지 않는 어떤 기대를 자신의 삶에서 자각할 때, 그저 '5가지 방식'을 이용하라. 달리 말해서 당신은 문제 해결을 위해 그 방식을 이용하고, 나머지 시간에는 하고 싶은 것을 하고 그저 바로 여기에 있는 것이다. 이 도구의 주목적은 타인이나 주위 세상에서 당신을 격리하는 일을 멈추도록, 서로 받아들이고 사랑하도록, 바로 지금·여기에 단지 '우리'만이 있는 그 공간에서 흐르도록 당신을 돕는 것이다.

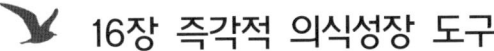 16장 즉각적 의식성장 도구

'즉각적 의식성장 도구'는 당신이 수많은 집착을 우회하도록 도울 수 있다. 의식을 크게 확장시키려면 대부분 지속적 내면 작업이 많이 요구되나 '즉각적 의식성장 도구'라 불릴 수 있는, 숲을 관통하는 지름길이 하나 있다. 의식과 사랑이 동의어이기 때문에 당신은 이것을 '즉각적 사랑 도구'로 간주해도 된다.

여기에 의식을 즉각적으로 크게 확장할 수 있는 지침이 있다.

모든 사람의 말이나 행동을 모두 마치 자신의 말이나 행동처럼 경험함으로써 자신의 사랑, 자신의 의식, 자신의 자비심을 확장하라.

이 '즉각적 의식성장 도구'를 이용하면, 당신이 타인의 말·행동에 반응할 때 지금은 의식적으로 이용하지 않을지도 모르는 바이오컴퓨터의 어떤 프로그램이 실행되게 할 것이다. 당신은 대개 자신이 하는 일을 설명해주는 내면의 이유와 느낌에 대해 일부 자각하고 있지만, 타자의 비슷한 행동을 바라볼 때 당신은 대개 그 행동의 뜻을 자신의 생각과 행동에 적용하는 프로그램이 아니라 다른 프로그램을 가지고 해석한다.

이것은 소위 다음과 같은 심리학적 삼단활용conjugation으로 우리를 이끈다.

"나는 확고하고, 너는 완고하며, 그는 고집불통이다."

"나는 솔직하고, 너는 퉁명스럽고, 그는 무례하다."

"나는 음식을 즐기고, 너는 과식하고, 그는 식충이다."

"나는 사람들의 이익을 위해 이따금 그들을 교정해주고, 너는 상당히 따지기 좋아하고, 그는 성질이 끔찍하다."

위의 모든 상황에서 외부의 행동은 같을 수 있으나 당신이 그 상황을 해석하기 위해 이용하는 프로그램은 완전히 다르다.

'즉각적 의식성장 도구'의 목적은, 당신이 자신의 말·행동을 이해하는 데 이용하는 것과 똑같은 프로그램을 이용해 타인의 말·행동을 인식하고 해석하도록 당신을 일깨우는 것이다. 만일 당신이 단지 자신을 위해 예비한 프로그램을 통해 각각의 상황을 꿰뚫어 볼 정도로 오랫동안 그 상황에 대한 자신의 반응을 늦춘다면, 타인을 이해하고 사랑하는 능력이 즉각 2배가 되는 것을 발견할 수 있다. 당신은 예전 프로그램을 단순히 우회하고 그것을 사용하지 않아서 점차 사라지게 할 수도 있다. 만일 당신이 타인의 입장에 서서 타인의 관점으로 바라본다면 어쩌면 당신도 그들의 말·행동과 똑같은 것을 말하고 느낄 것임을 깨닫기 시작한다.

'즉각적 의식성장 도구'를 이용하려면 당신은 자신의 느낌과 행동에 대해 자신의 인식을 구체화할 때 이용하는 프로그램을 그 상황에도 의식적으로 적용해야 한다. 이것은 많은 상황에서 당신 주변의 모든 사람에게 수용적이고 자애롭게 반응하는 데 자신의 예리함과 지혜를 즉각 2배로 증가시킬 수 있다. 대체로 당신이 짜증나서 화를 낼 때마다 어쩌면 당신은 자신이 수천 번 행했던 것과 똑같은 일을 행하고 있는 타인에게서 자신을 격리하고 있을 것이고, 그런 일을 당신은 자신의 경우라면 충분히 받아들였을 것이다.

예를 들어 당신이 누군가에게 어떤 일을 대신 해달라고 부탁하자, 그 사람은 짜증스럽게 "네가 하지 그래?"라고 응수한다고 가정해보자. 이 말이 청각신경을 통해 들어와 바이오컴퓨터의 해석 영역에 입력되면, 당신은 자신의 권력센터에 대한 위협을 경험할 가능성이 매우 높다. 이때가 바로 당신이 '즉각적 의식성장 도구'를 사용할 그 시점이다.

자신에게 "누군가 나에게 뭔가를 해달라고 요청했을 때 나는 수없이 짜증냈다. 어쩌면 나는 바빴다. 어쩌면 나는 나보다 그걸 더 쉽게 잘할 수 있는 그들이 애당초 나에게 요구하지 말았어야 했다고 느꼈다. 또는 어쩌면 나는 피곤했다. 어쩌면 집착 때문에 그 순간 나는 도움되고 싶을 정도로 그들을 사랑하지 못했다. 나는 내가 요청받았을 때, 사람들을 돕고 싶지 않을 수십 가지의 이유를 나 자신에게 댈 수 있다."라고 말할 수 있다.

'즉각적 의식성장 도구'를 이용하면 당신이 격리되는 방식으로 반응할 때, 자신을 용서하는 데 이용하는 모든 내적 이해의 이로움을 타인들에게도 준다. 그래서 누군가 돕기를 거부할 때 당신은 화를 내는 대신 상대를 받아들이고 사랑하게 하는 더 넓은 관점으로 상대를 인식하는 데 '즉각적 의식성장 도구'를 이용한다. 이것은 당신이 '타인'들의 행동을 인식하기 위해 사용되는 이중적 프로그램에서 벗어나도록 돕는다.

'즉각적 의식성장 도구'는 우리가 이 세상에 '타자'가 없다는 것을 깨닫도록 돕는다. 우리가 모두 안전·감각·권력 집착에 지배되는 느낌과 문제를 공유하는 것처럼 하나됨·사랑에 대한 필요도 공유해왔다. 우리가 이것을 지금·여기란 각성으로 체험한다면, 모든 형제자매에 대한 사랑과 받아들임 말고 다른 것을 느낄 여지가 있을까?

17장 논리적 마음

대부분 사람에게 삶이란 외부세상과 자신의 안전·감각·권력이 지배하는 에고 사이의 전쟁터다. 삶의 아름다움을 경험하기 위해 우리는 마음 상태를 대다수 아이가 많은 시간을 누리는 고요함으로 되돌릴 필요가 있다. 지속해서 사랑·풍요·각성 센터에서 삶을 음미하기 위해 당신은 자연스러운 생각이 떠오르지 않고, 의식의 임의적 흐름이 전혀 없도록 자신을 훈련할 필요가 없다. 하지만 당신 생각의 절박하고 거슬리며 고집하는 흐름은, 나뭇가지를 휘감아서 앞뒤로 휘게 하는 강력하고 거센 바람이 아니라 나뭇잎을 부드럽게 움직이는 아주 가벼운 산들바람의 속도로 늦춰져야 한다.

태어났을 때 당신은 자신에게 감정이 후원하는 요구가 거의 없었다. 배고플 때 약간의 우유면 충분했다. 그 후 당신은 자신의 삶을 생리적으로 유지하는 것과 전혀 관계없는 수백 개의 요구(감정이 후원하는)로 자신을 프로그램해왔다. 이런 집착들은 대부분 우리가 감정으로 매달려 다양한 역할을 해내는 사회적 춤과 관계있다. 감정이 후원하는 집착 모델이나 기대는, 당신이 항상 갖고 다니면서 누군가 터뜨리지 못하도록 끊임없이 노심초사해야 하는 팽팽해진 풍선과 같다.

자신의 에고는 당신에게 자동으로 안전에 대한 두려움, 감각에 대한 갈망, 권력에 대한 분노를 유발함으로써 당신을 보호하려는 잘못된 노력을 하느라 바쁠 때, 논리적 마음도 그 에고를 지원하는 역할을 하느라 분주하다. 또 논리적 마음은 당신이 '옳고' 타인이 '그른' 이유를 제공하고, 당신이 자신과 동일시하는 다양한 역할과 드라마에서 당신의 '성공' 모델대로 살도록 돕기 위해 조종하고 기획한다.

고차의식을 향해 성장할 때 당신은 자신이 체험하는 모든 두려움·슬픔·화는 단순히 자신의 이런 공허한 춤에서 벗어나도록 돕기 위해 세상이 당신에게 제공하고 있는 가르침임을 깨닫기 시작한다. 세상은 당신이 집착하는 다양한 역할을 연기하고 있는 기계적 방식에 대한 통찰력을, 또 당신이 성장하도록 도울 체험을 당신에게 주고 있다. 사람들의 말이나 행동 때문에 생기는 소외감, 분개심, 불신감, 짜증 등은 당신이 삶이란 게임을 의식해서 하고 있지 않다는 사실을 일깨워 주고 있다고 보아야 한다. 세상은 다음처럼 당신에게 말해주고 있다.

삶이란 우리가 연기하는 게임일 뿐이고 특정 방법은 없다!

당신의 에고와 논리적 마음은, 세상이 어떻게 되어야 하고 주위 사람들이 어떻게 행해야 하는지에 관한 어떤 특정 방법이 존재하며, 그 방법을 옳게 하는 것이 자신의 논리적 마음에 달려있다는 가혹한 프로그램에 시달린다. 당신의 삶이 자신의 집착 모델에 들어맞지 않는 것을 줄 때, 에고는 논리적 마음을 자극해서 끈질기게 붙들며 꼬리에 꼬리는 무는 생각에 빠지게 한다. 동시에 에고는 불안이나 분개 같은 부정적 감정을 유발한다.

심장은 더 빨리 고동치고 아드레날린과 다른 호르몬들이 혈류 속으로 들어온다. 이 심신의 소용돌이가 논리적 마음을 다시 자극해서 더욱 활동을 촉발한다. 의식의 작동방식을 이해하지 못하면 당신은 이 소용돌이를 자신의 삶을 작동하게 하는 데 주의를 기울여야 하는 '중요한' 것으로 받아들인다. 하지만 좀 더 의식적이 되면 당신은 외부세상을 강압적으로 당신의 기대에 맞도록 당신을 조종하게 하고 강요하게 하는 감정적 소용돌이에 자신이 자동으로 휘말리지 않으면서도 논리적 마음이 제대로 작동하게 하는 능력이 계발된다.

예컨대 자신에게 집착프로그램·에고·논리적 마음으로 구성된 이 3개 조의 활동에 대한 균형감이 없을 때, 당신은 누군가 자신을 비판하면 자동으로 화를 내게 된다. 그러나 이제 **권력센터**가 작동해서 반응을 일으키지 않으면, 누군가 비판하더라도 당신은 무엇을 말하고 행할지를 선택할 수 있게 된다. 당신은 그들이 하는 말을 침착하게 들으면서 당신에게 유익한 생각을 줄 정도의 충분한 배려에 감사를 표명해도 좋다. 당신의 동의나 반대가 항상 필요한 것은 아니며, 그냥 제공되는 것을 받아들이고, 이용할 수 있는 것은 이용하되 나머지는 지나가게 하라. 당신은 그들의 비판과 제안을 논의하거나 명확히 하고, 아니면 그들에게 어떻게든 도와달라고 요청해도 된다. 그러면 그들은 자신이 제안한 건에 기꺼이 에너지를 투입할지도 모른다. 반면에 당신은 그들이 제시하고 있는 것을 이미 고려해봤고, 다만 당신이 해왔던 방식으로 그 일을 하기로 했을 뿐이며, '그것이 바로 지금·여기에 있는 것'이라고 그들에게 말해도 좋다. 다시 말해서 당신이 과민하게 반응하고 짜증 내기보다 수용하고 의식하고 있으면 반응을 선택할 수 있다.

당신의 프로그램, 에고, 논리적 마음이 감정적으로 긴급하다는 느낌을 창조하는 이런 즉각 자동경보체계는 정글에서 살 때 우리의 조상이 위험을 헤쳐나가도록 설계됐었다. 하지만 생명의 위협이나 직접적 신체 부상과 연관된 상황에 직면하는 경우를 제외하면, 어떤 '문제'든 최적의 해결책은 당신 주위의 세상 에너지와 당신 에너지를 조화시킬 때 대개 가장 잘 발견된다. 그리고 '나'와 '그들'이라는 대결의식 대신 '우리'라는 의식으로 조화롭게 흐르려 한다면, 당신은 집착을 선호로 끌어올릴 때 언제나 자신에게 다가올 통찰력·예리함과 접촉할 정도로 조용해질 필요가 있다.

'길'을 이용하는 데 점점 더 숙달될수록 당신은 논리적 마음이 자신에게 해왔던 게임이 분명하게 보이기 시작한다. 당신은 비판하고 격리하는 일련의 생각을 낳는 집착프로그램과 에고에 의해 논리적 마음이 특정 행동으로 이끌리는 방식이 보일 것이고, 화난 순간 일어나는 이런 생각에 (예컨대 '순전히 허튼짓'처럼) 적절한 이름을 붙여서 객관화하는 법을 체득한다. 당신은 이 생각을 받아들이지도 거부하지도 않고, 다만 그것이 일어나게 하며 그것을 지켜보면서 더는 감정적으로 그것에 휘말리지 않는 것이 얼마나 평화로운지 경험한다. 이렇게 하면 당신 내면에 언제나 존재하는 직관적 지혜가 나오게 된다.

이를테면 누군가 당신에게 어떤 일에 관해 마음을 바꾸라고 종용한다고 가정하자. 당신은 자신의 권력·명성·자존심 영역이 침해받고 있다고 느낄지도 모른다. 당신의 에고는 논리적 마음을 활성화하여 당신에게 반대하는 그 멍청한 사람을 완전히 초토화할 강력한 반박을 제시할 것이다. 하지만 당신이 부정적 감정의 느낌을 유발하지 않고 자신의 마음이 어떻게 일을 처리하는지 그냥 지켜볼 수 있게 되면, 어떤 반응이 분리를 낳고 어떤 반응이 하나됨과 사랑을 낳는지에 대해 선택권을 가질 것이다.

낮은 의식수준으로 운영하고 있으면 당신은 선택권을 갖지 못하며, 마음에 '긴급한 생각'이 떠오를 때마다 그것이 타인의 말을 가로채는 한이 있더라도 즉시 말해버리는 경향이 있다. 그러나 고차의식으로 성장하면 당신은 논리적 마음에 발생하는 컴퓨터 같은 자동화된 '출력'을 그냥 관찰할 수 있게 된다. 당신은 그것을 육감, 즉 다른 감각입력으로 간주한다. 집착을 선호로 끌어올림으로써 당신의 생각은 이제 자신의 감정을 자동으로 격하게 하지 않는다. 당신은 삶에서 처음으로 논리적 마음의 춤에서 해방되기 시작한다.

이것이 억압이 아니라는 점을 주목하면 흥미롭다. 자신을 억누르면 당신은 귀결에 대한 두려움 때문에 자신이 느끼고 있는 것을 표현하지 못한다. 억압은 당신이 자신에게 가하는 엄청나게 해로운 무의식적인 일이다. 우리의 제안은 당신이 감정에 의해 생성되는 그 에너지를 활용해서 집착을 선호로 새로 프로그램하라는 것이다. 따라서 당신은 일련의 논리적 생각이 분노나 분개의 느낌들을 유발하지 않도록 에너지를 억압하지 않고, 실제로 그 에너지를 건설적이고 유익하게 활용한다.

더 의식하게 되면 당신은 억압하거나 심지어 표출할 어떤 부정적 감정도 있지 않게 될 것이다. 당신은 말 그대로 감식가처럼 된다. 그 감식가는 어떤 음식이든 집어들겠지만, 구별할 때 의식해서 선택하기 위해 통찰력과 예리함도 이용한다. 의식하는 존재는 타인들이 무엇을 말하거나 행동하든지 우리가 그들을 우리와 전혀 다르지 않은 사람으로 수용하고 경험하게 해주는 자애로운 공간에서 움직일 때, 삶이 언제나 최고로 작동됨을 안다.

자신의 바이오컴퓨터가 유입되는 모든 시각·청각 그리고 그 이외의 자료를 당신으로 하여금 짜증나고 화나게 하지 않는 방식으로 처리하기 시작할 때, 당신은 자신의 의식 화면이 이제는 당신과 외부세상 사이에 끊임없는 갈등에 의해 지배되지 않음을 발견할 것이다. 그러면 당신은 주위 사람과 상황의 더욱 미묘한 측면에 공명할 수 있게 되며, 자신의 통찰력과 예리함은 백 배는 증가한다. 자신의 논리적 마음을 가라앉힌 정도로만 끌어낼 수 있는 타고난 지혜가 삶의 모든 상황마다 당신이 최적의 반응을 낳을 수 있도록 안내해준다는 점을 알게 된다.

논리적 마음을 가라앉히는 전통적 방식은 명상을 통해서다. 전형적 명상은 조용한 방에 척추를 곧바로 펴고 앉아 지속해서 당신의 관심을 물리적 사물이나 정신적 개념에 초점을 두고 잡다한 생각들을 몰아내는 행위를 포함한다. 예컨대 당신은 들숨과 날숨을 경험하는 데 집중하거나, 자신 앞에 촛불을 켜두고 명상하는 동안에 자신의 의식이 오로지 촛불에만 완전히 지속해서 집중하도록 훈련할 수 있다.

'이것이 정말로 결과를 얻는 데 얼마나 오래 걸릴지 궁금해' 또는 '내 오른 무릎이 아파' 처럼 잡다한 생각이 떠오를 때, 당신은 그 생각에 머무르지 않고, 그 생각이 자유롭게 연상하도록 내버려 두며, 그 생각을 거부하지도 않는다. 왜냐면 심하게 거부할수록 생각은 당신에게 더욱 집요하게 매달릴 것이기 때문이다.

당신은 점차 그 생각을 그냥 지나가게 하는 능력이 생기고, 명상의 대상으로 묵묵히 지속해서 되돌아간다. 마음이 다른 문제로 순식간에 이리저리 전환될 수 있겠지만, 당신은 어떤 순간에도 오직 한 가지만이 완전한 주의력으로 의식의 중심 무대를 차지할 수 있음을 안다. 지속해서 한 대상이나 한 생각만 의식에 유지함으로써, 당신은 점차 자신의 마음이 당신을 위하여 더 마음 들고 유쾌한 하인이 될 수 있도록 마음을 훈련하여 마음의 임의적 춤을 가라앉힐 수 있게 된다.

만일 당신이 지금 전통 방식의 명상을 이용하고 있고 그것에서 결과를 얻어내고 있다면, 특히 개인적으로 함께 작업하고 있는 명상 교사가 있다면, 이 훈련을 지속하는 것이 바람직할지도 모른다. 명상의 어떤 시스템도 실생활 사랑법과 어울린다. 그러나 만일 당신이 이 시점에 사용하는 특정 명상법이 없다면, 사랑센터로 성장하는 동안 당신의 마음을 가라앉히기 위해 이 책에서 서술된 '5가지 방식'을 이용해도 좋다.

실생활 사랑법의 '5가지 방식'은 당신에게 심지어 한 시간이라도 세상에서 이탈하거나 일상의 활동에서 벗어나기를 요구하지 않는다. 이 방법은 당신이 바쁜 일상에서 활동하면서 명상의 많은 이점을 성취하기 위한 능력을 계발하게 해준다. 명상의 주된 목적 중 하나는 감정이 후원하는 요구, 애착, 집착 모델, 어린 시절의 조건화 등에서 벗어나 자신과 주변 세상을 분명하고 의식적으로 경험하는 것이다. 많은 이에게 우리가 이렇게 하는 가장 직접적인 방식은 '12가지 길' '7가지 센터' '5가지 방식'으로 하는 작업을 통해서라는 느낌이 든다. 우리는 이런 기법을 '활동하는 명상'으로 간주하고 싶다.

집착이 계속 활성화되게 하는 집착의 부하를 줄임으로써 자신의 논리적 마음을 가라앉히는 것이 고차의식으로 성장하는 중요한 단계다. 우리는 생사가 아주 짧은 타이밍에 달려있었던 정글에서 수백만 년 동안 살던 동물적 배경이 있기에, 우리의 감정과 에고, 논리적 마음은 주변에서 진행되고 있는 것에 너무 지나치게 반응한다.

고차의식을 향해 성장함에 따라 당신은 더 수용적이 되고 더 받아들이게 된다. 당신은 그저 감각 자료가 들어와 그것이 스스로 정리해서 떠다니다가 지나가게 한다. 당신은 논리적 마음이 내놓는 '경고'를 알지만, 자신의 에고가 생각에 휘말리지 않고도 자신의 마음이 생각의 흐름을 낳도록 놔두는 법을 체득해왔다. 당신의 마음이 자신에게 격리된다는 느낌이 들게 하는 생각(안전·감각·권력에 의해 동기 부여된)을 일으키고, 당신이 누군가를 자신의 가슴에서 밀쳐내기 시작할 때, 당신은 자신이 낮은 의식수준으로 작동하고 있음을 안다.

당신은 논리적 마음이 휘두르며 서두르고 있는 때를 점점 자각하게 된다. 지금·여기에 공명하는 통찰력과 조건없이 사랑하는 능력을 잃지 않겠다고 결심한다. 그러면 당신이 하는 어떤 행동이든 효율적이 되고, 현재와 미래 모두에서 최적의 결과를 낳을 것이다.

고차의식의 사랑과 평화는 단지 존재하는 것에서, 그리고 그것을 완전히 누리는 것에서 흘러나온다. 단지 존재하는 것에서도 충족된다는 느낌이 들지 않는다면, 당신이 무엇을 하든 충족되지 못할 것이다. 우리가 의무로 해야 한다고 생각하는 것은 그것이 무엇이든 끝내더라도 대개 행복하지 않다. 행위는 세상과 당신 주위의 사람이 들어맞을 수도 맞지 않을 수도 있는 기대를 창조한다. 우리가 하는 일은 머지않아 사라지고 만다. 우리가 어떤 상황에 부닥쳐 있든 간에 현 상태로 살아있는 자체에 감사하는 법을 체득해야 한다.

만족은 고차의식의 혜택일 뿐만 아니라 고차의식을 향해 작업하는 하나의 방법이기도 하다. 대개 타자라는 분리체험을 창조하는 끝없는 교란·비교·판단으로써 논리적 마음이 지금·여기를 거부하는 속도를 늦춘다고 단언해보라. 당신이 지금·여기를 누리려면 자신의 논리적 마음에게 강력히 '입 닥쳐'라고 말해야 할 때가 있다.

우리가 앞장에서 실례로 들었던 선승·호랑이·딸기의 이야기에서 지적했듯이, 당신은 자신의 논리적 마음과 감정을 계속 일으키는 것에 관해 생각할 수 있는 거리가 늘 있다. 그리고 바로 지금·여기서 누릴 수 있는 '딸기'가 늘 있다. 당신이 삶을 지속해서 누릴지 아니면 자신을 계속 괴롭힐지는, 자신의 가슴에서 사람들을 몰아내지 않고도 바꿀 수 있는 것은 단순히 바꾸고, 그런 다음 당신이 힘겨운 자아중심적 조종과 강압에 의해서가 아니면 바꿀 수 없는 것은, 조용히 받아들이는 법을 당신이 얼마나 잘 체득하느냐에 달려있다.

당신은 자신의 논리적 마음이 당신을 사람들에게서 격리하기 위해 어떻게 작동하는지를 자각하면서, '연쇄 반응 효과'를 감시할 필요가 있을 것이다. 당신이 함께 있고 싶어하는 어떤 사람과 공통점이 많다고 가정하자. 그런데 당신을 화나게 하고 이 사람을 당신의 가슴에서 몰아내는 강한 집착 하나가 당신에게 있다고 가정해보자. 당신이 신속히 이 집착을 감당하고 더 의식적이 될 수 없다면, 자신의 집착에서 유발된 격리하는 태도는 암처럼 퍼지고, 자신이 원래의 집착과 아무 관련이 없는 다른 방식으로 이 사람을 비판하게 된다는 점을 발견할 것이다.

당신의 논리적 마음은 자신의 에고와 집착프로그램의 무의식적 작용에 단순히 몸을 팔고 있다. 당신은 이 사람에 대해 연이어 분리하고 격리하는 느낌이 들기 시작할 것이다. 논리적 마음은 기억 파일을 조사하고, 과거의 사건들을 재해석해서 그 관계가 그 당시에 보였던 만큼 아름답지 않다는 것을 보여준다고 주장하면서 '그 사건에 관해 재조명하기' 시작한다. 그 마음은 당신의 여타 안전·감각·권력 집착에 비추어 과거와 현재를 고심해서 변조하고, 사소한 것을 커다란 분리의 '문제'로 부풀리는 경향이 있을 것이다.

이를테면 결혼한 톰과 메리는 서로 사랑하고 관계도 순탄한데, 톰이 멀리 떨어진 지역에 밤낮없이 회의하러 가야만 한다고 가정하자. 톰은 계속 바쁠 것이므로, 메리를 데려가고 싶지 않으나 메리에게는 톰과 함께 여행해야 한다는 집착이 있다. 그리고 그녀의 권력센터는 톰이 그녀를 밤새도록 홀로 집에 남겨두지 말 것을 요구하고 있다. 그녀가 감정이 후원하는 이런 집착 모델로 자신에게 무엇을 하고 있는지를 의식할 수 없다면, 그녀의 논리적 마음은 톰이 그녀에게 싫증 나서 다른 여성과 바람피우고 싶어하며, 권력 과시가 심한 그는 그녀를 정말로 사랑하지 않고, 그들의 여생은 아마도 그가 그녀를 점점 더 자주 집에 남겨두어 암울할 것이며, 어쩌면 톰이 그녀를 부끄러워해 자신의 사업 동료가 그녀를 만나기를 원하지 않는다는 등을 자신에게 제안할지도 모른다.

논리적 마음이 에고를 인질로 붙들어둘 수 있는 허튼짓에는 끝이 없다. 고차의식으로 성장하는 사람은 이런 하수구처럼 이것저것 쏟아내는 생각을 분별하는 법을 터득해서, 논리적 마음이 활동해 어떤 부정적 감정도 유발되는 것을 거절해버린다. 당신은 의식한 채로 있기 위해 논리적 마음과 진짜 수많은 전쟁을 벌이기로 작정할지도 모른다.

만약 우리가 논리적 마음의 한계와 문제 영역들에 빈틈없이 민감하다면, 여느 복잡한 기계처럼 우리의 논리적 마음도 우리의 안녕에 아름답게 공헌할 수 있다. 실생활 사랑법의 기법은 자신의 논리적 마음이 당신에게 적대하지 않고 당신을 위해서 일할 수 있도록 당신을 전문적 '문제 해결사'가 되게 해준다.

논리적 마음은 당신이 '옳고' 타자가 '그르다'는 것을 입증하는 데 도사다. 그러나 의식하고 사랑하고 행복하고 충족된 존재가 되기 위해서 '옳은' 것은 충분하지 않다. 당신이 개인계약과 사회게임에서는 '옳을' 수 있으나, 반면에 철저히 비참하고 격리되며 불행한 삶을 살 수도 있다. 우리는 모두 거의 언제나 '정확하고' '옳은' 사람들을 알고 있으나 그들의 삶은 행복을 낳도록 작동하지 않는다. '옳기'보다는 사랑받기가 훨씬 더 충족감을 준다.

사랑은 효율보다 더 많은 행복을 가져온다. 타자에게 스스로 잘못을 찾아낼 여지를 주거나, 자연스럽게 이어지는 삶의 사건들이 그가 바뀌어야 하는 곳을 그에게 보여주게 하는 것이 종종 더 낫다. 만일 누가 당신에게 그가 옳다고 생각하는지를 묻는다면, 당신은 자신을 완전히 열고 그에게 자신의 생각과 느낌으로 도와줘야 한다. 하지만 당신의 옳음과 타인의 그름을 사람들에게 확신시키기 위해 기회마다 논쟁하는 것은, 당신이 논리적 마음에 갇혀서 무의식적이고 기계적으로 자신의 안전·감각·권력 집착을 실행하고 있음을 의미할 뿐이다.

한 선사禪師에게 아름다운 젊은 여성이 제자로 있었다. 뜻하지 않게 임신하자 그녀는 그 아기의 아빠로서 스승을 지목했다. 아기가 태어나자 그녀의 가족은 분개했고 그 아기를 선사에게 데려와 아름다운 제자를 유혹했다고 그를 비난했다. 그의 유일한 대답은 "아, 그래요"였다. 그 아기를 맡은 선사는 아이를 돌보는 일을 즐겨 아이와 놀면서 많은 아름다운 시간을 보냈다. 1년이 지나 병들게 된 그녀는 양심상 이런 거짓 혐의를 두고서 죽고 싶지 않아 진짜 아빠는 가까운 마을의 한 젊은 남자라고 자신의 가족에게 털어놨다. 그녀의 부모는 즉시 그 스승에게 가서 넙죽 엎드려 절하며 사과하고 아기를 돌려달라고 요청했다. 선사는 그들에게 아기를 돌려주고 "아, 그래요"라고 말했다.

그들이 처음 선사를 비난했을 당시, 선사의 논리적 마음은 자신이 아기 아빠가 아니라고 성내며 부인하고, 부당한 혐의를 받고 있다며

항변하고, 자신에게 자행되고 있는 거짓말에 관해 사람들에게 폭로하겠다며 위협하는 등 에고가 후원하는 일련의 주장에 사로잡히지 않았다. 임신한 딸의 진술에 상충하는 한 남자의 말을 그녀의 부모가 믿어 줄 리 만무하리란 점을 그는 깨닫고 있었다. 마음의 문을 닫은 그들이 자신의 견해를 듣고 싶지 않으려 한다는 점을 간단히 알아봤다. 그들은 선사에게 그가 그렇게 했는지를 물어보지 않고 곧장 그가 그랬다고 비난하듯 말했다.

그래서 선사는 단순히 일어나고 있는 그 드라마와 흘러갔고 동의하지도 부인하지도 않았다. 그는 고차의식의 평화로운 상태에 머물렀고, 단순히 진행되고 있는 일을 즐겼으며, 얼마간 그 아기와 함께 살아가는 즐거움을 만끽할 수 있었다. 그들이 돌아와 잘못된 비난에 대해 사과했을 때, "제가 말씀드렸을 수도 있었으나 그러면 당신들은 내 말을 들으려고 하지 않았을 겁니다."라는 말도 하지 않았다. 그는 단순히 그들이 지금은 이해했고 아무 말도 필요 없음을 평화롭게 보았다. 그는 그 드라마의 새로운 상황을 계속해서 누릴 수 있었다.

이 이야기는 우리가 어떤 상황에서도 절대 자신의 처지를 변호하지 말아야 한다는 뜻이 아니다. 이는 단지 의식적일 때 당신은 토론을 벌여야 할지에 대해 자신이 선택할 수 있음을 말해주는데, 왜냐면 그 논쟁이 당신과 상대방을 더 친밀한 하나됨과 사랑의 상태로 데려갈지 아니면 분리할지를 미리 당신이 알기 때문이다. 선사의 응답인 "아, 그래요"는 그 상황에서 얻어질 수 있는 가장 친밀한 조화를 낳는 최고의 응답이었다. 나중에 그는 맞대응 없이 기꺼이 자애롭게 아이를 넘겨

주었다. 관련된 모든 사람에게도 이것은 조화롭고 순리적인 삶의 모범이었다. 당신이 상호작용하는 사람들은 대부분 그녀의 부모보다는 더 개방되어 있을 것이다.

대개 당신은 타자에게 자신을 완전히 열라고 말해주는 '7번째 길'을 이용할 수 있을 것이다. 그러나 중심잡고 침착하며 자애로운 방식으로 자신을 개방하는 데 '9번째 길'도 이용하라.

당신이 점차 자신을 자신의 '각성'과 동일시하는 법을 체득함에 따라, 논리적 마음도 어느 정도 다른 감각들과 동등하고 유용한 도구가 됨을 발견할 것이다. 저장된 기억과 함께 논리적 마음은 가설·이론·추측·가능성을 낳는 감각이다. 당신은 눈·귀가 자신을 오도할 수 있듯이, 논리적 마음도 똑같이 당신을 오도할 수 있음을 안다.

집착이 선호로 격상됨에 따라, 당신은 자신의 감각과 논리적 마음은 왜곡이 줄어들어 당신 삶의 작동을 돕기 위해 더 협력한다는 점을 발견할 것이다. 그때 당신은 인간존재로서 타고난 권리를 누리고 있고, 자신의 감정·에고·이성의 주인이 될 것이다. 이것은 어떤 인간존재라도 할 수 있는 멋진 일 중 하나다. 위대한 그림을 그리고, 높은 빌딩을 세우고, 위대한 소설을 쓰는 것도 아름다운 일이지만, 자신의 주인이 되는 것은 모든 인류뿐만 아니라 자신에게도 훨씬 더 높게 공헌한다. 그리고 이곳에서 당신의 외적 성취는 세상의 에너지 흐름에 훨씬 더 많이 공명할 것이다.

18장 자아의 환상

의식의 정상으로 이끄는 많은 길이 있다. 당신이 자신만의 길을 찾아내고, 그다음 비록 어려운 상황에 봉착해도 그 길에 머무는 것이 중요하다. 에고의 속임수 중 하나는 과연 그 길이 효과가 있을지를 의심하게 하는 것이다. 그 길은 당신이 힘써 작업하기만 한다면 효과가 있을 것이다.

의식성장의 양상을 보여주는 3개의 요인을 살펴보는 것이 도움될 수 있다. 이 요인들은 체계적으로 상호 얽혀있어서 그 중 어느 하나의 진보라도 자동으로 다른 2개의 요인에 진보를 제공해줄 것이다.

1. 당신의 집착적 요구를 제거하기
2. 당신의 논리적 마음을 조용하게 하기
3. 당신의 에고가 너무 지속해서 보호하는 '자아'와 동일시하지 않기

'실생활 사랑법'의 기법은 위의 첫 요인에 집중한다. '5가지 방식'은 당신이 사람들을 자신의 가슴에서 밀어내게 하는 '자극받는' 의식을 창조하는 집착을 자신이 제거하게 해준다. 당신의 집착적 요구는 강박적으로 당신이 상황으로 향하거나 상황에서 멀어지게 함으로써 당신의 에너지를 흡수하고, 당신의 통찰력과 예리함을 파괴하며, 과거와 미래에 계속 몰두하게 함으로써 지금·여기에서 당신의 의식을 멀어지게 하고, 그렇지 않다면 당신을 사랑하고 도와줄 수 있을지도 모르는 주위

사람의 에너지를 무시하게 한다.

　실생활 사랑방식은 당신이 끊임없이 쾌감과 고통의 파란만장한 경험을 하게 하는 요구(감정이 후원하는)를 빠르게 제거해 나아가는 방법을 제시하는 데 집중한다. 자신의 집착과 고통 사이의 인과관계를 알아볼 때 당신은 그 고통을 신속히 새로 프로그램하는 데 건설적으로 이용할 수 있다. 따라서 당신은 자신의 의식성장 속도를 높이는 쪽으로 전환할 수 있는 더 높은 수준의 역동적 에너지로 작업하는 경향을 띠게 된다. 많은 사람에게는 이것이 마음을 고요히 하거나 자아를 떨쳐버리는 작업을 직접 하는 것보다 훨씬 더 빠르다. 그리고 어떤 한 요인의 증가는 다른 2가지 요인의 실현을 가속하기에, 자신의 집착을 제거하는 것이 마음을 가라앉히거나 '자신이 진정 누구인지' 알기 위한 가장 빠른 기술이 된다 해도 무방하다.

　의식의 정상을 향한 멋진 접근방법 중 하나는 우리가 동일시하고 있고, 너무나 고심해서 보호하는 '자아'를 놓아주는 것을 포함한다. 그리고 우리가 진보해서 자신의 자아 영역 안에 들어있는 수많은 것들과 동일시하지 않으면, 이는 마음을 조용히 하고 집착적 요구를 떨쳐버리도록 도와준다.

　어린 시절 우리는 '나 자신' 또는 '내 것'이라고 부르는 구역을 체험하는 법을 배운다. 비록 우리가 내 장난감, 내 방, 내 강아지, 내 옷, 내 친구, 내 평판 등과 같은 개념으로 '자아'의 확장을 체험할지라도,

이 '자아'는 자신의 피부로 제한된다고 간주한다. 우리는 모든 것이 내 것이거나 내 것이 아니라고 여긴다. 그리고 누군가 자신의 것으로 여기는 구역을 침해하는 것처럼 보이면 그 사람을 향한 격리와 분노의 체험을 일으킨다.

에고는 자신이 '내 것'으로 규정해왔던 구역을 보호하느라 부단히 바쁘므로, 지금·여기에서 절대 긴장을 풀지 못한다. 에고는 항상 미래의 행복을 확보하고 있어야 한다. 이런 지속적 활동은 그 구역이 속해 있고, 아픈 체험이 늘 벌어지려고 위협하고 있는 '나' 혹은 '나를me' 혹은 '자아self'의 감각을 강화한다. 따라서 기억 때문에 강화된 프로그램은 에고가 자신이 '자아'라고 판정한 자기 구역을 억지로 지속해서 보호하게 한다.

바이오컴퓨터가 집착프로그램을 빈번히 실행하면 이런 '나' 또는 '자아'가 로봇 같은 활동이 아니라 하나의 실체('대단한 사람')라는 환상이 창조된다. 이런 '나' 또는 '자아'의 활동이 실체가 아닌 하나의 활동으로 인식될 때에야, 우리는 자신이 자기 고통에 책임 있음을 알아보기 시작한다. '나'란 이런 방어 활동이다. 우리가 방어를 멈출 때에야 더는 '나'라든지 '자아'는 없게 된다.

우리는 자신에게 고통을 주려고 열심히 일한다. 심지어 휴가 동안에도 휴식 없이 온종일 일한다! 이런 활동과 자기 미래의 행복을 집착적으로 확보하려는 근본 태도가 새로 프로그램되기 시작할 때, '나'는 목적을 잃게 되어서 지금·여기에 존재하는 것과 융합하기 시작한다.

자신의 안전·감각·권력 특성에 따라 그 자아 영역은 사람마다 다른 장소에서 그려진다. 예를 들어 어떤 남성은 여성에 대한 지배, 통제, 남성적 우월감을 포함하는 다양한 가부장적 느낌을 자신의 한 부분으로서 방어할지도 모른다. 어떤 남성은 자아 영역을 이런 자아중심적 관계로 동일시하지 않고, 대신 자신이 남성으로 우연히 태어난 것처럼 여성도 동등한 존재로 대우한다. 따라서 우리가 자신의 '자아' 부분으로 간주하는 그 범위는, 사람이 획득해왔던 태도와 개념들 그리고 사람이 처해있는 의식 발달의 단계에 따라 변동될 것이다.

만일 우리가 '나 자신'으로 간주하는 이런 체험의 속성을 이해하고자 한다면, 우리가 방어하는 자아 영역이 피부 위의 종기와 같음을 깨닫는 것이 도움되겠다. 종기는 우리의 한 부분이긴 하나 동시에 우리의 한 부분이 아니기도 하다. 그것은 단지 생겼다가 없어질 수 있는 하나의 기능적 대상일 뿐이다. 그것은 우리의 간, 뼈나 눈처럼 신체의 구조적인 부분이 아니다. 우리가 자신의 문화 환경에서 습득한 자아 관념은 종기처럼 많은 아픔과 혼란을 야기한다. 그리고 그 '자아'는 피부의 종기처럼 우리가 더 건강해지면 스스로 분해될 것이다.

어떤 이는 "이런 '자아' 경험이 그토록 강하게 느껴지는데 어떻게 그 경험이 우리의 덧없는 부분에 불과할 수 있는가?"라고 물을지도 모른다. 우리의 '자아' 경험은 에고가 안전·감각·권력 집착을 방어하는 빈도에 따라 창조된다. 이 낮은 의식센터는 우리가 의식상승을 위한 성장을 시작하기 전에 우리의 경험 대부분을 결정한다. 우리의 마음은 이런 덧없는 '자아' 경험의 영역을 매 순간 강화하고 있다. 지금·여기의 물결은 우리가 자신의 집착과 저장된 기억들로 유지하고 있는 이런 '자아' 영역을 쓸어 없애려고 부단히 노력하고 있다. 하지만 우리는 자아 영역이 지속해서 우리의 체험 속에서 규정되고 또 재규정되도록 우리의 개성이라는 집착 같은 모래에 자아 영역을 계속해서 그려대고 있다.

당신이 각각의 집착을 선호로 끌어올리는 데 성공할수록, 이런 '자아'의 한 덩어리도 사라진다는 점을 발견할 것이다. 사람들을 객체로서 체험하지 않고 점차 '우리' 또는 '나처럼' 느낀다. 점차 거의 모든 집착을 선호로 끌어올림에 따라 이렇게 뚜렷하게 규정된 '자아' 체험은 당신을 떠난다. 그때 당신은 타인이 이전에는 자신에게 화나는 반응을 유발했을 어떤 일을 할 때도 그들과 동일시하기 시작한다. 당신이 골백번 또는 수천 번 했었던 어떤 일을 하고 있는 그들을 바라볼 뿐, 자신의 가슴 밖으로 밀어내지 않는다.

당신이 심하게 집착할 때 '자아' 체험은 얼음덩어리처럼 견고하지만, 거의 모든 집착을 선호로 새로 프로그램하는 데 성공했을 때 당신의 '자아'는 자아의 '돌덩이'를 잃어버리고, 물 같은 적응력과 명료함을 지니기 시작한다. 사람이 주로 선호에서 작동할 때 그 단단함은 녹고 대신 의식의 유동성이 자리 잡는다. 이런 물 같은 상태에서 당신의

'자의식'은 지금·여기의 환경에 순응하기 위해 대단히 유연해진다. 그러나 사랑·풍요·각성 센터에 부드러운 '자아' 체험은 여전히 있다.

이전의 돌 같은 '자아'의 강렬한 분리와 격리 그 모든 것은 사라지지만, 이전 '자아'의 그림자는 여전히 남아있다. 자아는 지금 매우 유연하고, 당신은 에고를 보호하고 방어하는 데 자신의 에너지를 쏟지 않도록 에고를 훈련했기에, 이 더 부드러운 '자아' 체험은 당신이 행복한 삶을 누리는 것을 방해하지 않는다. 자신의 선호 프로그램으로 창조된 자아 영역은 당신이 자신을 포함해 모든 사람을 조건없이 사랑하게 해준다.

실생활 사랑법에서 소위 7번째 '우주의식센터'에 해당하는, 의식의 정상에 오르고 싶어하는 소수의 대담한 탐험가는 심지어 선호조차 새로 프로그램해야 한다. 집착을 제거하게 해준 것과 같은 도구인 '마음 각성'(사티sati: 시간의 흐름을 각성한 상태)이 선호를 제거하는 데 사용될 수 있다. 하지만 브람스의 바이올린 협주곡을 능숙하게 연주하는 능력은 극도로 드물며 오로지 소수 사람에 의해서만 달성 가능한 것처럼, 오늘날 우주의식센터에 머무르는 능력은 진기하다. 우리가 쾌감과 고통 사이의 요요현상에 충분히 질려버려서, 지속해서 삶을 누리지 못하게 하는 집착에서 자유로워지기 위해 '5가지 방식'을 사용하기로 결단한다면, 사랑·풍요·각성 센터의 삶을 누리는 것은 거의 누구나 할 수 있는 일이 된다.

우주의식센터에서는 심지어 유동적 자아 영역마저도 사라진다. 물이 증발하면 투명한 증기가 되듯이, 고차의식에서 '자아' 체험도 인식에 영향을 주지 않고 우리 각자의 내면에 있는 직관적 지혜를 막지 않는 투명한 증기가 된다. '자아'나 '대단한 사람'somebody이라는 인식이 사라지면, 그때 우리는 모든 사람과 합일의 공간에 있게 해주는 '평범한 자'nobody가 된다.

그리하여 우리는 한 걸음 한 걸음씩 의식의 산을 등반한다. 우리에게 가장 많이 손짓하는 길을 발견하게 되고, 그러면 우리 각자 속에 있는 우주 에너지가 평온, 조건없는 사랑, 충족이 기다리는 더 숭고한 영역을 향해 우리를 재촉한다.

19장 집착 인식 방법

　의식상승을 위한 실생활 사랑법이 당신의 집착을 점진적으로 제거하는 데 기초하므로, 의식의 흐름에서 매 순간 집착을 자동으로 발견하는 법을 체득하는 것이 가장 중요하다. 1년에 31,536,000초가 있고 매초 당신에게 의식이 성장할 기회를 제공한다. 이 삼천백만 번의 기회에서 얼마나 많은 이익을 얻을지는 당신에게 달려있다.

　당신은 자신의 바이오컴퓨터가 감정프로그램을 이용해 자신을 이런저런 방식으로 짜증나게 화나게 질투나게 혼란스럽게 지치게 지루하게 좌절하게 두렵게 분개하게 성나게 하는 데 사용하고 있다고 각성함으로써 집착을 알아볼 수 있다. 일단 당신이 더 총체적 집착을 새로 프로그램하는 데 순조로우면, 그때 미묘한 집착을 자각할 수 있게 된다. 미묘한 집착은 당신을 감정적으로 화나게 하지는 않지만, 그것 때문에 당신의 의식은 몇 분, 몇 시간, 아니면 며칠 동안 그 집착에 몰두한다.

　우리는 자신이 한 주제에 관해 심오하게 지속해서 생각하고 있다고 자신을 속일 수 있지만, 실제로는 가장 비효율적이고 비효과적으로 분주하고, 좀 더 최적으로 사용될 수도 있는 에너지와 의식을 낭비하고 있다. 고차의식으로 성장할 때 당신은 지금·여기에 대해 폭넓은 경로로 인식하고, 의식이 집착에 지배당하는 것에 상대적으로 자유로워져서 모든 문제에 대해 직관적으로 현명하고 효과적인 답을 찾을 것이다. 고차의식을 향해 작업해가면서 당신은 '생각하기'(한 문제를 중심으로 하는 교언, 가설, 관념)가 대개 자신의 문제에 대한 최적의 해결책을 찾아내는 방법이 아님을 발견할 것이다.

지금·여기에서 당신 주위의 사람과 사물에 고도로 공명하는, 지배되지 않고 자유로운 각성이야말로 자신의 바이오컴퓨터에서 사용되기를 기다리고 있는 지혜로 당신을 가장 이롭게 해줄 것이다. 당신에게 이미 있으나 자신의 안전·감각·권력으로 지배된 의식 탓에 아직은 접근하기 어려운 지혜에 도달하는 것은 당신이 풀어야 할 문제다.

고차의식으로 성장하기 위해 극복해야 하는 장애물 중 하나는 '영적 변호사' 단계다. 우리가 첫 여정을 시작하여, 우리를 기다리고 있던 새로 프로그램하는 일을 진실로 만날 때, 당신의 에고는 당신을 낮은 의식에 잡아두는 어떤 평생의 습관이 바뀌어야 하므로 위협을 느낄 것이다. 하지만 일단 에고가 그 게임의 규칙에 익숙해지면, 에고는 우리가 '12가지 길'과 여타 의식성장 도구를 피하는 것을 합리화하도록 이 규칙들을 왜곡하는 법을 배운다.

어떤 이가 당신이 방금 말한 것을 다시 말해달라고 요청해서 당신이 화내는 상황을 가정해보자. 만일 그 상대가 당신에게 충분히 주의를 기울였고 당신 세계의 중요성을 깨달았다면, 처음부터 당신의 말을 분명히 들을 수 있었을 거란 생각을 시작함으로써 당신의 에고는 자신의 의식을 권력수준에 놓게 된다. 그러면 당신의 에고는 상대가 당신이 말할 때 충분히 당신을 존중해서 주의를 기울이는 법을 배우는 것이 중요하다고 당신에게 말한다. 그래서 당신은 상대가 주의하는 습관을 개선해가도록 돕기 위해 짜증을 드러내고 있는 것이다.

이때 당신의 초조함이 집착(이 경우는 권력 집착)의 확실한 증거며, 당신의 에고는 당신과 상대 사이에 이중성과 격리를 창조하고 있음을 기억하게 해주지 않는다. 우리는 때때로 남이 말했던 내용을 다시 말해 달라고 요청한다. 그래서 자신이 종종 해왔던 어떤 것을 상대도 그냥 하고 있을 뿐이다. 만약 우리가 사랑센터에서 반응하고 있다면, 어떤 짜증도 나지 않고 요청받은 정보를 단순히 반복해서 알려준다.

당신의 에고는 일부 '길'을 곡해함으로써 에고가 계속해서 평소처럼 작동해서 권력센터를 보호할 수 있음을 발견할 수 있다. 당신이 퉁명스러운 말투로 타인을 자신과 다르게 대우하는 식으로 격리와 분리를 창조하는 바로 그 순간에 당신의 에고는, 당신이 타인에게 '3번째 길' 즉 "나는 로봇 같은 감정 패턴에서 벗어나기 위해 새로 프로그램해야 하는 집착을 자각하도록 매 순간의 체험이 나에게 제공해주는 기회를 비록 아프더라도 환영한다."를 사용할 기회를 제공함으로써 타인에게 진실로 호의를 베풀고 있다고 당신에게 말하고 있을 수도 있다.

당신의 에고는 심지어 '12번째 길'을 불러와서 당신은 자신의 친구에게 지혜의 말에 더 의식적으로 귀를 기울이는 법을 가르치기 위해 여기에 와있는 깨어나는 존재라고 말해줌으로써 당신이 낳고 있는 이중성을 정당화할 수도 있다.

그러나 물론 이것은 '12번째 길'의 왜곡으로 봐야 한다. 이 '길'은 타인을 위해 신의 역할을 하는 부담을 당신에게 주지 않는다! 오히려 그것은 "나는 나를 포함한 모든 사람이, 하나됨과 조건없는 사랑이라는 의식상승을 위한 자신의 타고난 권리를 주장하기 위해 여기에 있는 깨어나는 존재로서 인식하고 있다"고 당신에게 말해준다.

상대가 당신에게 해달라고 요청하는 것을 함으로써 당신은 각성하고 있는 존재를 사랑하고 섬긴다. 어떤 사람이 뭔가를 반복해달라고 요청하면 당신은 그것을 반복한다. 달리 말해서, 당신은 그가 자신의 집착을 자각하고 그것에서 벗어나도록 돕기 위해 여기에 와있는 존재로서 그를 대우한다. 당신은 자신의 에고가 당신이 타인을 지배하거나 가르칠 권한이 있는 가짜 구루로 행세하지 못하게 한다.

당신의 의식이 낮은 의식수준에 지배될 때, 당신은 자연 발생적 흐름으로 바로 타인을 지독하게 가르치려는 개성을 지니게 될 것이다. 당신은 계획적으로 의도해서 타인에게 이중적 체험을 줌으로써 신의 역할을 하고, 그를 의식적으로 가르치려는 어떤 시도도 당신의 의식성장을 방해한다는 점을 깨닫는 것이 가장 중요하다. 그것은 당신과 타인 사이에 격리를 창조할 것이다.

고차의식으로 성장함에 따라 당신은 어떤 사람이 의식성장을 위한 가르침에 열려있으면 직관적으로 느끼기 마련이다. 당신은 분명하게 이런 열린 마음을 자각할 때까지 또는 교사로서 행해달라고 요청받을 때까지 기다릴 것이다. 그리고 그때도 당신은 사람들이 들을 준비가 되고 하나됨으로 이해할 수 있는 것만을 그들에게 말한다. 만약 그들이 들썩이거나 지속해서 짜증을 보이기 시작한다면, 당신은 상대방이 들을 준비가 된 것만을 주는 고차의식에서 작동하고 있지 않음을 알게 될 것이다. '들을 준비'에 대한 요구가 충족될 때, 주어지는 것은 아주 자연스럽게 받아들여져서 그 사람은 거의 자신이 그것을 생각해낸 것처럼 느낀다. 사실, 그의 준비가 '주는 자'의 정보만큼 많은 것을 체득하는 체험을 창조해낸다.

'12가지 길'은 주위 사람들이 무슨 말이나 행동을 하든 상관없이 점점 지속해서 당신을 완전히 평화롭고 자애로운 공간으로 이끌 것임을 언제나 잊지 마라! 만일 어떤 것이 지금의 방식과 달라지길 선호할지라도, 당신은 사랑과 확장된 의식만으로도 당신을 자신의 삶에서 최적의 즐거움으로 이끄는 데 절대로 충분하다는 어떤 앎에서 작업한다.

당신이 애쓰고 밀어붙이고 지배하는 것은 사람들이 느끼고 행동하는 방식에서 단지 겉모습만 바뀌게 할 수 있다. 이런 피상적 변화는 대개 격리와 불행이라는 무거운 대가를 받게 된다는 점을 깊이 인식할 필요가 있다. 강제하는 것은 대개 행동의 겉모습에서 일시적 변화만을 가져온다. 진정한 사랑은 타자에 대한 조건없는 받아들임을 요구하기 때문에, 당신이 그를 사랑할 수 있기 전에 그가 충족시켜야 하는 조건을 내세운다면, 그를 사랑하지 않고 있음을 보여주는 것이다.

상대가 당신의 집착프로그램에 적합한 방식으로 행동할 수 있을 때라야 당신이 그 사람을 사랑할 수 있다면, 상대를 조종될 대상으로 대접하고 있는 것이다. 당신은 성장하면서 아마도 선의로 자식을 위한다는 부모에게서 지배하는 행동을 많이 체험했을 것이다. 당신은 이제 자신의 삶을 지배하는 '침해'에 집착적으로 저항하는 에고가 후원하는 프로그램을 지니게 된다. 물론 고차의식으로 성장함에 따라 당신은 이런 권력에 저항하는 집착도 새로 프로그램해서 상대방이 하는 지배적 행동을 현재 그가 권력센터에 갇힌 모습으로 이해해서 보게 된다. 따라서 당신이 유용하다고 느끼는 소통을 선별하고, 그 나머지는 조용히 지나가게 한다. 그리고 가장 중요하게도 당신은 절대 타자의 집착적 '성격'을 비춰주지 않는다.

사랑과 확장된 의식은 당신이 자기 삶에 필요한 모든 것을 당신에게 줄 정도로 완벽하다는 점을 깊이 인식하는 것이 중요하다. 예컨대 당신이 뜨거운 커피를 식혀서 마시길 원한다면, 커피를 받자마자 마실 수 있게 당신의 친구가 커피에 물을 조금 넣는 것을 상기하도록 '돕기' 위해 지배하는 조바심을 이용할 수 있다. 만일 그 친구가 잊어버린다면 당신은 그가 상기하도록 도우려고 짜증 낼 수 있으나, 그렇게 함으로써 당신은 자신의 평화와 평온뿐만 아니라 상대방의 평화와 평온도 방해하고, 그 관계를 반갑게 만드는 사랑의 느낌을 약간 약화시키는 이중성과 격리를 낳게 될 것이다.

당신이 그 사람을 사랑하고, 부드럽고 자애롭게 자신의 선호를 소통한다면 그는 조만간 당신이 원하는 방식대로 잊지 않고 커피를 만들어 주게 되리라고 자신에게 말할 필요가 있다. 격리하는 감정적 행동을 하기보다는 당신이 지금·여기서 자애롭게 일어서서 자신의 커피에 물을 조금 넣는 편이 훨씬 더 낫다. 통제하고 지배하려는 자신의 평소 습관 때문에 당신은 자신이 인간관계에서 원하는 사랑·평화·평온을 결코 찾을 수 없다고 자신에게 계속해서 일러주어라. 사랑과 확장된 의식으로도 충분할 수 있으나 그것은 깊고 진정성이 있고, 내적 존재에서 흘러나와야 한다고 기회 있을 때마다 자신에게 상기시켜라.

자신이 타인의 곤경에 말려들어야 한다고 말하는 고차의식은 없다. 당신은 타인이 무엇을 말하거나 행동하든 간에 타인을 조건없이 사랑하는 법을 익혀야 한다. 당신은 여전히 자신만의 선택을 할 자격이 있으며, 삶이란 강에서 자신의 보트를 자신이 원하는 어떤 쪽으로든 돌릴 수 있다. 제발 타인의 보트와 계속해서 충돌하지 마라.

된장 찌개 만들기를 즐기는 당신의 친구인 은희가 찌개를 향긋하고 맵게 만들기 위해 고추를 많이 집어넣는다고 가정하자. 그런데 당신은 고추가 많이 들어간 찌개를 즐길 수 없다고 가정해보자. 자신의 느낌과 소통하라고 조언하는 '7번째 길'을 이용해 당신은 그녀에게 고추가 많이 들어가면 찌개를 즐길 수 없다고 말한다. 그러나 은희는 찌개를 요리할 때 그것이 섞일 수 있게 고추를 집어넣는 것이 더 좋다고 답변한다고 가정하자.

만일 당신이 권력 의식수준에 있다면, 말다툼을 벌여 고추를 각자의 취향에 따라 나중에 넣는 것이 좋은 맛을 낸다는 점을 지적할 것이다. 그러면 은희는 당신의 불쾌감을 비춰주고, 곧 사랑·평화·평온은 한순간에 사라질 것이다. 상황을 지배하려는 당신의 시도를 받아들인 은희는 당신의 패턴에 맞춰 고추를 빼낼지도 모르나, 당신을 향한 분노를 느낄 것이다. 찌개에 고추가 줄어드는 대신 당신은 식사에 대한 애정 또한 줄어들 것이다.

이제 사랑과 확장된 의식이 언제나 충분하다는 완전한 앎을 가지고 찌개에 고추를 넣는 문제를 다룬다고 가정하자. 당신이 고추 탓에 찌개를 즐기지 못한다는 느낌을 이전에 은희에게 전했는데도 은희가 다시 매운 찌개를 내놓는다면, 당신의 사랑과 확장된 의식은 당신이 그것을 조금 맛본 후에 사람들과 샐러드, 그밖에 무엇이든 즐기는 기회에 집중하는 것이 더 순리라고 말해줄지도 모른다. 그냥 부드럽고 자애롭게 배의 방향을 바꿔서 암초를 우회하라.

고추 때문에 찌개를 즐길 수 없다는 진동을 보내지 마라. 왜냐면 이것은 짜증을 표현하는 또 다른 방식이 될 테니까. 그날 찌개를 먹지 못하게 됐다는 사실을 완전히 받아들이고 대신 누릴 수 있는 것은 뭐든지 누려라. 당신이 찌개를 먹지 못해 자신을 희생하고 있다고 해서 은희를 불편하게 만들 수 있는 어떤 분위기도 내지 마라. 마치 찌개가 차려내진 적이 없는 것처럼 단지 흘러가라.

은희가 고추를 빼내라는 당신의 부탁을 듣지 않는데도 당신이 그만큼 그녀를 사랑할 수 있다면, 당신의 사랑과 확장된 의식은 당신에게 다음번에는 고추가 없는 찌개를 즐기게 할 가능성을 매우 높여준다.

왜냐면 의식하는 존재인 은희는 당신이 찌개를 먹고 있지 않다는 것을 알아차릴 테니까. 그녀는 또한 당신이 이 상황을 완전히 받아들인 것을 눈치채고 그것에 대해 화나지 않을 것이다. 그녀는 그 상황을 '있는 그대로' 그냥 받아들이고, 많은 고추를 집어넣은 것에 대해 당신이 반복해서 불평하지 않는 점을 고맙게 여길 것이다. 그녀는 그 요리에 고추를 넣는 것을 선호하더라도 다음번에는 당신이 그 찌개를 즐겼으면 좋겠다는 느낌이 더 커질 것이다. 그래서 다음번 찌개를 만들 때 고추를 조용히 생략할지도 모른다. 당신의 의식이 권력센터에서 완전히 벗어날 수 있다면, 당신은 은희도 권력센터에서 멀어지도록 도울 것이다. 그리고 찌개에 고추를 집어넣는 단순한 문제가, 당신이 오락가락 비춰주는 에고의 소질 때문에 복잡해지지 않을 것이다.

그런데 만약 은희가 다음번 찌개에 고추를 덜 넣기로 선택하지 않으면 어떻게 될까? 당신은 단순히 그것을 당신 삶에서 지금·여기의 한 부분으로 받아들인다. 그녀가 찌개를 만들 때 당신은 그것을 얻어먹지 못할 팔자인 셈이다.

이것은 큰 희생이 아니다. 당신이 찌개는 즐기지 못하겠지만, 어떤 찌개보다도 훨씬 더 영양가 있는 사랑과 평온을 누리고 있다. 당신은 또한 은희도 평화·사랑·평온을 누리도록 돕고 있고 이것은 그녀에게 줄 수 있는 가장 멋진 선물이다. 만약 당신이 찌개에 집착해서 그것을 먹어야 한다면, 언제든 밖에 나가 점심으로 먹을 수 있다. 사랑과 증진된 의식은, 문제를 전환해서 그것을 자애롭게 제거하는 최적의 방식을 언제나 제공한다는 점을 알게 될 것이다.

고차의식을 가진 개인은 가장 유연하고, 고정된 패턴을 피하며, 습관적 짜증에 말려들지 않도록 삶의 모든 상황마다 흐르는 자임을 늘 명심하라. 그런 사람은 평화로운 세상을 창조한다. 이것은 당신이 의식해서 자기 성장에 주력하고 있는 사람과 함께 있든 아니든 상관없이 이루어질 수 있다. 에고의 전투를 벌이려면 두 사람이 필요하나, 고차의식의 평화와 사랑을 창조하려면 한 사람만 필요하다! 상대방은 실생활 **사랑법**을 알 필요가 없고 자신이 격려되는 집착을 새로 프로그램하기 위해 노력해야 할 필요도 없다. 상대는 경직되고, 권력 지향적이며, 에고 지배적이고 적대적일 수 있다. 만약 당신이 **사랑** 의식수준이나 더 높은 수준에서 작동할 수 있다면, 당신의 사랑과 의식의 예리함은 당신이 모든 상황마다 흘러가게 해줄 것이다.

사람들이 뭐라 말하고 행동하든 간에 항상 우리가 평화롭고 자애로운 세상에 살 가능성이 일단 보인다면, 종종 우리를 권력 의식수준으로 돌려보내는 어떤 상황들이 있음을 발견한다. 예컨대 우리의 권력 집착은 우리가 옳다는 것을 아는, 상대는 완강히 우리의 지시를 따르지 않으려는 모습으로 드러낼 수 있다. 화를 내는 것은 오로지 상황을 더 복잡하게 만들 뿐임을 자신에게 상기시킬 필요가 있다. 타자에 의해 어떤 식으로 불편하게 되면 우리는 종종 짜증낸다. 사람들이 동의한 규칙을 따르지 않거나 분별없을 때 우리는 화가 난다. 우리가 어떻게 생각하고 무엇을 하려고 하는지를 설명하려고 하는데, 상대가 관심이 없는 것처럼 보인다면 종종 자신 속에 분개심이 생긴다. 상대방이 기만적이거나 이런저런 방식으로 우리의 기대를 저버린다고 인식되면 우리는 짜증낸다.

이미 알고 있는 어떤 것을 누군가 말하면 짜증날지 모른다. 또는 어쩌면 명상하고 있는데 누군가 침묵을 위한 우리의 소망에 민감하지 않으면 화가 치민다. 어쩌면 우리가 바쁘게 업무를 마치려고 애쓰고 있는데 누군가 우리의 내적 흐름을 자각하지 못하거나, 우리는 책임을 다하는데 타인은 이것이 우리가 결정 내릴 권한이 있는 범위임을 알아보지 못할 때도 마찬가지다.

타인이 참을성이 없어서 우리가 움직이고 있는 것보다 더 빨리 움직이기를 원한다거나 어쩌면 누군가 반복해서 우리를 방해하면 우리는 때때로 화를 낸다. 이따금 누군가 우리의 호의에 답례가 없으면 피해망상에 사로잡힌다. 어떤 사람들이 분노와 적대감으로 우리를 공격하고, 우리가 조건없는 '사랑센터'에서 우리의 의식을 철저히 운영하지 못한다면, 우리는 즉시 권력수준으로 되돌아가게 되며 우리의 반응은 그들의 초조함을 반영할 것이다.

당신은 지배, 상명하복식 강압, 감정적 초조함, 물물교환, 선물 외 다른 조종 기법들을 사용해 이런 상황을 다루기 위해 평생 노력해왔다는 점을 자신에게 충고하는 것이 필요하다. 이런 권력 방식은 여태껏 당신이 충족되고 아름다운 삶을 창조할 수 없게 했다. 당신이 자신의 바이오컴퓨터에 익숙하게 했던 그 프로그램에 사람들의 행동이 적합하지 않을 때마다, 이제는 방향을 바꿔서 자신의 지침으로 오로지 사랑과 확장된 의식만을 사용할 때다.

위에서 나열한 상황에서 당신이 화나고 짜증나고 분개하고 두려워하고 질투하고 불안하게 되는 어떤 때도 당신은 자신을 정당화할 수 없음을 자신에게 끊임없이 상기시키고, 그런 상황이 자기 인생에 현존하는 **부분임을 깨달을 필요가 있다.** 그 게임은 마음에 들지 않는 것을 감정으로 받아들이는 것이다. 이런 식으로 당신은 자신이 집착하는 함정에서 벗어나기 위해 노력하고 있다.

의식성장을 위해 이 모든 체험을 이용해보라. 만일 당신이 사랑 없는 권력수준의 이중적 행동에 갇힌다면, 다만 의식해서 그 드라마의 본모습을 알아보고 다시는 함정에 빠지지 않기로 결의하라. 넘어지면 그냥 다시 일어서서 계속 나아가라. 넘어지지 않는 것에 집착하지 마라.
 당신은 **권력수준**으로 후퇴할 때를 자신이 좀 더 의식하고 수용하는 존재가 되도록 돕기 위해 삶이 주는 선물로 활용하라.

만일 당신이 낮은 의식의 집착 때문에 지금 치르고 있는 엄청난 대가(잃어버린 행복, 잃어버린 평화, 잃어버린 평온, 잃어버린 지혜, 잃어버린 효율성의 대가)를 철저히 깨닫는다면, 고차의식으로 성장하는 데 투입하는 에너지가 증가할 수 있다. 자신에게 프로그램된 집착으로 살아갈 때 당신이 투입하는 에너지의 절반만 의식성장에 투입한다면, 당신은 곧 고차의식의 따뜻함과 아름다운 삶을 살기 시작하게 될 것이다.

당신이 운영하는 의식수준은 자신이 알아차리는 것과 알아차리지 못하는 것을 결정짓는다. 자신의 프로그램은 당신이 그것을 명확히 보는지 아니면 그것을 왜곡시키는 에고 필터를 통해 보는지, 즉 그것이 당신의 의식을 사로잡는지 아니면 그것을 단순히 있는 그대로 명확히 보는지에 영향을 끼친다.

사랑과 평화가 당신의 유일한 목표는 아니며, 이 역시 목표에 이르기 위해 당신이 이용하는 방식일 뿐이다. 인생의 매 순간에 고차의식의 아름다운 느낌에서 당신을 분리하고 있는 것은 바로 자신의 두뇌에 있는 프로그램일 뿐임을 언제나 깨달아라. 행복은 당신 내면에서 기다리고 있고, 당신이 자신의 집착 중 하나를 새로 프로그램할 때마다 행복은 그만큼 더 당신의 것이 된다.

🕊 20장 자녀와 실생활 사랑

고차의식으로 향한 당신의 여정에서 아이는 대단한 교사가 될 수 있다.

어린아이는 논리적 마음이 의식의 흐름에 영향을 주기 전에는 지금·여기에서 산다는 것이 어떤 모습인지를 지속해서 드러낼 수 있다. 아이는 각각의 새로운 삶의 상황에 완전하고도 자연스럽게 자신의 의식을 바꿀 수 있다. 자신이 원하는 것이 거부당할 때, 아이는 울음을 터뜨려 에고 중심적 행위로 반응할지도 모른다. 하지만 1분만 지나도 삶이 제공하는 지금·여기 상황에 주의를 돌려 다시 즐거워하고 웃을 수 있다.

따라서 유아의 의식은 논리적 마음으로 상황을 파악하고 휘두르지 않는다.

아이는 당신의 의식수준에 대단히 민감한 거울이다. 평화롭고 자애로운 사람들에 에워싸일 때, 주로 아이는 포근하고 순리적인 상태를 반영한다. 몰아세우고 지시하며 조종하는 사람들에 에워싸일 때, 아이는 자신의 행동에서 이런 긴장과 초조함을 빠르게 반영한다.

당신의 의식수준이 당신의 세상을 결정짓는다. 만일 두려움과 불안의 세상에 산다면, 당신은 낮은 의식의 사람을 당신의 심리 공간으로 끌어당길 것이다. 만일 자신의 의식이 주로 **권력센터**로 작동한다면, 당신이 지속해서 상호작용하는 아이는 누구든지 배려 없이 조종하는 당신 같은 자아중심적 유형을 끌어당길 것이다. 만일 당신이 자녀를 한 개인으로서 자애롭게 배려하고 받아들이는 반응을 자녀에게 보여준다면, 이는 그 자녀의 의식에 반영될 것이다.

당신의 두뇌가 당신의 아이를 만들어낸다. 만약 당신이 자신의 아이를 귀찮다고 간주한다면, 귀찮은 아이를 창조할 것이다. 아이가 당신의 중요한 일상적 활동에 방해된다고 간주한다면, 당신은 이와 똑같은 유형의 아이를 창조할 것이다. 당신이 아이를 인식하는 그 이미지와 분류가 그 아이에 의해 민감하게 포착될 것이고, 아이가 당신에게 반응하는 방식에 큰 영향을 끼치게 될 것이다.

어린아이와 끊임없이 상호작용하는 사람은 나중에 아이가 고차의식으로 성장하기 위해 선호로 끌어올려야 하는 미래의 집착에 대한 성질과 강도를 결정짓는다. 매우 지배하는 사람들 주변에 아이가 있게 되면 아이의 에너지 상당 부분이 여전히 **권력센터**에 몰두할 것이다. 어른이 되자마자 그는 권력을 세상의 행복에 이르는 열쇠로 간주할 것이다. 그는 "입 닥치고 조용히 해! 내가 말한 대로 해" 같은 부주의한 자아중심적 조종으로 멍들었을 것이다. 그는 살아가면서 사람이 주위의 사람과 상황을 지배하고 통제하기 위해 사용할 수 있는 개인적 권력·권위의 양이 행복과 상관관계가 있다고 생각할 것이다.

아이의 필요를 마치 자신의 필요처럼 존중하는 순리적인 고차의식의 사람들 주변에 있는 아이는 쉽게 사랑센터로 성장할 것이다. 어른이 될 때 그는 지금·여기의 상황과 조화롭게 흐르는 생활 방식으로 살게 될 것이다. 그 사람은 자신의 존재 깊숙이 사랑과 확장된 의식이 언제나 행복을 위해 필요한 것은 무엇이든 가져오리라는 점을 알 것이다.

만일 당신이 안전·감각·권력 센터의 관점에서 대다수 어른과 아이들 사이의 상호작용을 관찰한다면, 아이와 어른 둘 다를 옭아매고 있는 로봇 같은 행동에 자비심이 생길 것이다. 그 어른의 의식은 그 아이의 행동 대부분을 어른의 안전·감각·권력에 대한 위협으로 확대하는 경향이 있을 것이다. 아이가 우리의 의식을 반영하므로 이것은 그 아이가 3개의 낮은 수준에서 강한 집착프로그램을 계발하도록 이끈다. 그 발달하고 있는 존재는 사랑·풍요 센터로 성장하기 위해서 새로 프로그램해야 하는 무거운 심리적 걸림돌을 갖게 될 것이다. 행복을 충분한 안전·섹스·돈·명성·권력을 갖는 문제로 여기는 한 아무도 이런 고차의식 센터로 진보할 수가 없다!

"내가 네게 수천 번 말했잖니… 도대체 뭐가 문제니?… 말을 듣는 거니 처먹는 거니?.. 이런 멍청이가 있나?.. 마지막 경고인데 이것 제대로 해놔… 한 번만 이랬다간…" 같은 감정의 요구들로 아이를 지배하려 할 때 우리는 아이에게 안전·감각·권력 집착을 창조하게 된다. 하임 지놋Haim Ginott 박사는 "우리의 '정상적' 말(나무라기와 망신시키기, 설교와 훈계, 질책과 죄의식 심기, 조롱과 경시, 위협하기와 뇌물 주기, 평가와

꼬리표 붙이기)이 아이들을 미치게 하고 있다."고 말한다. 그처럼 심하게 이중의 방식으로 사람들이 당신에게 말할 때 당신은 어떻게 느끼는지 지켜보라.

우리는 자신이 비판하고 격리하는 단어를 '나'란 언어로 대체해야 한다. "너는 거짓말쟁이이고 아무도 네 말을 신뢰하지 않는다"가 아니라 "내가 네 말을 믿을 수 없을 때 나는 그게 싫어. 우리가 함께 일하기 어려워"라고 말하라. 당신은 자신의 지금·여기의 정확한 느낌만을 말한다. 과거에 대해 씹거나 미래의 처벌로 위협하지 않는다. 자신의 에고가 집착하는 요구에 근거해서 그 아이의 성격에 대해 헐뜯는 사이비 분석을 생략한다.

당신은 어떻게 아이와 함께하는 체험을 자신이 고차의식으로 성장하도록 돕는 데 이용할까? 아이는 당신에게 '비어있는' 마음이 어떤 것인지에 대한 각성을 계발하도록 도울 수 있다. 처음 태어났을 때, 아이는 자신의 논리적 마음으로 상황을 심사숙고하지 않는다. 아이는 전적으로 바로 지금·여기에 그저 존재한다. 당신은 아주 어린 아이에게서 고차의식의 특징 중 일부(하지만 명백히 전부가 아닌)를 관찰할 수 있다. 아이는 대개 주위 사람의 진짜 느낌과 진동을 포착하는 데 대단히 예리하다. 아이의 신경계는 주위의 사람이 아이의 필요를 인식하도록 자기 목소리가 들리는 사람의 의식을 지배할 수 있게 울음을 터뜨리거나 여타 감정으로 행동하도록 깊이 프로그램되어 있다.

고차의식으로 가는 길동무로서 우리는 어른의 역할을 어느 아이든 사랑하고 섬기는 것으로 봐야 한다. 이것은 아이가 울음과 여타 감정으로 행동하는 것에서, 사랑과 확장된 의식을 통해 필요를 충족시키는 프로그램으로 빠르게 전환되도록 돕는다.

누구나 어느 수준이든 전쟁·오해·이중성에서 벗어난 세상인 지상천국을 창조하려면 우리는 이제 아이가 격렬한 안전·감각·권력 집착을 계발하도록 훈육하지 않아야 한다. 세상의 문제를 정부, 학교, 냉담한 경제 기관의 탓으로 비난하기 쉬우나 이것은 단지 회피일 뿐이다. 이런 기관이 바로 우리다. 이런 기관의 애정 없는 자아중심적 행동은 우리가 획득했던 집착 때문에 창조되었고 유지되고 있다. 우리가 집착해서 반대(반대를 위한)하는 것조차 우리가 바꾸고 싶은 것을 강화할 수 있다!

세상을 바꾸는 유일하게 효과적이고도 영원한 방법은 우리의 의식 수준을 바꾸는 것이다. 우리의 바이오컴퓨터에 익숙하게 했던 강력한 집착프로그램을 수리하는 효과적 방법은 아이와 상호작용하는 것이다. 만약 아이가 깊이 프로그램된 권력 집착과 요구를 계발하게 된다면 기다리고 있을 그 고통에서 우리는 그 아이를 구해야 한다. 그 보답으로 우리는 지금·여기에 살고, 논리적 마음에 의해 지속해서 휘둘리지 않는 의식을 즐기며, 아이가 우리로 하여금 우리의 집착을 볼 수 있도록 제공하는 거울 덕택으로 혜택을 입는 것이 어떠한지를 상기함으로써 이익을 얻게 될 것이다.

당신의 삶은 자신이 권력 의식수준에 있는지 아니면 사랑 의식수준에 있는지를 그 아이와 당신에게 보여줄 기회들을 지속해서 제공할 것이다. 아이가 엎지르는 우유 한잔은 당신이 머무는 '각성 수준'을 아이에게 보여줄 수 있다. 당신은 "좀 더 주의를 기울이라고 네게 수천 번 말했잖니. 한 번만 더 우유를 엎지르는 날에는 한 시간 동안 손들고 있게 할 거야. 너의 서투른 부주의가 지겹다. 이젠 제발 내 말을 들어야 할 때야. 얼른 걸레를 가져와서 닦지 않고 뭐하니? 널 도대체 어찌해야 하겠니?"라고 말하는가? (또는 침묵으로 느끼는가?)

만약 그렇다면 당신은 안전·감각·권력 집착이 그의 의식을 지배하도록 그 아이를 훈육하고 있는 것이다. 그리고 당신의 의식은 이런 필터를 통해 당신의 우주를 창조하므로, 당신의 내적 평온은 아이의 행동 때문에 끊임없이 위협을 당하는 자아중심적 세상에 살 것이다. 당신은 단지 자신과 아이에 대해 점점 더 심각한 낮은 의식 프로그램을 창조하려고 엎질러진 우유를 이용하고 있을 뿐이다. 그리고 낮은 의식의 삶은 이런저런 형태의 엎질러진 우유로 가득하다.

아이가 우유를 엎지를 때 당신은 자신과 아이가 고차의식으로 성장하도록 돕는 기회로 사건을 환영할 수 있다. 당신은 자신에게 "우유는 바로 지금·여기 엎질러졌다. 야단법석 떨어봤자 엎질러진 우유를 도로 담을 순 없다. 그래 봐야 나와 아이를 짜증나게 할 뿐이다. 화난 아이는 무의식적으로 또다시 엎지를 수 있다. 나도 우유를 꽤 넘어뜨리지 않았던가. 이것은 그저 정상적 삶의 한 부분이다. 아이의 미성숙한 근육 통제가 우유를 엎지를 확률을 높이긴 하지만 지금 어른인 나조차 때때로 물건을 넘어뜨린다. 그러니 우리의 우유가 조금 없어졌다 해서 사랑과 평온을 잃어야 할 이유가 전혀 없다"고 말하면 된다.

그리고 우유가 엎질러지기 전에 말하고 있었던 것을 이어서 말하면 된다. 평소 일하듯이 우유를 치우면 된다. 아이의 느낌이 말을 더 요청하지 않는데도, 당신은 "괜찮아. 모든 사람이 우유를 엎지른단다." 같이 말해서 아이의 정신을 자극하지 않아도 된다. 당신은 엎질러진 우유를 흐름으로 자애롭게 받아들여서 단순히 자연스럽게 치우는 행동으로 그런 생각을 전달하면 된다.

우유를 엎지른 아이는 당신의 느낌에 매우 민감해질 것이고, 비록 당신이 아무리 유쾌하게 잘했다고 말해도 아이는 당신의 의식에 있는 어떤 피해망상이나 반감조차 포착할 것이다. 만일 당신이 선호하지 않는 인생의 다른 사건뿐만 아니라 엎질러진 우유도 진정으로 받아들일 수 있고, 당신의 의식이 바로 지금·여기의 자애로운 방식으로 흐르도록 허용할 수 있다면, 당신의 인생에 '엎질러진 우유'는 거의 없어질 것이다. 하지만 당신의 의식이 안전·감각·권력 프로그램을 끌어들이는 연속적 사건에 사로잡힌다면, 당신은 아이와 매일 상호작용할 때 생지옥을 창조할 수 있다.

당신은 4장에서 설명된 '12가지 길'을 논리 차원의 배후로, 즉 당신이 세상을 바라보는 방식을 통제하는 자신의 바이오컴퓨터 회로망 속으로 더욱 깊이 가져갈 수 있도록 암기해야 한다. 이 '길'은 당신에게 고차의식으로 가는 법을 제시한다. 당신이 화나고 두렵고 질투할 때마다, 그 '길' 중에서 한 개 이상을 무시했기 때문임을 알게 될 것이다. 그 '길'은 삶의 모든 상황에 적용되긴 하지만, 아이와 상호작용할 때 이용하는 것이 특히 중요하다. 당신은 아이가 인생에서 '성공하기' 위해 복제할 프로그램의 모델을 아이에게 주고 있는 셈이다.

아이가 4번째 이상의 의식센터에서 터놓고 소통하는 어른들 주위에 있을 때, 삶의 도전을 빠르게 흡수하게 될 것이다. '7번째 길'은 "나는 조금이라도 숨기는 것이 타인과 분리되었다는 환상 속에 나를 갇혀있게 하므로, 기꺼이 나의 내밀한 느낌을 충분히 소통함으로써 모든 사람에게 진정으로 나 자신을 연다."라고 말한다. 이것은 특히 아이와 함께 할 때 중요한데, 왜냐면 느낌 수준에서 아이가 당신에게 주파수를 맞추는 능력은 매우 정확하기 때문이다. 만일 당신이 어떤 것을 느끼고 그 느낌 대로가 아닌 다른 것을 말한다면, 아이를 부정직에 길들이고 있는 셈이다.

아이의 논리적 마음이 아직 당신만큼 언어유희에 능숙하지 않을지 모르지만, 당신이 교묘하게 말로 아이를 조종하더라도 논리성에서 상대적으로 자유로운 아이는 느낌에 더 예리하다. 아이는 당신의 부정직을 직관적으로 알아채고 신뢰하지 않을 것이다. 오히려 아이는 말로 당신을 조종하는 법을 배워서 당신의 행동을 비춰줄 것이다. 당신이 아이에게 딱지를 붙이고 아이를 비판하면 아이 역시 당신에게 딱지를 붙이고 비판함으로써 이것을 반영할 것이다. 당신이 아이를 위협하고 매수하면 아이도 당신을 위협하고 매수할 것이다. 그리고 아이는 당신의 게임을 비춰주는 데 종종 당신을 앞지를 수 있다!

당신이 아이와 상호작용할 때 아이가 **아이 자신의 집착이 아닌 당신의 집착**을 대변하는 것이 당신을 가장 화나게 한다는 점을 항상 잊지 마라. 당신의 집착프로그램이 자신을 화나게 할 때, 당신은 아이의 바이오컴퓨터에 집착을 프로그램하도록 돕는 방식으로 아이에게 반응할 것이다. 자애롭고 의식하는 방식으로 지금·여기의 상황마다 반응할 때 당신은 행해질 필요가 있는 것을 정확히 행할 수 있을 것이다. '9번째 길', 즉 "나는 만일 내가 중심잡고 공명하며 자애로울 때는 자유롭게 행동하지만, 사랑과 확장된 의식에서 흘러나오는 지혜가 없고 감정에서 화날 때는 가능하다면 행동하지 않도록 한다."가 매우 도움된다.

당신이 아이와 함께 살 때 비록 그 '길'들 모두가 유용하게 느껴질지라도 '12번째 길'은 당신의 의식에서 특히 가장 우선시 되어야 한다. "나는 나를 포함한 모든 사람이, 하나됨과 조건없는 사랑이라는 의식 상승을 위한 자신의 타고난 권리를 주장하기 위해 여기에 있는 깨어나는 존재로서 인식하고 있다." 당신은 각성하는 존재를 어떻게 대접하는가? 당신은 그를 비판하고 경시하고 평가하고 매수하고 화내고 조종하려 하는가? 아니면 당신은 그냥 그를 사랑하고 섬기는가? 그가 뭔가를 해달라고 부탁하는데, 당신이 그 일을 할 수 있다면 그것을 하라. 비록 당신이 할 수 없더라도 그가 이해하리라는 점을 안다. 아이는 직관적 수준에서 깊이 이해하고 있다. 만일 아이의 의식이 권력게임에 의해 더럽혀지지 않았다면, 아이는 자신의 삶에서 지금·여기의 조건을 받아들이는 데 매우 현실적이다.

실생활 사랑 촉매인 '**우리의 모든 실생활 사랑법**'(13장의 4번째 방식을 보라)은 당신이 아이와 상호작용할 때 자신의 의식을 안전·감각·권력 집착에서 벗어나게 하는 데 도움될 수 있다. 당신이 이 촉매를 의식에서 시작하고 몇 시간 동안 지속하면 좋다. 당신은 말과 다른 소리, 시각적 자극, 촉각이 의식의 배경으로 흘러들어오게 한다. 당신이 '**우리의 모든 실생활 사랑법**'을 지속해서 마음에 새길 때, 당신의 진동은 더 평화롭고 자애로워질 것이다. 그때 자신의 광대하고 복잡한 바이오컴퓨터에 의해 당신의 '각성'에 놓이는 인식은, 당신 자신과 주변에 있는 아이의 내면에 깊고도 고요한 장소로 당신을 공명해주는 내용이 될 것이다. 아이는 대단히 뛰어난 거울이므로, 당신이 자신의 의식을 끌어올리기 위해 하는 어떤 것이든 당신 주위에 있는 아이의 의식을 끌어올리는 데 빠르게 반영될 것이다.

당신이 낮은 의식수준에서 벗어나지 않으면, 자신의 집착적 감정프로그램은 때때로 당신의 의식을 두려움, 화, 분노로 채울 것이다. 이럴 때 당신은 '의식집중방식'을 통해 이런 감정적 느낌을 자신을 새로 프로그램하는 절호의 기회로 활용하게 된다. 이것이 의식상승을 위한 실생활 사랑법에서 5번째 방식이다. 만일 삶이 당신에게 제공하고 있는 지금·여기의 체험을 당신이 부단히 활용한다면, 아이와 당신의 상호작용은 당신이 고차의식으로 빠른 성장을 가속하게 한다. 당신이 돌봐야 할 아이가 대단히 정신을 산만하게 만들기 때문에 자신이 고차의식으로 성장할 수 없다고 자신에게 말한다면, 당신은 그 말을 도피로 간주해야 한다. 오히려 당신은 아이와 상호작용하는 이점을 지녔으므로 더 빨리 고차의식으로 성장할 수 있을 것 같다.

아이에게 타자와 더불어 살아가는 법을 가르치고 세상의 물리적 위험에 대처하는 법을 가르치기 위해 때로는 단호함이 필요하다. 어떤 엄마는 아이를 격리된 공간에 가둠으로써 벌할 수 있다. 어떤 엄마는 똑같은 방식이긴 하나 아이를 더 가까워지도록 해줄 사랑센터인 자애로운 공간에서 '벌할지도' 모른다. 당신이 아이와 상호작용할 때 하는 실제 행동은 당신이 작업하고 있는 의식센터에 묶일 필요가 없다. 사랑센터에 있는 사람은 수용적이 되고 포용적이 되기를 선호하지만, 삶이 요구할 때는 단호함이나 강제력을 이용하여 자애로운 공간에서 아이가 자신의 행동에 대한 귀결을 자각하게 해도 된다. 사랑센터에서 작동하는 부모는 각각의 상황에서 행해질 필요가 있는 것을 할 것이며, 아이와 부모 자신을 우주의 씨줄과 날줄의 한 부분으로 간주하면서 아이와 자신을 받아들이고 사랑할 것이다.

평화·사랑·평온의 체험은 당신이 자신의 바이오컴퓨터를 운영하는 방식에 의해 창조된다는 점을 언제나 잊지 마라. 당신이 인식하는 세상은 자신의 의식으로 들어오는 모든 것을 선별하는 의식의 차원 배후에서 작동하는 자동 프로그램에 근거한다.

고차의식으로 성장함에 따라 당신은 안전·감각·권력에 해당하는 것들로 자신의 논리적 마음을 분주하게 하는 감정을 유발하지 않고도 자신의 삶에서 지금·여기에 있는 것을 인식해서 자신의 의식으로 들여올 것이다. 지금·여기에 대한 전체적 인식이 열린 마음과 사랑이란 틀 안에서 당신의 의식으로 유입될 때, 당신은 가슴속의 깊고 고요한 공간에서 살게 된다.

   당신은 그 드라마가 당신의 바깥에서 진행되고 있다고 인식할 것이다. 당신은 할 필요가 있는 것을 효과적으로 할 것이고, 자신의 눈앞에서 매일 지나가는 무대에서 펼쳐지고 있는 '추하고' '아름다운' 것들을 모두 드라마로 즐길 것이다. 삶의 기쁨과 황홀경은 당신이 **"자신을 포함해 모든 사람을 조건없이 사랑하라"**는 고차의식의 법칙과 하나가 될 때 당신의 것이 된다.

21장 섹스 제대로 즐기기

삶에서 여타의 드라마뿐만 아니라 섹스 역시 의식의 모든 차원에서 체험될 수 있다. 결혼생활을 유지하기 위해 내키지 않는 섹스를 하는 여성은 안전 수준에서, 바람둥이는 감각 수준에서, 꾀기 어려운 상대와 섹스하기 위해 도전하는 남성은 권력수준에서 이루어질 것이다. 당신이 더 자애롭고 수용적으로 흘러가는 체험을 사용할 때 섹스는 사랑의 의식수준에서 체험되고, 삶이 우리에게 필요한 모든 것을 제공하는 방식에 대한 심오한 각성을 섹스 체험에서 발견할 때는 풍요 수준에서 체험된다. '각성센터'의 사람은 자기 가슴속의 깊고 고요한 곳에서 육체적 합일의 드라마를 지켜본다. '우주의식센터'의 사람은 섹스 체험 자체가 된다. 섹스는 자신에게 일어나는 어떤 것으로 인식되지 않고, 대신 모든 것 모든 사람과 일체감으로 느껴진다. 이 수준에서 당신은 섹스를 하나의 일어나는 사건으로 체험하지 않을 것이며, 자신이 사건 그 자체가 된다.

만일 당신이 고차의식으로 향한 여정을 제대로 하고 있지 않다면, 아마 지금 섹스를 주로 '감각센터'에서 체험하고 있을 것이다. 당신은 상호 즐기기 위해 자신의 파트너와 섹스에 몰입한다. 섹스하면서 사랑을 나누고 있는 동안, 특히 오르가슴의 순간에 당신의 의식은 자신이 갖는 감각에 관심이 있다. 당신 파트너의 의식도 마찬가지로 쾌감에 초점을 둘 것이다. 일어나고 있는 것과 관련해서 당신들 사이에 협력과 동의가 있을지라도 당신은 각자 상대방을 성적 느낌을 위한 욕망을 채우는 대상으로 이용하고 있다. 이런 식으로 섹스가 높은 의식수준에서 체험될 때 당신을 기다리는 더 아름다운 느낌을 당신에게서 앗아가는 자아중심적 분리감이 존재한다.

'감각센터'의 섹스는 여러 면에서 당신을 취약하게 한다. 당신은 오늘 한 체험을 지난밤의 짜릿한 느낌과 비교할지도 모르고, 이 비교가 당신을 오늘 일어났던 일이 그다지 '만족스럽지' 않게 느끼게 할지도 모른다. 만일 파트너가 피곤하거나 어떤 이유로 흥미가 없다면 당신은 실망감에 빠질 것이다. 만일 그 체험이 특히나 대단하다면 당신의 의식은 얼마나 빨리 그 체험을 되풀이할 수 있을지 혹은 어떻게 해야 그 체험을 되풀이할 수 있을지 궁금해하기 시작할 것이다.

이런 움켜쥐고 조종하는 의식집중은 당신에게 지금·여기를 완전히 만족하지 못하게 한다. 그것은 당신이 쾌감과 실망이라는 파란만장한 경험을 하게 한다. 지금·여기의 즐거움을 완전히 체험하기보다 미래를 기대하는 우리의 습관은 섹스 체험을 엄청나게 훼손할 수 있다. 예컨대 한 남성이 여성과 저녁 먹고 대화하면서 시간을 보내나 그의 의식은 대부분 그녀와 그날 밤 함께 잠자는 기대에 몰두할지도 모른다. 그는 육체적으로는 그녀와 함께 있으나 그의 의식 상당 부분은 미래에 몰두해서 소모된다. 만일 그와 함께하는 사람이 예리하다면(같은 게임에 사로잡혀 있지 않고), 그녀는 그들이 지금·여기에서 상호작용하는 생생함과 하나됨에 결여된 뭔가가 있음을 자각할 것이다.

그의 계획이 제대로 굴러가서 그들이 지금 침대에서 서로 키스하고 있다고 가정하자. 만일 그가 지금·여기에 있는 법을 체득하지 않았다면, 그의 의식은 키스하는 체험을 전적으로 즐기고 있지 못할 것이다. 그는 손이 그녀의 젖가슴을 애무할 다음 단계를 기대하고 있을 것이다. 일단 그가 그녀의 젖가슴을 애무하고 있다면, 그 체험의 '충분함'과 유쾌함을 놓칠 가능성이 매우 높다. 손이 마침내 그녀의 엉덩이 아래에 그를 기다리고 있는 한층 더 깊숙한 부위를 탐구하기 시작할 때 얼마나 좋을지를 기대하고 있을 것이다. 그다음 음순과 질 부위를 만지고 느낄 때도 여전히 그는 지금·여기에 있지 못하고, 그 체험의 현 상태를 음미하면서 완전히 감상할 수 없을 것이다.

그의 의식은 그다음 남근을 그녀 안에 넣을 때 얼마나 좋을지 기대하는 쪽으로 비약할 것이다. 그리고 남근이 삽입된 후조차 그는 지금·여기에 여전히 있지 않을 수 있다! 그는 절정의 순간을 기대하고 있을 것이다. 완전히 지금·여기에 있게 될 순간은 그가 마침내 오르가슴에 도달할 때뿐이다. 왜냐면 오르가슴의 순간은 의식을 너무나 지배해서 아마도 그의 의식을 다른 어디에도 둘 수 없을 것이기 때문이다. 그것은 그가 자신의 인생에서 지금·여기에 완전히 존재하는 체험을 맛볼 수 있는 몇 안 되는 순간 중 하나다!

당신의 의식이 섹스의 격정적 감각을 위한 욕망에 지배되면, **사랑센터**에서 섹스를 즐길 수 있을 때 당신의 것이 될 아름다움과 사랑스러움의 상당 부분을 빼앗길 것이다. 의식이 '사랑센터'에서 작동하고 있을 때 당신은 매 순간을 그 자체로 충족을 주는 전부로서 누리기 시작할 것이다. 사랑의 흐름이 펼쳐질 때 발생하는 것은 무엇이든 충분하다. 당신의 마음은 지금부터 몇 초 후, 몇 분 후에 일어날 것에 관심이 없게 된다. 그러므로 당신의 마음은 붙잡지 않고, 조종하지 않으며, 애쓰지 않고, 비교하지 않는다. 그것은 무엇이든 일어나게 하려고 애쓰지도 않는다. 당신의 느낌, 당신 파트너의 느낌과 함께 흐르고, 주위 환경의 현 상태와 함께 완전히 흐르고 있을 뿐이다.

당신의 의식이 섹스에 지배되고 있는지를 알고 싶다면, 다음의 시험을 적용해볼 수 있다. 아마 이것을 머릿속에서 해봐도 된다. 당신이 파트너와 30분 동안 침대에 있었고, 성관계가 시작될 수 있는 시점 근처로 가고 있다고 가정하자. 그때 가장 친한 친구가 문을 노크한다고 가정하자. 심각한 문제가 발생한 그는 당장 당신을 보는 것이 급선무라고 가정해보자. 당신은 실망 없이, 진행하던 체험에 대한 어떤 움켜쥠도 없이 자신의 의식이 자기 삶의 이 새로운 지금·여기의 상황으로 흐르게 할 수 있는가? 어떤 종류의 짜증이나, 분노나, 실망감 없이 이 새로운 상황으로 전환할 수 있는가? 성행위로 창조되었던 그 에너지를 친구를 돕는 일로 전환할 수 있는가? 만일 당신의 의식이 하나의 지금·여기의 체험에서 그다음의 지금·여기의 체험으로 흘러갈 수 있다면, 당신은 삶이란 강물에서 평화롭고 아름답게 흘러갈 것이다.

'감각센터'에 매달려 있는 개인은 위에 묘사된 상황에서 자신, 섹스 파트너, 친구를 짜증나게 할 것이다. 그가 친구와 이야기하고 필요한 일을 모두 하고 나서도, 그는 사생활이 침해받은 생각이 들어 분개하기 때문에 그의 의식은 여전히 흐릿할 것이다. 그다음 그가 자신의 애인에게로 되돌아가도 바로 전에 했던 일에 마음을 빼앗길 것이다. 방해받지 않는 섹스가 가능한 지금·여기를 흐름대로 누리지 못하고 과거에 몰두한 탓에 그는 자신이 가장 하고 싶은 것을 못할 수 있다!

'감각센터'에 매달려 있는 개인은 절대로 지금·여기에 완전히 살 수 없다. 예를 들어 '감각센터'에 집착하는 여성은 자신이 바라보는 모든 이를 성적 대상으로 눈여겨볼 것이다. 자신의 삶으로 흘러드는 모든 멋진 사람에 대한 그녀의 반응은, 자극적인 침대 파트너를 위한 그녀의 머릿속 패턴에 이 사람이 적합할지에 대한 검색으로 제한될 것이다. 자기 앞에 있는 사람 전체에 반응하기보다 그녀가 이용할 수 있는 것 중 아주 작은 단편에만 집중하고 있다. 그녀는 삶이 자신에게 제공하고 있는 폭넓은 스펙트럼을 스스로 빼앗고 있는 셈이다. 그녀는 자기 주위의 사람에 대한 환상에 불과한 변형을 창조함으로써 '2번째 길'을 무시하고 있다. 그것은 '충분해지는' 기적을 자신의 삶으로 가져오는 열린 마음에 상극이다.

의식이 섹스에 지배당하는 사람은 앞으로 섹스에 도움된다는 생각으로 자동차·주택·옷·보트 등을 사들이려는 마음이 일어날지도 모른다. 이 물건들은 값이 너무 비싸거나, 잘 입지 않거나, 수많은 다른 단점이 있을 수 있다. 그것이 너무 비싸면, 그로 하여금 빚을 지거나 돈을 버는 데 의식을 더 많이 집중하게 할 것이다. 이것은 자신이 쾌감을 가져오리라고 자신에게 말하는 성적 활동에서 시간과 에너지를 앗아가는 부정적 영향을 초래한다. 따라서 우리가 충족과 행복이라는 환상에 불과한 개념을 자멸적으로 계속해서 추구하는 이유는 바로 이 모든 집착 패턴 때문이다.

우리의 의식이 대부분 '감각센터'에 갇혀 있다는 것을 발견할 때 우리는 무엇을 해야 하는가? 13장에서 설명된 의식성장을 위한 '방식 3'이 우리가 이런 집착을 새로 프로그램하는 데 도움될 수 있다. 성적 집착은 그 집착이 야기해서 그 결과로 생기는 불리함과 고통을 우리가 의식적으로 인식하게 되면 점차 없어질 수 있다. 통찰력이 커지면 당신은 성적 집착이 유발할 수 있는 자아중심적 조종 실망 짜증 분노의 방해 때문에, 돈지갑의 고갈 때문에, 오르가슴에 언제나 도달하기 위한 모델이 우리에게 있을 때 경험하는 불안과 갈망 때문에 우리가 사랑하고 싶은 사람을 격리하는 방식, 즉 우리가 불필요하게 치르고 있는 불이익이 보이게 된다.

섹스에 대한 집착은 대단히 강력할 수 있으므로 자신에게 다른 패턴이 등장할 기회를 주려면 당분간 평소의 성적 춤을 멈추는 것이 도움될 수 있겠다. 예컨대 다음 3개월 동안 섹스하지 않기로 명확히 결심한다면, 당신의 의식이 섹스에 대한 생각과 집착의 지배에서 벗어나도록 도울 수 있다. 이것은 '오늘 섹스하자!' 같은 어떤 뉘앙스도 없이 자기의식을 해방해서 상대편에 공명할 수 있게 한다. 이것은 당신의 활동 폭을 넓혀주고, 당신의 마음을 더 열어서 상대를 인간존재로서 더 충분히 체험하게 하는 법이다. 당신은 의식이 성적 상호작용에 집중될 때 발생하는 축소된 각성에서 벗어나기 시작할 것이다.

이렇게 섹스를 잠깐 중지한 동안 당신은 지금·여기의 모든 체험을 온통 누리는 데 의식을 집중할 수 있다. 단순히 서로 마사지하는 것을 즐겨도 좋다. 당신의 의식이 마사지를 넘어서 어떤 일이 일어나게 하는 데 몰두하지 않을 것이므로, 둘 다 완전히 자유로워져서 마사지하는 지금·여기를 철저히 체험할 수 있다. 당신은 오르가슴 체험에 자신이 중독되지 않도록 의식적으로 새로 프로그램하고 있다. 당신은 섹스가 제공하는 이 10초간 오르가슴이 자신의 '각성'에서 너무나 큰 부분을 지배할 수 있음을 깨닫기 시작한다. 그것은 아주 오랜 시간 당신의 소중한 의식에게 공허함을 주고, 당신을 지금·여기에서 벗어나게 하며, 매 순간 삶에서 자신이 이용 가능한 충만한 현실에 완전히 공명할 수 없게 만든다. 당신은 다중 채널 인식을 통해서 주변의 모든 것에 공명할 기회를 자신에게서 앗아갈지 모르는 오르가슴의 체험에 매일 몇 시간이나 들일 가치가 없다는 점이 보이기 시작한다.

하지만 의식성장의 멋진 점은 당신이 오르가슴 체험을 포기할 때 그 체험을 모두 돌려받는다는 점이다. 왜냐면 당신은 오르가슴을 거부하도록 자신을 단련하지 않으며, 거부한다면 하나의 집착을 다른 집착으로 대체하고 있을 것이기 때문이다. 감정적으로 거부하는 것도 불행을 가져올 집착이다. 당신은 단순히 오르가슴 체험이 삶을 누리는 현재성의 일부가 되도록 자신을 훈련하고 있다. 삶이 당신에게 제공하는 상황이 자연스럽게 펼쳐지는 부분으로서 섹스가 당신의 삶으로 흘러들게 할 수 있을 때, 당신의 삶은 아마도 이전의 어느 때보다 더 만족스러운 성적 체험을 가져올 것이다. 게다가 이 체험은 당신의 의식이 그것을 성취하고자 애쓰는 것에 사로잡혀 겪는 불리함도 없을 것이다. 이럴 때 당신은 낮아진 인식과 실망감으로 무거운 대가를 치르지 않고도 섹스를(또는 그 어떤 것도) 즐길 수 있게 된다.

당신이 '감각센터'에서 벗어날 수 있도록 의식을 새로 프로그램하는 데 필요한 어떤 기간에 섹스를 성공적으로 중지했고, 성性이 아닌 것을 토대로 더 폭넓게 섹스 파트너와 상호작용하기 시작했다고 가정해보자. 당신이 전에는 지루했거나, 아니면 기껏해야 잠자리에 들기 위한 수단 정도로 견뎌냈을 단순한 일을 함께 즐기고 있을 것이다. 당신은 함께하는 그 인간존재의 내적 아름다움을 더 깊이 체험하기 시작하고, 상대를 더 깊은 수준의 존재로 체험한다. 당신의 의식은 상대방이 마치 자신의 성적 만족을 위한 대상인 것처럼 반응하는 것에서 벗어난다.

그런 다음 당신은 성행위를 시작하기로 선택하나, 그 활동을 며칠 밤은 민감한 애정표현을 창조하는 장난 같은 상호작용으로, 어쩌면 절정까지 가지 않고 서로 몸을 그냥 애무하거나 탐색하는 것으로 제한할지 모른다. 이렇게 하는 이유는 당신이 무엇을 하든 그것의 충분함을 체험하기 위함이다. 당신이 완전히 공명하고 자애로워지면, 그 사람과 함께 있는 것만으로도 전적으로 충분하다는 점을 발견할 것이다. 당신이 억지로 무언가가 일어나게 하거나 일어나지 않게 하지 않는다면,

무엇을 하든 '충분함'으로 체험할 수 있다. 당신의 의식을 자신과 파트너 사이의 현 상태를 완전히 누리는 데 집중하라. 한순간이 다음 순간으로 흐르는 것을 통제하려는 계획이나 밀어붙임, 애씀이 없이도 각각의 순간이 이전의 순간에서 흘러가게 하는 법을 터득하라.

당신의 파트너가 풍기는 온갖 뉘앙스에 완전히 민감해져라. 당신의 언어적·비언어적 소통은 자신의 파트너가 사건의 흐름을 누리고 있는지 당신이 알 정도로 효과적이어야 한다. 필요한 단서는 거기에 있으니, 그것을 당신의 의식으로 들이기만 하면 된다. 상대의 둔감한 행동을 거부할 필요는 전혀 없다. 이것이 하나됨이다. 지금·여기의 이런 정교한 아름다움은 당신과 파트너가 하나의 의식으로 흐를 때에만 발견될 수 있다.

당신은 어떤 특정 체위도 추구하거나 거절할 필요는 없다. 그것은 모두 아름답다. 몸이 어디에 있고 또 몸이 무엇을 하고 있는지는 중요하지 않고, 오히려 당신의 의식이 어디에서 작동하고 있는지가 중요하다. 당신과 파트너 사이에 흐르는 하나됨이 있는 한, 어떤 성적 활동도 그 드라마의 한 부분으로서 즐겨질 수 있다. 각각의 순간은 그 자체로 소중하고, 그다음에 발생할 것에 수단으로 체험되지 않는다.

'사랑센터'에서 섹스 파트너를 체험하려면 당신은 서로 마주 보고 앉아 눈을 들여다봄으로써 성적 춤을 시작해도 좋다. 만지거나 그 밖에 어떤 것을 할 필요 없이 사랑하는 이의 눈을 들여다보는 것만으로도 충분하다. 상대의 눈에 초점을 두지는 마라. 왜냐하면 이것은 에고의 인격 게임을 낳을 수 있기 때문이다. 대신 미간의 콧등을 부드럽게 응시하라. 대개 코가 이마와 만나는 빛의 점이 인지될 것이다. 이 빛의 서클을 찾아서 그것을 붙들라. 여전히 눈·코·입술, 즉 얼굴 전체가 보일 것이다.

파트너의 얼굴은 다양한 형태와 모습을 띨 것이다. 전에는 한 번도 체험해본 적이 없는 방식으로(추하고 아름다운 둘 다의 모습) 상대가 보일 것이다. 그러나 이런 인식을 조금도 붙들지 마라. 그것이 삶이란 춤의 한 부분으로 지나가게 하라. 애인의 얼굴을 바라보고 거기에 그냥 앉아 있으면서 사랑·받아들임·하나됨이 커지게 하라. 당신은 이것이 완전히 충분하다는 느낌이 들고, 자신의 마음에 들뜬 흑심이 비워지고 욕망이 더 없다는 점을 경험으로 깨달을 때까지 이것을 지속하라. 당신이 만들어내고 있는 그 아름다움을 증가시키기 위해 **'우리의 모든 실생활 사랑법'** 구절을 시작해도 좋다.

그다음 하나됨과 사랑이 증가하면서, 다른 것들은 그 자체로 그냥 벌어질 수 있다. 남성이 눕고 여성은 그 위에서 다리를 양쪽으로 벌리고 앉아 마주 보는 자세로 들어갈지도 모른다. 이것은 고대의 탄트라 요가라는 동양과학의 마이투나Maithuna 자세로 알려졌다. 이 자세에서 서로 눈을 응시하고, 서로 만지며, 서로 몸의 많은 부분을 애무해도 된다. 여성이 위에 앉아 있을 때 성적 흥분이 상호 고조되는 방식으로 나아가도록 그녀는 섹스하는 동안 자극의 정도를 민감하게 조절할 수 있다. 어쩌면 당신은 파트너와 절정에 도달하지 않고도 한 시간 이상 이런 자세를 즐겨도 좋다. 이것은 당신의 의식에서 미래에 발생할 어떤 것에 대한 기대감을 없앨 것이다. 그것은 삶이 당신에게 제공하고 있는 지금·여기의 온갖 체험을 당신이 완전히 누리게 해줄 것이다.

'사랑센터'의 섹스는 하나됨과 사랑이 성장하는 방법으로 추구된다. 당신의 의식이 섹스에 대한 집착적 요구에 더는 집중되지 않을 때, 당신은 여전히 거기에 있는 절묘한 감각을 더 충분하고 한결같이 즐긴다. 이제 당신은 욕망이나 실망에 대한 모든 취약성에서 완전히 벗어난다. 무엇이 벌어지든지 그것과 더불어 흘러갈 수 있다. 당신은 각각의 순간을 그 자체로 완전히 누릴 수 있다.

이 성장은 당신이 더 높은 수준의 의식에서 섹스를 즐기도록 문을 열어줄 것이다. '풍요센터'에서 당신은 삶이 자신의 행복을 위해 필요한 모든 것을(어쩌면 당신이 필요할 수 있는 것보다 훨씬 더 많이) 보내주는 데 무한히 관대하다는 것을 더 자각하게 된다. 삶은 당신이 더 높은 수준으로 성장하도록 성적 활동에서 당신에게 실망과 고통을 체험하게 했던 '감각센터'의 사건을 주었다는 점을 당신은 깨닫게 된다. 어떤 이가 당신과 잠자러 가지 않았을 때, 혹은 잠자러 갔는데 계획대로 되지 않았을 때 느꼈던 그 짜증은 당신이 더 높은 의식으로 성장하도록 돕기 위해 삶이 당신에게 준 기회임을 이제 깨닫는다. 당신은 이제 모든 성적 체험이 의식상승을 위한 현재의 성장을 위한 무대를 마련하도록 도왔음을 안다.

그래서 당신은 의식상승을 위한 여정에서 속도를 내기 위해 섹스를 이용하는 방법(일상생활에서 당신이 하는 그 밖의 모든 일뿐만 아니라)을 체득한다. 당신은 자신의 마음이 자신이 사는 세상을 창조한다는 점을 깨닫게 된다. 당신의 마음은 당신의 의식이 성장하도록 돕기 위해 당신을 갖가지의 장소에 놓아서 여러 가지를 체험하는 쪽으로 당신을 이끈다. 당신이 성적 춤을 인생드라마의 한 부분으로 보며, 그리고 마음이 열리며 수용적이고 자애로워질 때 당신은 자신을 기다리고 있는 최적의 행복을 체험하리라는 점을 알게 된다.

22장 바이오컴퓨터 최적 이용법

　인간의 바이오컴퓨터(즉 두뇌)는 거대한 능력을 지닌 굉장히 민감한 도구지만, 사용자가 주의를 기울이고 훈련하지 않는다면 어떤 복잡한 도구처럼 최적의 상태로 이용될 수 없다. 우리는 자신의 바이오컴퓨터 안쪽뿐만 아니라, 자신의 신체 그리고 주위 사람·사물의 외부세상에서 실제로 벌어지고 있는 것을 자신의 의식이 자각하고 있다는 환상에 쉽게 사로잡힐 수 있다.

　우리의 의식은 어떤 회사의 수많은 사무실과 공장에서 진행되고 있는 시·공간인 사건들에 대한 정보를 일부분만 지닌 대기업의 회장과 다소 비슷하다. 그 회장은 미리 분석되어 추출된 정보를 받는다. 보통 그는 추출된 것 중에 추출된 것으로 일하므로, 이 추출 과정을 의식하는 것이 대단히 중요하다.
　마찬가지로 굉장한 바이오컴퓨터의 사용자로서 당신과 나는 우리의 의식이 매초 유입되는 정보의 어쩌면 백만분의 일만을 자각할 수 있다는 점을 깨달아야 한다. 몸의 모든 털마다 자신의 바이오컴퓨터와 연결되어 있다. 우리의 모든 내부기관은 대개 우리의 의식 배후에서 끊임없이 우리의 탁월한 바이오컴퓨터와 정보를 주고받고 있다. 우리의 몸과 관련된 정보를 주는 시각·청각·촉각·미각·후각을 담당하는 감각수용기관들과 운동감각은 바이오컴퓨터에 초당 수백만 개의 자극을 끊임없이 전달하고 있다. 눈 감각 하나만으로도 2백만 개가 넘는 신경섬유로 바이오컴퓨터와 연결되어 있다. 귀는 수십만 개가 넘는 신경으로 바이오컴퓨터에 연결되어 있다.

바이오컴퓨터로 매 순간 유입되는 이 엄청난 자료 덩어리는 이렇게 거대하게 홍수처럼 밀려드는 감각정보를 자동으로 골라내고 분류하며 억누르고 분배하는 기본적 조직체계가 없다면 완전히 압도적일 것이다. 그러나 우리의 의식은 바이오컴퓨터의 다양한 부분에서 접수된 미리 분석되고 걸러져서 추출된 것 중에 추출된 것으로 운영한다.

추출 과정

우주는 물질과 에너지로 구성된다. 모든 물질은 원자로 구성되고, 그다음에 전자 같은 훨씬 더 미세한 아원자 입자로 구성된다. 이것들은 떠들썩하고 빠르게 끊임없이 움직이는 상태에 있다. 원자들이 모여 분자를 형성하는데, 분자 역시 너무나 미세해서 전자현미경 같은 특별한 도구를 사용하지 않으면 우리의 오감에 의해 감지되지 않는다. 내가 손가락으로 체험하는 평평한 탁자는 날아다니는 전자들로 구성된 원자수준의 탁자에서 추출된 것이다.

그 추출 과정은 추출할 때마다 어떤 측면을 배제하는 특징이 있다. 우리의 감각이 탁자의 평평함을 보고할 때, 명백히 매우 많은 특성이 제외된다. 우리의 감각 장치가 보고한 사물의 이면에 놓여있는 콜로이드(원자나 보통 분자보다는 대체로 크나 맨눈으로 보기에는 매우 작은 입자로 이루어진 물질), 분자, 원자, 아원자 활동에서 추출함으로써 우리의 감각은 매끄럽다는 느낌을 '꾸며낸다.'

감각은 우리가 실상에 공명하지 못하게 하고, 전자기파를 통해 전할 수 있는 실상의 그런 작은 측면만을 포착한다. 이것이 눈의 수정체에 의해 망막에 투영되어 뇌 전체에서 급증하는 전기화학적 자극으로 다시 전환될 때 또다시 추출이 발생한다. 바이오컴퓨터의 회로가 유입되는 전기적 자극의 거대한 흐름에 의해 활성화될 때, 훨씬 더 많은 추출이 발생한다. 우리의 의식이란, 화면에 투영되기 위해 선발된 아주 작은 부분만이 고도로 처리되어 추출된 것에서 추출된 것 중에 다시 추출된 것을 대표할 뿐이다.

우리의 감각과 논리적 마음은 있는 그대로 세상에 공명하지 않는다. 우리의 의식으로 들어오는 세상 그림은 대개 광대한 기억장치와 왜곡하는 집착프로그램으로 된 인간 바이오컴퓨터의 창조물이다. 이렇게 처리되어 우리의 의식에 도달하는 결과는 그 과정을 촉발하는 외부에너지를 반영하는 것만큼이나 바이오컴퓨터의 한계와 특성, 그리고 그것이 운영하는 프로그램을 반영한다. 오믈렛을 만들 때 암탉의 역할은, 우리의 의식 화면에 투영되는 자료를 만들 때 외부세상의 역할(사람은 암탉이 낳은 달걀로 덧씌운 오믈렛을 만들 듯이, 마음은 외부세상이 낳은 인식으로 덧씌운 현실을 만들어낸다.-역주)과 비슷하다. 우리는 자신의 마음이 어떻게 조종하고, 억압하며, 바꾸고, 왜곡하는지를 깨달을 때, 자신의 두뇌가 자신의 세상을 창조하는 놀라운 방식을 인식하기 시작한다.

인간의 바이오컴퓨터가 통합된 체계로서 작동할지라도, 인간의 의식을 배우는 학생에게 특별히 중요한 어떤 신경구조를 언급하는 것이 가능하다. 이것들은 다음과 같다.

1. 대뇌 피질 Cerebral Cortex

대뇌 피질은 뇌의 옆과 위의 바깥 부분을 주름진 얇은 층으로 덮고 있는 100~130억 개의 피질 세포로 구성된다. 이 뇌세포들과 그 연결망은 우리의 비범한 논리적 마음이 우리가 인식하는 것을 자각하고, 단어와 상징을 사용하고, 수학·과학·미술 같은 복잡한 체계의 사고를 이해할 수 있도록 하는 구조물이다. 일반적으로 다른 동물들은 우리가 인간존재로서 타고난 권리인 피질 세포의 일부만을 지니고 있다.

우리가 이 놀라운 장치를 소유하고 있다고 해서, 그것의 사용 방법에서도 자동으로 전문가는 아니다. 인간의 바이오컴퓨터가 발휘하는 최적의 기능을 대변하는 고차의식 상태에서 작동하려면 이 책에 포함된 지시사항 같은 특별한 훈련이 요구된다.

당신이 의식을 지배하는 집착과 요구들에서 자신의 바이오컴퓨터를 자유롭게 하지 못했다면, 대뇌 피질은 당신이 원하는 것을 갖지 못하는 상황을 지속해서 숙고할 것이다. 논리적 마음은 "내가 뭘 했기에 이것을 얻지 못하게 되었을까? 앞으로 그것을 얻으려면 뭘 할 수 있을까? 사람들이 나를 방해하려 애쓰고 있을까? 사람들은 정말로 날 좋아할까?" 같은 질문들로 분주할 것이다. 논리적 마음이 당신의 의식에 전하는 온갖 단어는 1,000분의 1초밖에 안 되는 짧은 시간에 지금·여기란 각성의 심오한 수준에서 당신을 분리한다. 심오한 수준에 민감해지려면 당신의 '각성'은 외부세상의 더 미세한 에너지에, 그리고 의식의 차원 배후에서 바이오컴퓨터가 복잡하게 작동할 때 발생하는 더 미세한 에너지에 공명해야 한다.

우리는 자신의 마음을 완전히 가라앉히지 않고서도 '사랑센터'에서 대부분 살 수 있다. 하지만 우주의식의 특성인 합일 상태의 마음을 발견하기 위해서는 분리의 환상을 지속시키는 사고의 생성을 조절하는 것이 대단히 중요하다. 대뇌 피질이 한 생각을 끌어들여 생각에서 생각으로 이어지는 활동을 지속하는 한, 의식은 더 미세한 에너지에 민감하지 못할 것이다. 당신이 집착을 새로 프로그램하면, 자동으로 논리적 마음을 어느 정도 잠재우게 될 것이다. 하지만 가장 높은 의식 수준에 도달하기 위해서는 13장에서 설명된 '실생활 사랑 촉매'가 논리적 마음의 활동을 추가로 잠재우는 데 도움을 줄 것이다.

이렇게 잠재우는 과정은 알파파, 베타파를 탐지하는 뇌전도검사계에 의해 측정될 수 있다. 3개의 낮은 의식센터의 자아중심적 활동은 일반적으로 베타파를 일으킨다. 우리가 '사랑센터'와 '풍요센터'로 진입하면서 대뇌피질은 더 많은 알파파를 일으키기 시작한다.

2. 대뇌 변연계 The Limbic System

뇌의 기본적 처리시스템 중 변연계는 감정의 느낌 생성에 가장 중요한 역할을 담당한다. 이것의 주 기능은 지금까지 우리가 체험을 통해 데이터로 집어넣었던 프로그램된 지시사항들, 그리고 몸의 감각 수용기관들에서 유입되는 자극을 비교하는 것이다. 변연계는 대뇌피질과 상호작용하여 인식과 기억을 포착해서 그 자료를 분석하는 데 피질의 기능을 사용한다. 그 변연계의 일부인 해마가 과거의 체험들을 기준으로 유입되는 자극을 평가하는 역할을 한다.

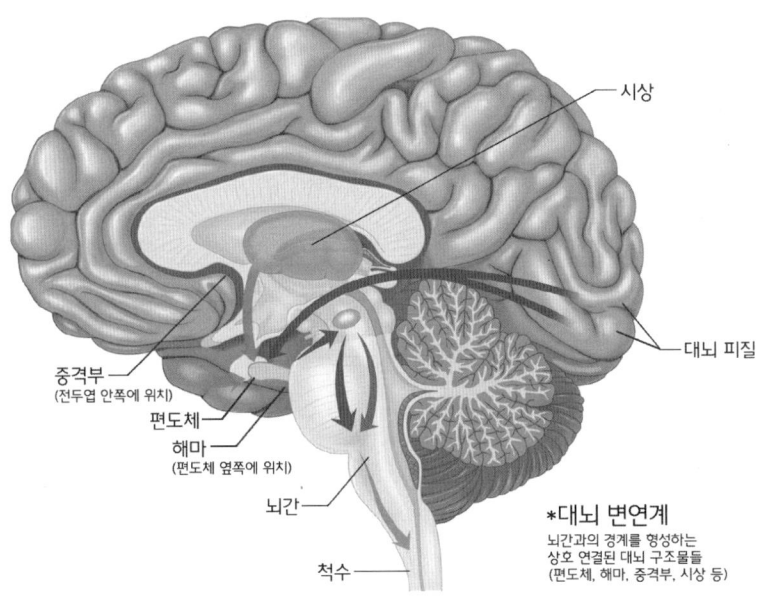

변연계의 또 다른 구성요소인 편도체는 유입되는 자극이 예상되는 패턴에 들어맞지 않을 때마다 감정반응을 강화하는 기능을 한다. 다시 말해서 새롭고 예기치 못한 어떤 일이든 발생할 때마다 편도체는 불안, 두려움, 분노 같은 감정반응을 즉시 일으키기 시작할 수 있다. 그것은 시상부위에 전달되어 당신으로 하여금 화나게 하고, 혈액의 아드레날린을 늘리며, 심장박동을 빠르게 하고, 혈당을 올리며, 싸움이나 도주

반응을 당신에게 준비시키는 호르몬 방출을 유발하는 자극을 내보낼 것이다.

변연계의 또 다른 부분인 중격부 septal region는 우리의 감정반응을 누그러뜨리는 역할을 한다. 이 시스템을 활성화하면 긴장을 푸는 데 도움된다. 의식성장의 5가지 방식은 모두 당신이 중격부를 활성화할 수 있도록 설계되어 있다. 당신이 각각의 상황에서 사용할 가장 적절한 방식을 찾는 데 의식적으로 주의한다면 중격부의 기능이 강화된다. 이것은 초조한 느낌을 빠르게 잠재우고, 두근거리는 심장을 진정시키며, 혈류로 흘러드는 아드레날린의 흐름을 줄여준다.

변연계의 생물학적 기능은 우리의 조상이 정글의 위험에서 살아남도록 돕는 역할이었다. 감정의 느낌을 통제하는 이 시스템은 (우리를 쾌감으로 유인하든지 아니면 두려움이나 분노를 통해 강요해서) 우리가 그것에 설치했던 프로그램을 따르도록 할 수 있는 모든 것을 한다. 이런 감정적 느낌은 우리가 과거에 행복, 안전, 감정적 안녕과 연관시켰던 것을 우리에게 하게 하려고 빈틈없이 강력하게 재촉하는 역할을 한다.

불행하게도, 감정의 활동을 지시하는 그 프로그램은 대부분 우리가 부모나 교사의 집착을 명확히 평가할 만큼 제대로 의식하지 못했던 유아기와 어린 시절에 우리가 프로그램했던 낡은 패턴들로 구성되어 있다. 바이오컴퓨터에 여전히 들어있는 이 낮은 의식의 지시 때문에 사회적 상황에서 대부분 우리는 심신의 최고 이익, 실질적 안전, 참된 행복을 침해하는 일을 결국에는 하고 만다.

그리하여 변연계는 우리가 프로그램했던 집착에서 지시받으며 의식 차원의 배후에서 작동한다. 두려움·질투·분노 등이 후원하는 집착이 시작되고 나서야 대개 우리의 의식은 이런 감정을 자각하게 된다. 우리는 말·개성의 상호작용이 마치 우리를 막 잡아먹으려고 하는 호랑이인 듯이 그것들에 반응한다. 우리가 바이오컴퓨터를 최적으로 이용하도록 자신을 훈련할 때까지 우리의 '각성'은 낮은 수준의 안전·감각·권력 프로그램을 어쩔 수 없이 받아들여야 하는 처지에 머물게 된다.

3. 망상활성화계 Reticular Activating System

의식을 탐구하는 학생이 바이오컴퓨터에서 상당히 관심을 두는 또 다른 부위는 망상활성화계(RAS)이다. 해부학적으로 RAS는 뇌간에서 사방으로 퍼지는 원뿔모양의 신경복합체다. RAS의 신경섬유는 유입되는 감각정보를 걸러내서, 그것이 우리의 소중한 의식으로 보내지는 아주 미세하고 적은 정보의 한 부분이 될지를 결정한다. RAS는 문자 그대로 우리 의식의 '문지기'로서 기능하기 때

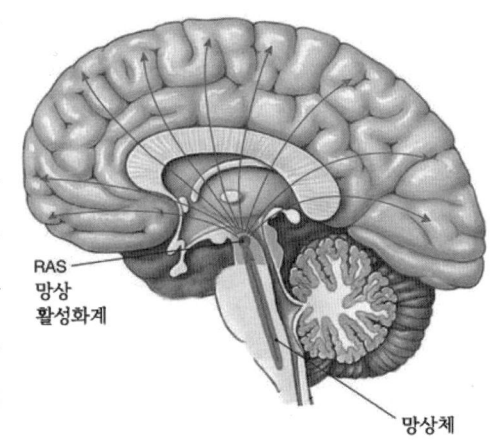

문에 뇌의 가장 중요한 활동시스템 중의 하나다.

RAS의 활동은 전통적으로 '에고'라는 용어로 언급되어왔다. 이것은 당신이 안전·감각·권력 집착(그리고 훨씬 더 미묘한 집착들)을 지키게 강요하고, 끊임없이 당신의 에너지가 그 집착을 강화하는 쪽으로 향하게 하는 쾌감-고통이란 채찍으로서 당신의 감정을 이용하는 메커니즘이다. RAS는 유입되는 감각정보가 있다면 어떤 것이 의식에 보고될지를 매 순간 결정한다. RAS는 당신을 잠들게도 깨어있게도 할 수가 있다. 만일 당신의 의식이 깊이 몰두해 있다면 RAS는 당신이 집중하도록 유입되는 자극을 차단할 수 있다. 심지어 당신이 이 글을 읽을 때도 당신의 RAS는 자신 주위의 소리를 듣지 못하도록 아마도 청각을 차단하고 있을 것이며, 당신이 이 책에 주의력을 유지하게 하려고 당신의 몸이 편안한지에 대한 정보는 아마 억압해왔을 것이다. 그런데 RAS는 누군가 방금 방에 들어와 당신 이름을 언급하는 사실을 당신에게 즉시 전달할 수 있게 당신이 책에 집중하는 것을 중지하도록 프로그램되어 있다.

당신의 프로그램과 상호작용하는 RAS는 당신이 인식하는 세상을 결정한다. 당신은 세상을 있는 그대로 보지 않고, 두려움·욕망·요구·희망·기대에 공명하는 세상의 작은 부분을 과장해서 강조한다. 하지만 당신이 고차의식으로 성장하면 RAS는 사랑과 받아들임 프로그램과 상호작용할 것이고 그러면 **사랑이 당신의 세상을 창조**하고, 당신은 모든 것(이원적 비이원적인 것 모두)을 사랑에너지의 표상으로 볼 것이다.

당신의 RAS가 풍요센터를 강조하도록 프로그램되어 있으면, 완전히 의식하는 존재로 진화하는 데 필요한 모든 것을 당신에게 주는 지금·여기의 에너지가 복잡하게 아름다운 복합체로서 당신이 세상을 체험하게 해줄 것이다.

RAS는 유입되는 정보를 분석하거나 해석하지 않는다. 그것은 전기화학적 자극의 강도에, 그리고 그 신경 자극이 프로그램해둔 패턴과 맞는지에 근거해서 작동한다. 예컨대 만일 당신이 철로 옆에 산다면 자신의 RAS가 너무나 길들어져서 당신이 잠들어 있을 때 집을 흔드는 천둥처럼 큰소리도 이상한 것으로 간주하지 않는다. 이런 식으로 훈련되지 않은 사람에게 그 소리는 RAS가 즉시 그를 깨우고 천둥치는 소리로 그의 의식을 지배하게 할 것이며, 변연계 부위에 반향을 일으키는 것은 말할 것도 없다!

RAS는 피질과 쌍방향의 정보교류를 유지한다. 우리 의식의 문지기로서 RAS는 의식으로 들어오는 것을 결정하는 데 중요한 역할을 할 뿐만 아니라 우리의 의식에서 진행되는 것에 영향을 받기도 한다. 우리가 낮은 의식수준으로 운영할 때, RAS는 다소 전쟁을 치르는 나라의 대통령처럼 행동한다. 자신의 의식을 가장 잘 지배할 것 같은 정보는 군사적 문제를 포함한다. 우리가 낮은 의식으로 운영할 때, RAS는 십중팔구 우리의 의식에 안전·감각·권력 같은 '군사적 문제'를 전달할 것이다. 평화로워질 때에야 그 대통령은 나라의 모든 측면을 돌볼 수 있게 된다. 그의 의식은 이제 '생존을 위협하는' 긴급한 전시 성명에 지배되지 않는다.

우리의 탁월한 바이오컴퓨터를 최적으로 이용하려면, 우리가 자신에게 예전 프로그램을 제거하고 집착이 아닌 선호 프로그램으로 그것을 대체하도록 반복적이고 명확하게 지시를 전하는 것이 필요하다. 이 새로운 실생활 사랑 프로그램이 바이오컴퓨터의 운영체계에 입력되기 시작하면서, 낮은 의식센터에 압도적으로 들어있는 긴급한 지시를 RAS에서 들어내게 된다.

6번째와 7번째 수준으로 성장할 때 당신은 자신의 인식을 편벽되게 하는 낮은 수준의 필터를 통해 세상을 보는 것에서 탈피한다. 이렇게 명료하게 보는 수준이 되면 당신은 이제 에고 중심적 관점 때문에 균형을 잃지 않는다. 이 때문에 RAS의 기능은 에너지의 바뀐 흐름을 허용한다. 그것은 자기 '부족部族'의 도덕관과 관행을 포함한 개인의 습관화를 충족시키고 강화하는 도구이기를 그친다. 그것은 항상 당신의 존재와 환경 사이에 지속해서 조화로운 흐름을 유지하는 행동을 허용하는 매개체로서 기능하기 시작한다.

이 수준에 이르면 당신은 자신 주변의 세상이 전부 당신 삶을 펼치는 데 관여하도록 완전히 내맡긴다. 당신은 이제 일반적 의미에서 '개인'이 아니라 의식의 진화에 자발적으로 참여하는 존재다. 그런 존재는 개방성·수용성·하나됨의 힘으로 주변의 모든 사람이 성장하도록 고무한다.

RAS가 당신의 프로그램을 끌어올리는 당신의 노력에 응답하면서 당신은 자신이 착오로 자신의 '자아'와 동일시했던 요구들(감정이 후원하는)이 복잡하게 얽히고설킨 망을 점차 줄이게 된다. 당신은 끊임없이 변화하는 사고·느낌·감각·행동의 시나리오대로 몸과 마음이 연기하는 것을 지켜본다. 당신은 본래대로 머물러 있는 고정된 자아나 고정된 개성이 없음을 깨닫게 된다. 이름 그리고 에고에 기반을 둔 기억은 이제 당신에게 '개인'이라는 환상을 주지 않는다. 의식이 높은 수준으로 성장하면 당신은 절대 자신의 본질을 자신의 몸, 자신의 세속 신분, 자신의 프로그램, 자신의 논리적 마음과 동일시하지 않는다. 당신은 자신의 본질을 순수한 '각성'(자신의 인생드라마를 단지 세상의 무수한 무대에서 벌어지는 연기로서 지켜보는)으로서 철저하게 체험하게 된다.

23장 행복·불행 프로그램

이 장에서 우리는 당신의 바이오컴퓨터를 위한 세 유형의 기본프로그램을 제시하고 그것들이 불행·행복·지복을 낳기 위해 작동하는 방식을 보여줄 것이다.

정의
먼저 우리는 그 3개를 규정할 필요가 있다.

1. 불행이란, 삶이 우리가 받아들이고 싶지 않은 것을 반복적으로 줄 때 체험하는 다소 지속적인 실망, 좌절 그리고 감정적인 긴장에서 일어나는 심리적 상태다.
2. 행복은 다소 지속적인 쾌감에서 생겨나는 심리적 상태다. 쾌감은 우리가 받아들이고 싶다고 자신에게 말하는 것에서 온다.
3. 지복은 지속적인 행복의 상태다.

세 가지 유형의 프로그램
의식상승을 위한 실생활 사랑법에서 우리는 바이오컴퓨터에 대한 프로그램을 세 가지 유형의 관점으로 생각한다.

1. 집착 프로그램
이 유형의 프로그램은 우리의 바이오컴퓨터의 변연계 부위에서 생성되는 감정반응과 연계되어 있다. 이 유형의 회로를 이용하면 우리는 두려움·욕망과 관련된 다양한 수준의 감정적인 긴장을 체험하게 된다. 우리의 바이오컴퓨터가 유입되는 감각정보를 처리하고, 그것이 우리의 집착프로그램 중 하나라도 충족을 위협한다고 느낄 때, 우리의 의식은 두려움, 화, 분개, 질투, 불안 같은 느낌으로 지배될 것이다. 우리가 집착적으로 원하는 것을 얻었을 때조차도, 상황을 그런 식으로 유지하고 싶은 마음(의식)이 자동으로 새 집착을 만들어낸다! 그리하여 우리는 끊임없는 위협, 긴장, 불행을 낳는 요구(감정이 후원하는)의 끝없는 그물에 훨씬 더 깊숙이 얽혀들게 된다.

2. 선호 프로그램

우리가 선호 프로그램을 지닐 때 바이오컴퓨터는 충족이나 충족의 결여를 두려움·분노·질투·분개 등의 감정반응이 일어나는 방식으로 변연계와 연결하지 않는다. 예컨대 누군가 소풍 중에 맑은 날씨에 관한 집착프로그램이 있는데, 만약 비가 내리면 그는 짜증 날 것이고 '하루가 엉망이' 된다. 만일 그에게 소풍 중에 맑은 하늘에 대한 선호 프로그램이 있는데 비가 내리면, 그는 다만 자기 선호가 실현되지 않음을 알아차린다. 그는 물건을 한데 모아 정자나 차 같은 대피소에서 소풍을 계속해서 즐긴다. 삶의 지금·여기에 대한 인식의 흐름은 우리가 선호 프로그램을 지녔을 때 교란되지 않는다.

3. 지복 프로그램

사람이 자신의 집착프로그램에서 모두 벗어나 상당 기간 행복을 낳는 선호 프로그램을 즐겼을 때에야, 소위 지복 프로그램을 향한 작업이 가능하다. 지복 프로그램은 어떤 삶의 가변적 현실과도 관련이 없는 지속적 행복의 상태를 달성하게 해준다. 모든 삶의 본질은 '얻는 것'이 있으면 '잃는 것'도 있다는 것이다. 우리가 모든 것과 하나로 융합할 때, 얻는 것과 잃은 것이 하나가 된다. 지복 프로그램은 우리가 몸을 포함해 사람들의 행동이나 어떤 외부 조건에도 의존하는 것에서 완전히 벗어나게 해준다.

불행 메커니즘

「표 1」은 3개의 낮은 안전·감각·권력 의식센터와 관련된 불행 메커니즘을 보여준다. 이 표는 우리의 바이오컴퓨터가 감정 회로에 후원받는 두려움과 욕망으로 프로그램되어 있을 때 행복을 발견하는 어려움을 보여준다. 오늘날 세상의 99% 정도의 사람들이 다양한 수준에서 불행을 낳는 이런 유형의 프로그램으로 자신의 바이오컴퓨터를 운영한다. 왜 그런지 살펴보자.

당신이 비판을 싫어하고, 당신의 바이오컴퓨터는 누군가 당신을 비판할 때 분개와 화의 느낌이 들도록 프로그램되어 있다고 가정하자. 이것은 당신이 자신에게 "나는 비판을 싫어해"라고 말하는 '혐오(싫어함) 집착프로그램'이라 부를 수 있다. 우리가 좋아하든 싫어하든, 삶의 가변적 현실에서 어떤 때는 비판을 받으리라는(조건 P-자극 있음) 것이고, 또 어떤 때는 비판을 받지 않으리라는(조건 N-자극 없음) 것이다.

표 1 - 불행 메커니즘

프로그램의 유형: 감정이 후원하는 **집착프로그램**

에너지 흐름의 방향: 자아중심적 관계를 조종하기

관련된 의식센터: 안전·감각·권력 센터

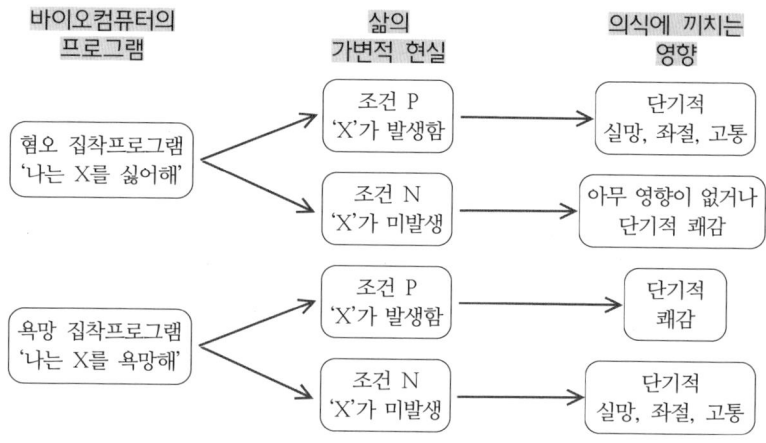

삶이 우리가 비판받는 조건 P를 줄 때, 우리의 의식에 주는 영향은 단기적 실망·좌절·고통이다. 우리가 비판받지 않는 조건 N을 줄 때, 우리는 실망도 쾌감도 체험하지 않는다. 달리 말하면 그것은 우리의 의식에 어떤 영향도 끼치지 않는다. 바로 지금 당신은 비판받거나 육체적으로 두들겨 맞거나 굶주리고 있지 않으므로 당신의 의식은 그 문제에 몰두하지 않게 된다. 따라서 이런 일이 일어나고 있지 않다는 사실은 어떤 실망감이나 쾌감도 낳지 않는다. 그러나 만약 사람의 의식이 한 문제에 몰두하면 혐오 집착프로그램의 조건 N은 쾌감을 가져올 것이다. 예를 들어 전기 충격 의자에서 구제된 한 사람이 느끼는 쾌감을 고찰해보라.

이제는 바이오컴퓨터가 욕망 집착프로그램으로 운영하는 경우에 무슨 일이 벌어지는지 보자. 당신에게 '나는 섹스를 욕망해'란 프로그램이 있다고 가정하자. 만일 삶의 가변적 현실이 섹스가 발생하는 조건 P를 제공한다면, 우리의 의식에 끼치는 영향은 단기적 쾌감을 체험한다. 그러나 우리가 섹스를 욕망한다고 프로그램했는데, 삶이 섹스가 발생하지 않는 조건 N을 우리에게 준다면 우리는 단기적 실망과 고통을 체험한다.

만일 위의 네 가지 조건이 모두 발생할 비율이 같다면 우리의 삶은 다음의 쾌감-고통 비율을 가지게 될 것이다.

	고통	쾌감	영향 없음
혐오 집착프로그램의 조건 P	25%		
혐오 집착프로그램의 조건 N		12.5%	12.5%
욕망 집착프로그램의 조건 P		25%	
욕망 집착프로그램의 조건 N	25%		
합계	50%	37.5%	12.5%

위의 가정은 우리가 삶의 50%는 실망·좌절·고통을 체험하는 데 보내고, 37.5%는 쾌감을 체험하며, 12.5%는 쾌감도 고통도 없으리라는 것을 의미한다. 이것은 물론 우리가 행복과 불행 메커니즘을 이해하

도록 돕기 위한 하나의 이론적 집착 모델일 뿐이다. 불행히도 37.5%의 경우조차 우리가 쾌감을 체험하지 못하게 하는 요인이 있다. 우리는 이 요인을 '모기 효과'라고 부를 수 있다.

만일 당신이 자려고 애쓰고 있는데 밤에 모기 열 마리가 머리 주변을 윙윙대고 있다면, 일어나 상당히 애써서 모기 대부분을 겨우 제거할지도 모른다. 하지만 모기의 90%를 제거했을지라도 당신을 잠 못 들게 하는 데는 머리 주변을 맴돌며 괴롭히는 한 마리 모기만으로도 족하다. 마찬가지로 당신의 의식을 간헐적으로 또는 심지어 지속해서 지배하는 데는 강력한 감정프로그램을 가진 단 하나의 싫어하고, 두려워하고, 혹은 충족되지 못한 욕망만 있으면 된다. 그런데 당신에게는 자신의 머리 주위를 윙윙거리는 그런 '모기'가 수백 마리나 있다!

이 세상에 태어날 때 우리는 몇몇 단순한 욕망과 두려움이 프로그램되어 있었다. 예를 들어 우리를 놀라게 하는 큰 소리에 관한 혐오 집착프로그램이 있었고 우리는 그 소리에 울며 반응하곤 했다. 우리에게는 때때로 먹는 것과 관련한 욕망 집착프로그램이 있었다. 유아기 이래로 우리는 세상에 대한 대여섯 개의 단순한 요구를, 감정이 후원하는 그야말로 수백 가지의 요구나 집착으로 발전시켜왔다.

예를 들어 안전·섹스·권력 집착의 해결책으로 미국 디트로이트에서 출시한 최신형 자동차를 살 형편이 안되는 많은 개인은, 좌절과 고통을 느끼는 조건 N과 결부된 욕망 집착 프로그램을 사용할 수 있다!

지극히 평범한 불안·실망·좌절·고통뿐만 아니라 노이로제(신경증)와 정신병은 모두 우리가 자신에게 짐을 지웠던 매우 복잡한 집착 감정회로에 바로 원인이 있다. 우리가 분별없이 자신에게 프로그램했던 그 무수한 좋아함과 싫어함에, 어떤 패턴이 촉진하는 영향을 끼치는지 아니면 빼앗는 영향을 끼치는지를 확인하기 위해 유입되는 수백만 개의 신경자극을 우리가 매 순간 처리하고 있다는 점을 고려할 때, 인간의 바이오컴퓨터가 지금 같이 잘 기능하고 있다는 것은 놀라운 일이다.

비록 삶이 우리에게 우리가 원하는 것의 90%를 주고, 싫어하거나 두려워하는 것의 90%를 보호한다 해도, 그 남은 10%는 '그 문제를 해결하라'고 우리의 의식에 잔소리하고, 우리의 인식을 지배하고, 우리의 논리적 마음을 지속해서 뒤흔들 것이며 그리고 그 문제를 해결하지 못하면 우리는 행복한 상태를 체험하지 못하게 할 것이다. 왜냐면 행복한 상태는 우리가 삶에서 지금·여기에 있는 모든 것을 거의 지속해서 받아들일 때에만 체험되기 때문이다. 머리 주위에 윙윙거리는 한 마리의 모기만으로도 밤에 잠을 잘 수 없듯이, 우리가 행복을 체험하지 못하게 하는 데는 한 가지 집착만으로도 충분할지 모른다.

행복 메커니즘

「표 2」를 살펴보면, 우리가 자신의 집착프로그램을 부정적 감정이 활성화되지 않는 선호 프로그램으로 전환하는 만큼만 행복이 자신의 삶에서 실제로 현실이 됨을 알게 된다. 왜냐면 집착을 선호로 끌어올릴 때, 우리는 실망감·좌절감·고통을 유발함이 없이 삶의 변수가 제공하는 뭐든 받아들일 수 있기 때문이다. 아를테면 섹스가 감정이 후원하는 집착이라기보다 선호라고 가정해보자. 섹스가 일어나지 않을 때 행복은 영향받지 않지만, 그것이 일어나면 쾌감의 느낌이 생긴다.

표 2 - 행복 메커니즘

프로그램의 유형: 감정이 후원하지 않는 **선호 프로그램**

에너지 흐름의 방향: 조건없는 받아들임이나 사랑

관련된 의식센터: 사랑·풍요·각성 센터

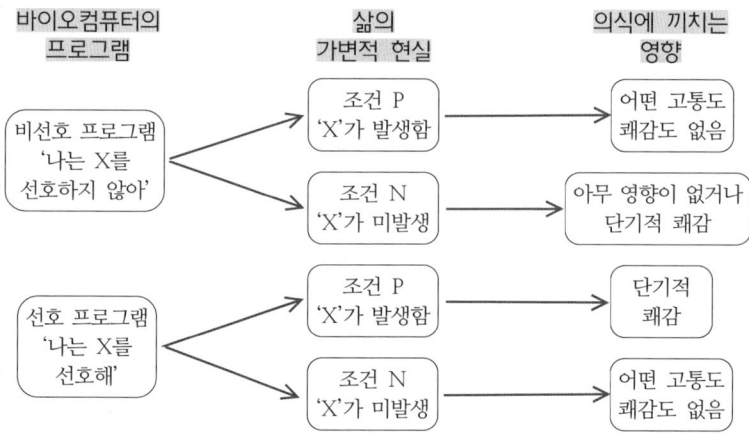

마찬가지로 만일 어떤 이에게 '나는 내 차의 타이어가 터지는 것을 선호하지 않는다'처럼 비선호 프로그램이 있다면, 삶이 우리에게 터진 타이어를 던져줄지라도(조건 P) 좌절감에 시달리지 않을 것이다. 단순히 터진 타이어의 현실을 관찰하고, 그것을 바꾸는 데 필요한 무슨

일이든 즉시 한다. 우리에게 선호 프로그램이 있다면, 터져버린 그 타이어는 쾌감도 고통도 주지 않을 것이다. 집착프로그램 때문에 유발되는 부정적 느낌이 우리의 의식에 없을 것이므로, 우리는 타이어를 교환하는 동안 즐길 것이 뭐든 자유로이 누릴 것이며, 그렇지 않았으면 관찰되지 못했고 따라서 누리지 못했을 것들을 우리의 주위에서 알아차릴 수 있겠다. 어쩌면 우리의 의식은 우리가 솜씨 있게 타이어를 교환하면서 하는 신체 운동에 감사해 할 것이다.

조건 N이 비선호 프로그램과 결부해서 발생할 때, 우리는 의식이 그 문제에 몰두하는지에 따른 2개의 영향 중 하나를 체험할 것이다. 만일 타이어에서 공기가 조금씩 새고 있고 정비소가 한 블록 떨어져 있음을 아는데, 그 타이어가 정비소까지 나를 데려다 준다면 나는 단기적 쾌감을 체험할 것이다. 그러나 만일 내 의식이 타이어에 전혀 관심 없다면, 타이어가 터지지 않는다는 사실이 쾌감이나 고통의 느낌에 전혀 영향을 주지 않는다. 그러므로 비선호 프로그램은 단기적 쾌감을 주거나 우리의 느낌에 전혀 영향을 주지 않는다.

「표 2」는 선호 프로그램을 지닌 삶의 상황에는 어떤 좌절이나 고통도 가능하지 않음을 보여준다. 비선호 프로그램의 조건 P와 선호 프로그램의 조건 N은 고통도 쾌감도 낳지 않는다. 우리가 선호 프로그램을 즐길 때 모든 사건은 마치 하늘을 가로질러 나는 새처럼 지금·여기의 한 부분으로 그냥 스쳐 지나간다. 조건 P를 지닌 선호 프로그램은 우리에게 쾌감을 가져다준다.

만약 4개의 모든 조건이 발생할 비율이 같다면 4개 중 2개는 우리의 느낌에 어떤 영향도 주지 않으며, 1개는 우리에게 쾌감을 1개는 어떤 영향도 주지 않거나 쾌감을 가져올 것이다.

「표 1」에서 제시된 집착프로그램은 만일 4개의 모든 조건이 발생할 비율이 같다면 고통의 가능성이 쾌감의 가능성보다 많다는 점을 나타내지만, 선호 프로그램은 쾌감-고통 비율이 엄청나게 개선된다. 어느 정도 지속하는 쾌감인 행복이 실제 가능성은 아니다. 단순화시킨 이론적 모델을 근거로, 당신이 각각의 집착을 선호로 끌어올려 얻게 되는 개선된 가능성이 여기에 있다.

	고통	쾌감	영향 없음
비선호 프로그램의 조건 P			25.0%
비선호 프로그램의 조건 N		12.5%	12.5%
선호 프로그램의 조건 P		25.0%	
선호 프로그램의 조건 N			25.0%
합계	0%	37.5%	62.5%

선호 프로그램은 삶의 '내림down'에서 우리를 보호해주기에, 우리는 자유롭게 오직 '오름up'만을 누리게 된다. 이런 유형의 프로그램이 사랑·풍요센터의 특징이다. 이런 높은 의식수준의 성숙한 어른은 여러 선호 회로를 지닐 것이기에, 쾌감을 위한 기회가 거의 지속하거나 지속한다. 왜냐하면 행복이란 당신이 기꺼이 받아들이는 것을 얻는 지속적이거나 거의 지속적인 체험이기 때문이다.

우리의 바이오컴퓨터가 주변의 모든 사람의 말·행동을 집착프로그램에 대한 위협이나 도움을 주는 정도의 측면에서 즉시 검색한다면, 진정한 사랑은 불가능하다. 물론 진정한 사랑은 타자를 조건없이 받아들이는 것에서 흘러나온다. 우리 문화에는 '남이 내 집착을 위협하지 않고 내 집착적 욕망을 실현하도록 돕는 범위까지만 나는 남을 사랑할 수 있다'는 사랑에 대한 환상이 대개 있다. 당신은 상대가 당신의 삶에서 당신이 욕망 집착의 조건 P의 상황을 얻도록 돕고, 또 혐오 집착의 조건 P와 욕망 집착의 조건 N의 사건을 회피하도록 돕는 정도로만 상대를 사랑할 수 있다는 환상에 갇혀 있다! 상대가 당신의 집착을 돕지 않고 방해하기 시작하자마자, 이 사랑의 조건적인 유형은 곧바로 쓸데없게 된다!

진정한 사랑은 당신이 자신의 바이오컴퓨터를 선호 프로그램으로 새로 프로그램할 때 가능해진다. 그러면 당신은 상대가 하거나 말하는 무엇이든(당신 자신이 같은 것을 기꺼이 행하거나 말하든 상관없이) 조건없이 받아들일 수 있다. 왜냐면 당신이 선호나 비선호 프로그램을 지닐 때, 당신이 좌절감과 고통을 느끼게 할 그 어떤 것도 상대가 할 수 없기 때문이다. 하지만 당신이 선호 프로그램을 지닐 때 상대가 혹시라도 조건 P의 확률을 증가시키는 역할을 한다면, 당신은 삶에 쾌감을 찾도록 상대가 당신을 돕는다고 간주할 수 있다. 다시 말해서 선호 프로그램으로는 당신이 '잃을' 수 있는 방도는 없고, '획득할' 수 있는 방법은 분명히 있다. 그리고 '획득'은 당신 의식이 사랑·풍요센터에 머물 때 점점 더 많이 발생할 것이다.

당신이 삶의 거의 모든 영역에서 선호 프로그램을 지닐 때, 자신의 프로그램은 당신이 사는 평화롭고 자애로운 세상을 창조할 것이다. 감정이 후원하는 두려움과 욕망이 당신의 '각성'을 지배했던 때는 지나갔다. 당신은 지금·여기에 살고, 사랑과 보살핌의 따뜻한 바다에 산다. 당신은 주변의 사물과 사람에 대한 인식을 자아중심적 체제에서 사랑과 받아들임이란 틀로 점차 전환했다. 행복, 만족, 기쁨을 낳는 프로그램으로 끊임없이 살아감으로써 당신은 의식성장에서 진일보하기 위한 가능성을 열게 된다.

지복 프로그램

의식상승을 위한 실생활 사랑법의 궁극 상태는 '지복 프로그램'에 의해 생성된다. 그 프로그램의 주된 특성은 지속적 행복이나 지복의 느낌이 어떤 외부 요인과도 관계가 없다는 것이다. 다시 말해서 욕망하거나 선호하는 일이 일어나는 조건 P나 욕망하거나 선호하는 일이 일어나지 않는 조건 N은 자신의 지속적 행복이나 지복과 관련이 없다.

의식이 각성센터에 있을 때 당신은 자신의 인생드라마를 내면의 깊고 고요한 장소에서 목격한다. 당신의 몸·마음이 타자에 동의하고, 타자에 반대하고, 돈을 벌고, 사랑을 나누는 등의 드라마 수준에서 당신은 여전히 선호 프로그램을 지닌다.

표 3 – 지복 메커니즘

프로그램의 유형: 지복 프로그램

에너지 흐름의 방향: 합일의 하나됨

관련된 의식센터: 우주의식센터

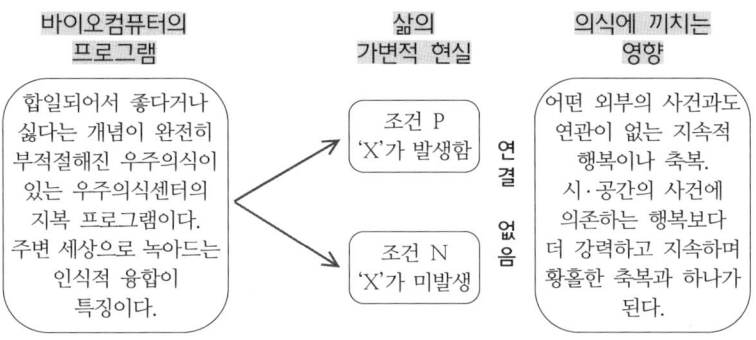

그러나 이것이 모두 '드라마'로 보인다. 마치 자신의 삶을 영화 화면에서 보는 듯하다. 당신은 자신의 몸·마음과 (타자뿐만 아니라) 저자인 나의 몸·마음이 우리가 세상이라고 부르는 이 무대 위에서 상호작용하는 거대한 우주적 연극무대의 배우로서 자신이 맡은 배역을 연기한다. 하지만 진아는 자신의 '각성'이다. 그래서 그 드라마에서 벌어지는 것은 뭐든 두려움이나 욕망이 없이, 감정의 기복에 당신을 취약하게 만들 수 있는 어떤 회로도 없이 당신은 목격한다.

영화관에 있을 때 당신은 아름다운 사건과 참혹한 사건을 지켜보고, 단지 그 전체 장면을 즐기기만 한다. 만일 그런 일들이 당신에게 일어나고 있다면 당신은 쾌감과 고통이 오르내리는 파란만장한 체험을 하고 있을 것이다. 그러나 당신이 그 장면을 영화 화면에서 볼 때, 그것은 다만 당신의 인식과 즐거움을 위해 지나가고 있는 대단히 흥미로운 볼거리일 뿐이다.

비슷한 방식으로, 당신의 의식이 각성센터에 있다면 자신과 모든 이의 인생드라마를 그냥 목격한다. 당신이 이 센터에 상당히 지속해서 있을 때, 내면에 엄청난 존재감과 기쁨의 느낌이 생긴다. 당신은 삶의 타고난 미덕에 대한 황홀한 지식으로 경외감과 감사가 철철 넘칠 정도로 가득 찬다. 따라서 각성센터는 「표 1·2」에서 보이듯이 당신의 몸·마음이 운영되는 중간의 디딤돌로 간주될 수 있으나, 사실 당신의 '각성'은 삶의 가변적 현실에서 독립한 방식으로 전체 쇼를 즐기고 있다.

'각성센터'는 당신의 '각성'으로 하여금 사람들이 행하거나 말하는 그 어떤 것에도, 당신 주변의 어떤 환경적 조건에도 관계없이 지속해서 행복을 체험하게 해준다. 「표 2」에 서술된 선호 프로그램이 외부세상과 관련된 자아중심적 방식의 횡포에서 당신을 벗어나게 하는 것처럼, '각성센터'도 당신의 행복을 삶의 어떤 가변적 현실과도 관련짓는 것에서 당신을 벗어나게 한다. 당신의 의식이 일정 기간 지속해서 행복의 상태에 살았을 때, 에고와 논리적 마음은 더 조용하고 고요해진다. 당신은 주변의 사물과 사람의 에너지에 깊숙이 공명한다. 모든 것이 '나'와 '그들'의 대립양상으로 인식되기보다는 '우리'란 공간으로 점점 더 인식된다. 이 상태에서 당신의 의식은 지속해서 자아중심적 분리와 격리에서 벗어난다.

이렇게 크게 확장된 의식의 체험은 모든 사람과 모든 사물이 합일 방식으로 인식되는 가장 높은 의식센터인 우주의식센터로 전환되기 위한 예비단계라 할 수 있다. 바이오컴퓨터가 인식의 틀을 확장해서 세상의 모든 사람과 모든 사물이 마치 내면에서 비롯되는 것처럼 느껴지게 된다.

내면과 외부 사이의 구별이 지성으로는 확실하나 체험에서는 합쳐진다. 모든 것이 주체고, 외부도 내면도 없이 단지 '우리'란 사건만이 있다. 우리 남자, 우리 여자, 우리 아이, 우리 나무, 우리 자동차, 우리 바위, 우리 새 등 모든 것이 합일의 하나됨으로 체험된다.

이 하나됨은 사랑이나 조건없는 받아들임을 초월한다는 점이 명확하다. 이제는 받아들일 어떤 이도 어떤 것도 없기 때문이다. 당신은 자신의 팔을 조건없이 받아들이는가? 그것은 그냥 있다. 이것이 본래 사랑이다. 그것은 당신 외부의 누군가나 어떤 것을 사랑하는 행위가 아니다. 개인적 영역이 사라졌을 때 외부와 내면 둘 다가 하나다.

에너지 흐름의 방향

'실생활 사랑 시스템'에서 우리는 외부의 사람과 사물을 인식하고 그것에 반응하는 인식의 틀이 3가지가 있다.

1. **자아중심적 방식**: 의식이 안전·감각·권력 센터 특성인 방식.

2. 조건없이 받아들이는 방식: 우리가 사랑·풍요·각성 센터에 관련된 조건없는 사랑의 아름다움을 체험하는 방식.
3. 합일의 인식 방식: 사람이 자신의 자아와 외부의 사람·사물 사이에 어떤 차별도 느끼지 않는 방식. 논리적 구별 능력은 완전히 온전하다. 논리적 수준에서 그는 여전히 자신의 '분리' 측면으로 사람과 사물을 인식할지도 모르지만, 느낌의 수준에서는 완전히 하나로 융합된 하나됨이 있다. 이 인식의 틀은 우주의식센터와 관련된다.

세상을 향해 에너지가 흘러가는 방향은 우리가 행복을 향해 노력해 가는 방식과 관련된다. 낮은 의식수준에서 우리는 행복에 이르는 길이 우리가 표에서 제시하는 '삶의 가변적 현실'의 가능성을 높이는 데 있다고 비판 없이 확신하고, 엄청난 에너지를 자아중심적 조종에 투입한다. 우리가 집착적으로 혐오하는 것은 거부하는 데 집중하고, 집착적으로 욕망하는 조건은 가져오기 위해 세상의 사람과 사물을 조종하고 통제하려고 애쓴다. 그러나 그 결과는 결코 '충분'하지 않다.

당신이 세상의 사람과 사물에 대한 자아중심적 통제를 통해서 행복을 가져오기 위해 아무리 분투 노력해도 충분하지 않음을 깨달을 때, 자신의 에너지를 바이오컴퓨터를 새로 프로그램하는 쪽으로 방향을 돌릴 준비가 된 것이다. 그러면 에너지 흐름은 당신이 더욱 자애롭고 수용적이 되도록 돕는다. 당신은 행복을 낳는 이런 방식이 자신의 의식적 성취 능력 안에 있음을 깨닫는다. 그러나 당신 삶에서 가변적 현실을 조종하는 드라마에서 완전히 물러설 필요는 없다. 당신은 심지어 자신을 '외부 여행'으로 안내해줄 '12가지 길' 중 2개를 지닐 것이다.

'12가지 길'들 중 2개는 당신 주변의 외부세상과 어떻게 상호작용할지를, 나머지 10개는 바로 자기 자신인 내면세계를 어떻게 작업할지를 정확하게 말해준다. '7번째 길'은 당신이 다시는 자신을 분리된 것으로 느끼거나 생각하지 않도록 마음을 열고 모든 사람과 소통하라고 자신에게 말한다. '9번째 길'은 당신이 중심잡고, 공명하며, 자애롭다면 하고 싶은 것은 무엇이든 하라고 말한다.

만일 당신의 마음이 제대로 되어 있다면 당신의 행동은 언제나 최적일 것이다. 그러니 **자유롭게 행동하되** 그 결과에 집착하지 마라. 이 2개의 '길'을 따른다면 당신은 자기 삶의 외적 조건을 수정하는 데 자신의 모든 집착적 에너지를 투입할 때보다, 당신 주위의 사람과 상황을 바꾸는 데 엄청나게 더 효율적일 것이다. 하지만 당신의 환경을 최적화하는 **이 증대된 힘은 당신이 나머지 10개의 길을 이용해 자신을 효과적으로 바꾸는 정도까지만** 당신에게 온다.

의식성장의 몇몇 상투적 방식들은 실질적 결과를 얻으려면 몇 년이나 수십 년이 걸릴 수 있다. 실생활 사랑방식은 빠르게 당신의 바이오컴퓨터를 새로 프로그램하여 때로는 몇 개월 안에 사랑·풍요 센터의 쾌감과 기쁨을 일부 체험할 가능성을 제공한다. 이것은 삶에서 좌절과 고통을 제거하는 데 당신이 얼마나 많은 에너지를 투입할 준비가 되어 있는지에 달렸다. 당신은 바이오컴퓨터가 쾌감과 행복을 낳도록 얼마나 치열하게 새로 프로그램하고 싶은가? 당신은 자신이 갖지 못한 유일한 것은 자신이 필요한데도 갖지 못한 것이 아무것도 없다는 직접적 체험뿐임을 언제 깨달을까?

당신은 목표를 현실적으로 유지하면서 한 번에 한 단계씩 밟아가는 것을 즐겨야 한다. 일단 당신 의식의 주된 부분이 **사랑센터**에 머물면, 자신의 삶에서 행복과 아름다움이 '충분하다'는 것을 체험하게 될 것이다. 당신이 이 센터를 넘어 진보하지 못한다 해도, 대다수 세상 사람들을 능가할 지혜와 효율성을 지니게 될 것이다. 의식 게임은 모든 삶의 게임 중에서 가장 위대하고 진정한 게임이지만, 영적 점수에 매달리지 말아야 한다. 단지 삶이 지속해서 당신에게 제공하는 영원히 아름다운 지금·여기의 순간을 즐겨라. 깨어남을 향한 여정의 끝에 자신이 발견하게 될 유일한 것은 당신의 진아眞我다!

24장 삶의 작동방식

 당신 삶의 작동방식에서 주된 문제는 당신이 어린 시절 에고와 논리적 마음이 바이오컴퓨터에 프로그램했던 안전·감각·권력의 요구를 연기하는 데 자신을 가둬둔다는 것이다. 당신은 자신을 고통과 쾌감 사이에서 요요현상처럼 왔다갔다하게 하는 효과 없는 틀에 갇혀있다. 당신은 끊임없이 작동되지 않는 것을 작동하게 하려고 애씀으로써 어쩌면 대다수 하등 동물보다 더 집요한 방식으로 자신의 실수를 맹목적으로 반복한다.

 베르너 에르하르트Werner Erhard는 실패할 운명인 평생의 패턴들을 대체로 쥐조차도 공허하게 반복하며 매달리지 않는다고 지적했다. 나란히 배열된 7개의 터널이 있다고 가정하자. 당신은 3번 터널에 치즈를 넣어둔 다음 이 터널들의 입구에 쥐를 풀어준다. 그 녀석은 냄새를 맡아보고서 어쩌면 그 터널들을 대충 살펴보며, 그런 다음 치즈가 있는 터널을 찾을 때까지 되는 대로 터널들을 조사해볼 것이다. 다음번에 당신이 그 쥐를 터널들 근처에 두었을 때, 어느 정도 임의적인 행동이 있을 수 있으나 그 쥐가 3번 터널에 있는 치즈를 찾아낼 확률은 훨씬 커진다. 그 쥐는 이것을 몇 번 해본 후에 치즈를 가지려고 곧장 3번 터널로 달려갈 것이다.

 쥐의 삶에서 하루는 인간의 한 달에 해당한다. 60일 동안 그 쥐가

3번 터널의 끝에 있는 치즈를 찾아낸다고 가정하자. 이는 인간의 약 5년과 같을 것이다. 그다음 그 치즈를 3번에서 4번 터널로 옮긴다고 가정하자. 이제 우리가 그 쥐를 터널들 근처에 두면 그 녀석은 치즈를 얻으려고 3번 터널로 달려가지만, 치즈는 이제 거기에 없다. 쥐는 빠져나와 현장을 살피고, 3번 터널을 다시 시도한다. 쥐는 이것을 몇 차례 반복할지도 모르지만, 몇 번 반복해도 치즈를 발견하지 못하면 쥐는 3번 터널로 가는 것을 멈춰서 다른 터널을 탐색하기 시작할 것이다.

쥐와 인간존재의 큰 차이점은, 쥐는 치즈를 제공하지 않는 터널을 계속해서 달려가지 않을 것이나, 인간존재는 존재하지 않는 치즈를 찾기 위해 평생 같은 터널을 계속해서 달려갈 수 있다는 것이다! 조만간 쥐는 3번 터널을 포기할 것이다. 왜냐면 그 녀석은 치즈가 과거에 3번 터널에 있었다는 이유로 그 치즈가 거기에 있음을 입증하기 위해 분석하고 계산하며 애쓰는 논리적 마음이 없기 때문이다. 쥐는 치즈에 관해, 그리고 어떻게 해야 치즈를 얻을 수 있는지에 관해 책을 읽기 위해 도서관으로 가지 못한다. 녀석은 치즈가 3번 터널에 정말 있어야 한다고 입증하는 연설을 하고, 주장을 체계화하지도 못한다. 사실 치즈가 3번 터널에 있지 않음에도 정말로 치즈가 거기에 있다고 동료 쥐들에게 설득하려고 노력할 수도 없다. 쥐의 신경계는 치즈가 예전에 있었던 곳에 이제는 없다는 사실에 빠르게 적응하고 다른 곳을 뒤지기 시작할 것이다.

3살이었을 때 당신은 아마도 치즈(또는 당신이 원하는 것이 무엇이든)를 얻으려면 크게 소리치고, 부모에게 떼를 써야 한다고 체득했을 것이다. 부모가 모든 치즈를 통제하는 것처럼 보였다. '권력센터'를 이용해서 심하게 울고 법석을 떨 때, 당신은 부모로 하여금 당신에게 사탕을 주게 하거나 밤늦도록 놀게 해주거나, 혹은 당신이 원하는 뭐든 얻으려고 했다. 당신은 주로 전체 그림을 의식하지 못했고, 자신의 에고는 당신의 각성이 두려움과 욕망에 집중하게 했다. 당신이 삶을 바라봤을 때, 삶은 마치 긴 터널의 끝을 보고 오직 터널의 끝에 있는 세상의 작은 지점만을 보는 것과 같았다. 삶의 전체 그림에서 그 터널 주위의 가장자리 부분은 보이지 않았다. 당신의 미성숙한 바이오컴퓨터는 자신의 두려움과 욕망으로 하여금 자신의 의식 화면에 주변의 현실 중에서 오로지 작은 조각만을 투영하게 허락했다. 당신은 주위의 사람과 사건에 대한 폭넓은 인식이 없었기에, 삶에서 실질적 선택권이 없었다.

3살 때 당신은 울음을 이용해 주위의 사람과 사물에 변화를 강요함으로써 깊숙이 자신을 프로그램했다. 이것이 그 시절 당신이 세상에서 원하는 것을 얻기 위해서 지녔던 몇몇 방법 중 하나였다. 3살짜리 아이에게 낮은 의식은 불행을 만들어내고 정말로 큰 몫의 치즈는 사랑·풍요 터널의 끝에 자리 잡고 있음을 설명하기란 어렵다. 안전·감각·권력 터널의 끝에는 결코 충분하지 못할 저급의 치즈가 아주 극소량만 있음을 어린아이에게 어떻게 설명할까? 어린아이에게 자기 주위의 사람과 상황의 흐름과 자기 에너지를 조화시킴으로써 그가 원해왔던 모든 치즈를 가질 수 있다는 것을 어떻게 보여줄까? 우는 아이에게 지금·여기의 자애로운 받아들임이 지속해서 삶의 행복을 가져오는 유일한 방법임을 어떻게 설명할까?

그래서 당신은 안전·감각·권력 터널로 치즈를 찾아 달려가는 데 익숙해졌다. 당신이 이 글을 지금 읽고 있다는 사실은, 앞의 3개의 터널에 대해 의심이 들어 사랑·풍요 터널을 탐색하기 시작하고 있음을 나타내준다. 삶에는 당신이 얻어왔던 것 이상의 치즈가 틀림없이 있음을 당신은 알고 있다.

표 1 당신이 삶에 불행을 창조하는 방식

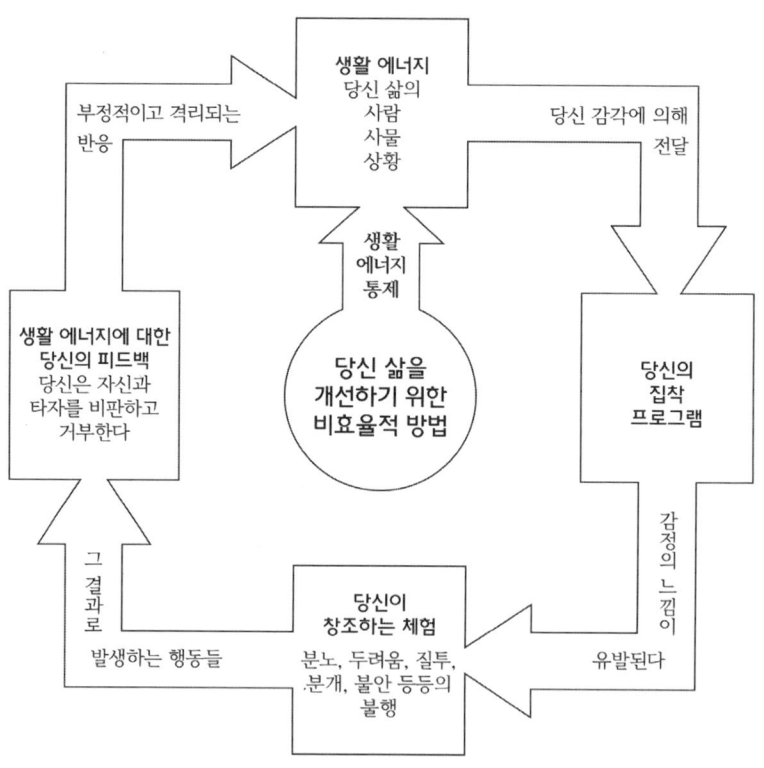

「표 1」은 당신에게 왜 자신의 삶이 작동하지 않았는지를 보여준다. 「표 2」는 언제나 당신을 기다려왔으나 당신이 틀린 터널에서 찾으려고 애쓰기를 고집했기에, 얻을 수 없었던 치즈를 확실히 얻기 시작하는 방법을 보여준다. 당신의 삶은 천부적으로 선하다. 그것은 언제나 잘 작동해왔다. 단지 당신의 바이오컴퓨터가 똑같은 인식의 실수를 계속해서 되풀이했을 뿐이다.

표 2 당신이 삶에 행복을 창조하는 방식

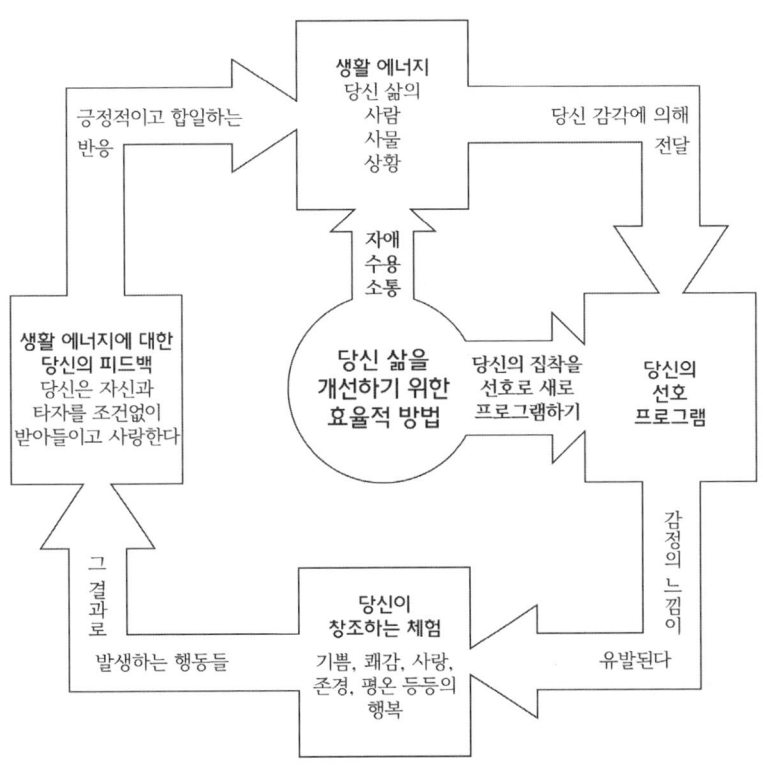

왜 당신의 삶은 작동해야 하는 대로 작동하고 있지 않은가? 무엇이 그 장치에 모래를 퍼붓고 있는가? 문제는 간단하다. 바로 당신 주변의 생활 에너지를 바꾸려고 노력함으로써 행복을 찾으라고 끊임없이 자신에게 지시하는 자신의 프로그램이 문제다. 당신은 자신의 삶에서 사람과 상황을 조종하려고 노력하는 데 주의력 대부분과 에너지를 투입한다. 미숙했던 인생의 초기에 당신은 3번 터널의 끝에서 약간의 치즈를 찾았었기 때문에, 당신의 에고와 논리적 마음은 자기 내면의 집착프로그램에 맞춰서(「표 1」에서 위쪽 박스를 보라) 계속해서 주변 생활 에너지를 바꾸는 쪽으로 에너지 대부분을 향하게 한다.

이제 당신이 사는 세상에서 어떻게 '지옥'을 창조하는지를(천국이 거기에 항상 있었는데도!) 발견하기 위해 순환주기를 따라가 보자. 사람들의 말·행동은 당신의 다양한 감각에 의해 바이오컴퓨터의 분석하고 해석하는 영역으로 보내진다. 외부 패턴이 당신 내면에 프로그램된 패턴과 일치하지 않을 때 당신은 분노, 두려움, 질투, 분개 등과 같은 부정적 감정의 느낌으로 반응하고 불행의 체험을 창조한다.(「표 1」에서 오른쪽과 아래쪽의 박스를 보라)

이것은 당신을 불행수레바퀴의 4번째 단계로 이끈다. 그때 당신은 자신과 타자를 비판하고 거부하기 시작한다. 당신은 말·말투·표정·몸짓으로 당신이 썩었든지 아니면 세상이 썩었든지 아니면 어쩌면 둘 다라고 성토한다. 당신의 논리적 마음은 타인을 비판하고 그들의 흠을 잡고, 당신에게 왜 타인이 '바보' '천치' '냉혈 괴물' '사악한 존재'

또는 그런 부류의 사람인 이유를 제시한다. 혹은 논리적 마음이 당신을 적대하게 하고, 그리고 당신이 불충분하고, 가망 없고, 서툴고, 멍청하고, 열등하고, 미쳤거나 등의 체험을 만들어내는 프로그램을 당신이 사용할지도 모른다.

이렇게 격리하는 자아중심적 피드백은 그다음 주위 사람의 행동과 삶의 조건의 특성을 바꾸기 시작한다.(우리는 「표 1」의 위쪽 박스로 돌아왔다.) 달리 말해 당신의 부정적 피드백은 자신의 주위 사람과 조건의 반응에 극적 변화를 만들기 시작한다. 이런 식으로 당신은 적대적 사람과 상황의 환경을 창조한다.

이제 '불행수레바퀴'가 돌기 시작해서 주위 사람들은 당신의 비판과 거부에 대한 그들의 부정적 느낌을 반영하는 말·행동으로 반응하기 시작한다. 그러면 이것이 다시 당신의 감정프로그램으로 피드백되어서 더 많은 분노, 두려움, 질투, 긴장된 감정을 유발하면 당신은 자신과 타자를 더 많이 비판함으로써 반응한다.(「표 1」을 보라.) 이것이 다시 당신 주위의 사람과 상황으로 피드백되고 그들이 더더욱 당신을 적대하게 한다. 그리고 그 순환은 하향하는 나선으로 돌고 돌기에, 당신 삶의 상황은 더더욱 악화한다. 논리적 마음은 이런 악순환을, 당신의 인생은 되는 것이 없고, 사람들은 끔찍하며, 인생에서 '성공'하는 방법이 전혀 없다는 증거로 받아들일지도 모른다.

'불행수레바퀴'에 갇힌 인간존재는 세상이 자신에게 '불행'을 주지 않는다는 점을 깨닫지 못한다. 에고의(논리적 마음이 후원하고 부추기는) 방어는 당신이 자신에게 불행을 주고 있음을 깨닫기 극도로 어렵게 한다. 그는 상대가 정말로 그에게 불행을 주는 식으로 대접하고 있다고 입증할 수 있고, 그리고 물론 상대는 그렇다. 그는 삶의 외부 에너지에 대한 자신의 지속적 비판과 거부가 상대를 그에게 그런 식으로 반응하도록 길들였다는 점을 보지 못한다. 상대는 전혀 다른 식으로 반응할 수도 있었다. 아무 때라도 상대는 사랑하고, 지지할 수 있었고 '**행복수레바퀴**'가 작동할 수도 있었다.

'**불행수레바퀴**'에 갇혀버린 사람은 사람과 상황을 자신의 프로그램에 맞추려고 조종하려는 가망 없는 노력에 자신의 거의 모든 에너지를 낭비할 것이다. 비록 이것이 3살에 이용할 수 있는 몇 안 되는 반응 중 하나였지만, 고차의식을 위한 잠재력을 지닌 어른이 이용할 수 있는 가장 효과적인 반응은 결코 아니다. 고차 의식의 존재는 3개의 낮은 센터를 통해 삶의 체험을 창조하는 의식으로는 자기 삶의 사람과 사물이 지극히 약간만 바뀔 수 있다는 점을 깨닫는다.

어쨌든 당신은 자신이 바뀌도록 상대가 강요하기를 원하지 않는다. 그리고 당신을 지배하거나 통제하려는 시도를 인식할 때마다 당신은 큰 저항감이 생긴다. 상대가 당신을 바꾸려고 노력할수록, 당신은 더욱 다른 길로 가려고 한다. 고차의식의 존재는 '**불행수레바퀴**'를 돌리지 않고도 자기 내면에 프로그램된 선호에 맞게 상대의 말·행동을 진정으로 바꾸는 유일한 한 가지 방법이 있다. 그것은 감정적으로 화나지 않은 의식에서 나오는 자애로운 소통을 통해서임을 깨닫는다.

'불행수레바퀴'에 갇힐 때 당신은 이기적 목적으로 남을 조종하는 감정적 압박을 이용해 주위 사람의 말·행동을 바꾸려는 쓸데없는 시도에 자기 에너지를 무익하게 향하고 있다는 개념이 전혀 없다. 그래서 치즈가 이제는 3번 터널에 있지 않다는 사실에 적응하는 쥐와 달리, 당신은 삶에서 사람과 사물을 조종하고 바꾸려고 애씀으로써 자신을 계속 갇혀 있게 한다. 3살 때 있었던 문제점은 지나갔으나 당신은 무의식적으로 그 당시에 사용했던 방식을 실행하고 있는 것이다. **이런 한물간 해결책은 삶을 충분히 체험하고 누릴 기회를 박탈한다.**

충분히 강력한 권력 과시를 적용하면 당신은 주변 생활 에너지에 분명한 변화를 만들어낼지도 모르나, 자신의 비판과 조종이 주위의 사람에게 창조하는 거대한 분리와 격리를 의식한다면, 자신이 표면상 강요해도 되는 극소수의 변화를 위해 큰 행복을 놓치는 대가를 치르면 안 된다는 점을 깨달을 것이다. 당신이 큰 불이익을 당하지 않고도 만들어낼 수 있는 유일한 변화는, 자애롭게 소통할 때 서서히 순조롭게 발생하는 그런 변화뿐이다. 그런 것이 효과가 없다면, 자신의 의식을 통제하고 지배하고 있는 당신 내면의 집착과 요구(감정이 후원하는)에서 자신을 해방하는 작업을 해야 한다.

'불행수레바퀴'의 악순환을 멈추고 행복의 선순환으로 전환하기 시작하려면 어떻게 해야 하는가? 외부 생활 에너지를 바꾸려고 애쓰는 것에서 자신의 내면프로그램을 바꾸는 것으로 에너지의 방향을 돌릴 필요가 있다.(「표 2」를 보라) 당신이 자신 주변의 모든 외부 생활 에너지를 자기 내면의 감정프로그램에 맞춰서 성공적으로 바꾸게 해줄 방식은 전혀 없다. 당신이 왕의 권력, 영화배우의 명성, 박사의 지식을 가져도 삶의 조건은 여전히 같은 상태일 건데, 이는 얻는 것이 있으면 잃는 것도 있는 법이기 때문이다. 실생활 사랑의 5가지 방식을 이용하면 내면프로그램을 바꿀 능력이 생긴다. 당신을 기다리는 엄청난 양의 치즈가 있으나 당신이 지금·여기에서 자기 삶의 사람과 상황을 감정으로 받아들일 수 있도록 내면프로그램을 작업해야만 치즈에 도달할 수 있다.

당신이 삶에서 사람과 상황에 따라 내어놓는 요구(감정이 후원하는)를 새로 프로그램함으로써 내면의 적응작업을 할 때, 예전에 불행을 창조했던 삶의 상황과 에너지가 중립적이 되거나 행복에 긍정적 영향을 끼치게 되리라는 점을 발견할 것이다. 당신의 에너지와 예리함, 조건없이 사랑하는 능력은 당신을 고통에 끄떡없게 해줄 것이다. 그래서 「표 2」의 왼쪽 박스에서 위쪽 박스로 올라가는 단계는 당신이 주위 사람과 상황을 자애롭게 받아들이는 피드백을 내보내기 시작한다는 것을 보여준다.

비판이 주변 생활 에너지에 강력한 영향을 끼치듯이, 긍정의 피드백도 주변 생활 에너지에 강력한 영향을 끼치기 시작할 수 있다. 당신이 삶에서 조건없이 사람들을 자애롭게 받아들일수록, 그들은 당신 주변에 있는 것을 더욱 누린다. 그들의 에고와 논리적 마음은 피해망상이나 방어하는 곳에 머물지 않아도 되고, 그들이 당신과 함께 있을 때 당신이 이전에 그들에게 투영하거나 촉발했던 안전·감각·권력 집착에서 벗어나는 자신을 체험하기 시작할 수 있다.

이것은 그들의 에너지를 자유롭게 해서 '터널 시각' 효과 없이 그들과 당신을 체험하게 한다. 그들은 당신 주변에서 자유롭고 해방된 느낌이 들기 시작한다. 그들이 무엇을 하든 당신은 여전히 중심잡고, 공명하며, 자애로울 것이라는 깊은 신뢰가 그들에게 생긴다. 그들은 긴장을 풀고 누릴 수 있고, 당신과 자애롭고 상호 후원하는 공간에서 즐겁게 지낼 수 있다.

「표 1」에서처럼 사람들이 당신의 프로그램과 더욱더 어긋나도록 당신 주위의 생활 에너지에 부정적 영향을 끼치는 대신, 이제 당신의 선호 프로그램에 들어맞기 시작하는 방식으로 그들의 느낌을 바꿀 수 있다. 그리고 그들이 바뀌지 않더라도 어쨌든 그것은 단지 '선호'일 뿐이므로 문제 되지 않는다. 당신이 집착프로그램에서 대체로 벗어났기 때문에 그들은 항상 살얼음판을 걷듯이 하지 않아도 된다. 그들은 자신이 무슨 말·행동을 하든 당신이 성내지 않을 것임을 알기에, 그저 긴장을 풀고서 자기 내면의 진동과 에너지와 더불어 흘러갈 수 있다. 그들이 점점 더 깊은 방식으로 당신을 사랑하기 시작함에 따라 그들의 에고는 자신의 에너지를 당신이 선호하는 것을 하도록 유도하기 시작할지도 모른다. 그리고 이것은 당신 삶에 행복이 증가하는 체험을 창조하는 즐거운 느낌을 자극할 수 있다.

당신이 집착을 선호로 끌어올리면, 점점 더 많이 사랑하게 되고(「표

2」의 3번째 단계) '행복수레바퀴'가 돌기 시작한다. 왜냐면 당신의 사랑은 사람들의 생활 에너지를 수정해서 그들이 당신을 사랑하고 돕도록 자유롭게 해주고, 훨씬 더 많은 즐거움과 행복이 창조되도록 당신의 선호 프로그램에 피드백하기 때문이다. 그러면 사랑에 대한 당신의 느낌은 배가된다. 당신 주위의 생활 에너지로 향한 당신의 자애로운 피드백이 더욱 강화되기 때문에 '행복수레바퀴'는 상승의 나선형으로 돌고 돌고 돌아서, 삶의 지금·여기와 이루는 깊은 조화에서 솟아오르는 자애롭고 평화로운 느낌을 창조한다.

주변의 생활 에너지 속으로 지속해서 자신의 부정적 피드백을 줌으로써 삶에 불행한 체험을 창조했듯이, 당신은 이제 신 같은 방식으로 자신의 삶에 행복한 체험을 창조했다. '기적'을 창조해낸 당신은 이제 자신 주위 세상의 '결과'가 아니라 '원인', 즉 창조의 원천이 되었다. 당신이 머무는 아름다운 세상을 자신의 고차의식이 창조했던 것이다.

이제 당신은 삶이 본래 좋고, 당신의 삶이 정말로 어떻게 작동하고 싶은지, 그리고 자신이 삶에서 지속적 행복을 체험하는 데 있어 어떻게 자신의 프로그램이 유일한 걸림돌이 되었는지를 안다. 당신은 자신이 삶에 행복의 체험이나 불행의 체험을 창조할 능력이 있음을 안다. **그것은 당신이 주위 사람과 상황에 피드백하는 것이 비판적이고 거부하는 에너지인가 아니면 받아들이는 자애로운 에너지인가에 달렸다.** 당신은 자신이 어떻게 계속해서 삶을 작동하지 않게 해왔는지를 분명하게 본다.

당신은 이제 삶에서 행복을 창조하는 기적을 드러내기 시작할 수 있다. 그리고 이것을 함으로써 당신은 자신이 타인을 위해 할 수 있는 최상을 하는 것이다. 왜냐면 그들을 돕는 가장 효과적 방법은 당신이 행복하며 자애롭고 의식하는 존재가 되는 것이기 때문이다. 당신이 실제로 '불행수레바퀴'에서 벗어나지 못하고, 자신의 삶에 즐겁게 돌아가는 '행복수레바퀴'가 없는 한, 강의나 권유·훈계는 교묘한 조종이나 통제의 또 다른 미묘한 방식이라고 들통이 날 수 있는 위선에 불과하다.

그리고 일단 당신이 '행복은 원운동으로 돈다'는 점을 깨달으면, 타인에게 강의하거나 권유·훈계해서 그들을 설득할 필요가 없을 것이다. 그들은 당신이 어떻게 '불행수레바퀴'에서 '행복수레바퀴'로 도약했는지 포착할 것이고, 당신이 어떻게 그럴 수 있었는지 질문하게 될 것이다. 그러면 그때 당신은 그들이 자신의 삶에 지속해서 행복 체험을 창조할 수 있도록 실생활 사랑방식을 그들과 공유할 수 있다.

🕊 25장 인생의 목적

고차의식으로 향한 성장의 첫 단계는 당신이 자신의 집착프로그램을 실행하는 데 지금 투입하고 있는 공허한 에너지의 엄청난 소모를 명확하게 보는 것이다. 당신이 뇌에 프로그램했던 집착마다 자신을 분리하게 하고, 정도의 차이는 있으나 자신을 고통스럽게 할 것이다. 실망감·짜증·화·질투심·두려움은 당신에게 "효과적이고 즐겁게 생활하기 위해서는 선호로 새로 프로그램해야 하는 집착이 여기 있다"는 긴급한 메시지를 주고 있다.

고차의식으로 성장할 때 주목할 만한 점은, 단지 감정이 후원하는 내적 집착에서 벗어나는 것이 요구될 뿐이지 꼭 행동을 바꿀 필요는 없다는 것이다. 만약 당신이 설탕을 많이 먹는 것에 집착한다면, 문제는 다양한 경로로 설탕을 입으로 집어넣는 그 행위가 아니라 당신을 이런 내면 욕망의 노예로 만드는 자신의 바이오컴퓨터 프로그램에 전적으로 그 문제가 놓여있다는 것이다.

당신이 집착을 새로 프로그램하기 위해 '5가지 실생활 사랑방식'을 사용할 때, 외적 행동은 스스로 돌보게 될 것이다. 당신은 때때로 설탕을 먹을 수 있겠으나 의식을 지배하는 내면 집착에서 벗어나고, 집에 설탕을 사오지 않을 것이다. 이제는 건강에 잘못된 귀결을 가져오는 그런 비교적 '쓸모없는' 음식으로 열량의 상당 부분을 채우지 않을 것이다. 이 집착을 선호로 끌어올린 후에도 당신은 여전히 가끔 설탕을 즐길 수 있겠으나, 설탕을 먹지 않아도 또한 삶을 누릴 수 있게 된다. 그래서 예전에는 집착으로 고갈되었던 에너지가 이제는 행복과 기쁨을 더해주는 경로로 흘러들 수 있다.

집착을 새로 프로그램하면 당신은 자신이 이제껏 해왔던 외부 행동에 더는 관심을 두지 않는다는 점을 발견할 것이다. 또는 집착을 새로 프로그램해서 선호로 끌어올리면, 당신은 자신의 외부 행동에 변화가 전혀 없음을 발견할지 모른다. 예를 들어 당신이 설거지하지 않는 것에 대한 집착을 선호로 끌어올리면, 이제 의식적으로 설거지할 수 있음을 발견할지도 모른다. 당신이 이런 필요한 일을 하고 있을 때 집착프로그램은 절대 당신을 불행하게 만들도록 작동되지 않을 것이다.

의식상승을 위한 실생활 사랑법은 타인과 당신을 분리하는 감정프로그램이라 할지라도 이것을 억압하거나(이것은 정신신체질환을 야기하므로), 그런 이중성과 격리를 표현하도록(이것은 심리학과 정신의학의 전통 방식이다) 가르치지 않는다. 고차의식으로 들어가기 위해서 당신은 자신과 주변의 모든 이와 모든 것을 사랑하지 못하게 하는 고립, 이중성, 분리의 모든 느낌에서 원인을 제거해야 한다. '12가지 길' '7개의 의식센터' '5가지 방식'은 당신에게서 자기 불행의 원인을 제거하게 해준다.

당신이 행복의 지름길을 찾아내서 삶의 매 순간을 누리려면 자신에게 드는 부정적 감정이 바이오컴퓨터의 바로 어떤 부분을 새로 프로그램해야 하는지를 당신에게 제시한다는 사실을 깨닫기 시작해야 한다. 과거에 당신은 삶에서 에너지 대부분을 사람과 상황을 통제하고 지배하며 바꾸려고 애쓰는 데 사용했다. 이제 이 에너지는 사람을 탐욕·분노·망상에 갇혀있게 하는 집착에서 벗어나기 위해 '5가지 방식'으로 전환될 수 있다.

이때 아주 놀랄만한 일이 일어난다. 집착을 새로 프로그램하면 당신은 자신을 포함해 모든 사람을 조건없이 사랑할 수 있음을 발견할 것이다. 사람들을 자신의 집착을 달성하기 위해 조종되어야 할 대상으로 여기는 한, 진정한 사랑(타인에 대한 조건없는 받아들임)은 불가능했다. 이제 당신은 이전에는 존재한다는 것을 전혀 몰랐던 심오하게 아름다운 방식으로 사랑할 수 있음을 발견한다.

이 새로운 차원의 사랑은 삶에 기적을 낳는다. 왜냐면 그것은 이제 새로운 체험, 새로운 사람, 새로운 활동에 당신을 열어주기 때문이다. '사랑센터'에서 살기 시작할 때 당신은 이제 어떤 사람이나 어떤 상황도 위협으로 체험하지 않는다. 당신은 행복해지는 데 필요한 모든 것을 지금 지녔음을 안다.

당신은 자신의 실질적 필요를 충족시키기 위해 자기 삶에서 사람과 상황이 조화롭게 기능하고 있는 방식에 지속해서 감탄할 것이다. 그리고 삶에 이런 기적을 가져오는 방식을 제시하도록 도왔던 실생활 사랑이 들어있는 이 책을 처음 발견했던 그날로 당신의 의식이 되돌아가도 된다. 하지만 당신은 기적을 발견했는가? 이 책을 당신에게 제공했던 것은 바로 당신의 열린 마음 덕분에 주어진 당신 인생의 조건과 사람들이 아니었던가? 좀 더 수용적이고 효과적이며 현명한 존재가 되는 쪽으로 의식성장의 첫발을 내디뎠던 그날 이후 당신에게 일어났던 주요 일들을 추적해보라. 지속해서 더 높은 의식으로 성장하도록 촉진했던 더욱 현명한 선택을 당신이 하도록 돕기 위해 당신은 자신 삶의 사람·조건과 상호작용해왔음을 발견할 것이다. 우리는 모두 함께 그 여정에 올라있다!

의식을 지배하는 빗발치는 욕망, 요구, 기대, 경직된 패턴, 세상이 당신을 어떻게 대접해야 하는지에 대한 모델 등 모든 종류의 집착에서 해방된다는 것은 정말 믿을 수 없을 정도로 대단한 느낌이다. 당신을 지켜보는 누구든 당신이 예전에 했던 거의 똑같은 것을 하는 당신을 볼 것이다. 그러나 같은 것을 하는 새로운 당신이 있다. 당신이 여전히 식품을 사러 시장에 가지만, 이제는 그 체험의 매 순간 자신을 누리게 해주는 바이오컴퓨터로 그렇게 한다. 당신이 아무리 해도 원하는 품목을 찾지 못하거나, 줄에 아무리 오랫동안 기다려야 하더라도 이제 당신은 좌절감과 실망감이 들거나 어떤 고통도 창조하지 않는다.

시장에 가는 것은 아름다운 체험이 된다. 그리고 당신의 미소, 유익함, 사랑의 진동은 주위 사람들에게 영향을 끼친다. 집착이 없어진 새로운 존재인 당신은, 자신의 일상 행위를 귀찮은 고역에서 눈앞에 처음 펼쳐지며 에너지를 낳는 유쾌한 파노라마로 바꾼다. 당신은 시장에 있는 모든 사람이, 고차의식으로 향한 여정에 있는 당신을 도우려고 깨어나는 존재로 그곳에 계속 있었다는 사실을 발견한다. 그리고 당신은 고차의식을 생활화함으로써, 당신 또한 다른 존재들이 고차의식으로 향해 성장하도록 돕는 데 최선을 다하고(아무런 애씀이 없이) 있음을 아는 심오한 만족을 지니게 된다.

고차의식이 아름다운 점은 당신에게 최상의 것이 모든 타자에게도 최상이라는 것이다. 당신이 '사랑센터'보다 높은 수준의 생활을 시작할 때, 빛나는 당신의 내면 존재는 당신이 접촉하는 상황의 진동, 그리고 사람들의 느낌과 행동을 창조적으로 바꾼다. 당신은 사람들의 낮은 의식 게임 이면에 존재하는 아름다운 공간에서 그들과 공명함으로써 그들에게 최고의 선물을 준다. 당신은 그들이 순수한 사랑으로 존재하는 사랑센터의 공간에서 그들과 조화롭게 흘러간다. 그리고 이것은 심지어 단지 자애로운 시선 마주침이나 미소만으로도 될 수 있다. 당신은 그들이 사랑으로 존재하는 그 공간에서 그들과 관계함으로써 잠시 그들의 의식을 더 높은 곳으로 옮겨준다. 이런 존재 방식은 당신이 삶에서 외적으로 성취할 수 있었던 그 어떤 것보다 더, 당신 삶의 '정의' 正義와 의의意義에 관해 의식해서 만족하는 원천이 된다.

실생활 사랑법에 관한 멋진 점은, 필요하다면 당신이 그것을 '혼자서' 할 수 있다는 것이다. 당신은 타자를 당신이 자신의 집착을 자각하게 하려고 여기에 와있는 우주 무대의 배우로서 간주할 수 있다. 타자는 당신의 집착이 숨은 곳을 당신의 감정이 들춰내는 상황을 창조함으로써 당신을 돕고 있다. 당신이 하는 내면 작업을 타자가 알든 모르든

간에, 타자의 모든 행동과 말은 당신을 고차의식으로 성장하도록 돕는다. 비록 타자가 자신을 자극하고 적대하게 하는 집착프로그램에 내몰릴지라도, 당신은 타자의 모든 행동과 감정 표현과 말을 활용하여 당신 자신이 집착에서 벗어날 수 있다.

그리고 당신이 바이오컴퓨터를 새로 프로그램해서 자신을 자유롭게 할 때, 타자는 타자 자신이 무슨 행동이나 말을 하든 상관없이 당신에게서 방사되는 비범한 기쁨·자유·사랑을 주목하기 시작할 것이다. 이런 변형은 타인에게는 매우 뜻밖이고 신기해서 당신 내면에 어떤 일이 일어나고 있는지 알고 싶을 것이다. 그리고 타인이 물으면 당신은 자신이 행복의 문을 열 때 발견했던 열쇠를 즐겁게 공유해도 된다.

당신은 변화하는 세상의 사람·사물·상황에 상관없이 어떻게 모든 행복이 내면에서 발견되는지를 타인에게 제시할 수 있다. 그리고 만약 타인이 들을 준비가 된다면, 고차의식으로 성장하기 위한 방식의 단순함에 놀랄 것이다. 이는 단순히 모든 집착을 선호로 끌어올리는 것을 의미할 뿐이다. 타인의 집착이 엄청나게 방대함을 정말 이해하려면 시간이 좀 걸릴 것이다. 하지만 늘어난 행복과 사랑하는 능력의 결과가 하도 빨리 도래하여 타인은 결국 삶을 작동하게 하는 해답을 발견했음을 알 것이다.

그리고 당신이 타인을 도왔기에, 타인은 이제 당신이 고차의식을 향해 훨씬 더 빨리 성장하도록 돕는다. 당신은 그것을 설명할 기회가 주어질 것이고, 자신의 성장을 위해 필요한 통찰력을 덤으로 발견할 것이다. 타인의 증대하는 사랑과 확장된 의식에 의한 진동은 당신이 좀 더 아름다운 세상에서 살도록 돕는다. 타인은 당신이 자신의 여정을 위한 더더욱 많은 에너지를 풀어내도록 돕는다.

당신이 높은 의식센터에서 유입되는 감각자료와 생각을 모두 처리하는 법을 체득하면서 삶의 '문제'는 사라진다. 사랑센터에서 살고 주위 사람의 에너지와 당신의 에너지를 조화시키는 법을 체득한 결과로, 당신은 자신을 위해 입수 가능한 최적의 것을 세상이 자신에게 주게 하고 있다. 이것은 삶이 본래 풍요롭고 풍족하다는 경이로운 방식을 깊숙이 체험하도록 당신을 조율한다. 집착에서 벗어나 성장한 당신은 자신을 포함해 모든 사람을 점점 더 조건없이 사랑하게 된다. 그리고 당신의 사랑은 타인의 사랑을 부추긴다. 당신이 자아중심적 방식으로 주위 사람을 대했기에, 이전에는 가로막혔던 에너지가 이제는 상호 도움되는 자애로운 관계의 방식으로 흐른다.

끊임없이 증가하는 에너지의 흐름 덕택에 당신은 자신이 행복해지는 데 필요한 것 이상을 세상이 자동으로 공급할 것임을 깊숙이 느끼게 된다. 당신은 존재하는 것, 존재했던 것, 미래에 존재해야 하는 것에 대한 비교로 자신의 의식을 지배하고 꼬드기고 강압하고 교묘하게 공작하고 싸울 필요가 없다. 당신은 "이보다 더 나빠질까?"라고 말하며, "자, 좋아질 거야. 그런 일이 일어나도 난 여전히 살아있고 행복할 수 있어."라고 말할 수 있다. 그리고 당신이 행복하고 충족되며 즐겁기 위해 필요한 것은 뭐든 최적의 양을 당신에게 제공하는 기적적인 방식이 대체로 인생에 있다는 점을 발견한다.

여기에 좋은 소식이 있다. 지속해서 행복을 체험하기 위해 감정이 후원하는 집착에서 100% 벗어날 필요가 없다는 것이다. 그러나 집착이 불행한 체험을 낳는 하향의 끌어당김을 발휘하지 못하게 하려면 당신은 집착에서 거의 벗어나야 한다. 행복이란 당신이 받아들일 준비가 된 것을 삶이 제공할 때, 자신이 일으키는 일반 수준의 좋은 느낌이다. 당신이 두려움·분노·분개·짜증 등의 어떤 체험에서도 빠르게 회복할 수 있는 한, 이런 일반 수준은 영향받지 않는다.

불행의 상태는 집착적 체험이 계속될 때 발생한다. 이 상태는 집착을 차곡차곡 쌓아올려 세상과 들어맞지 않는 여러 집착 모델과 기대로 바이오컴퓨터에 부담을 주면 강렬해진다. 당신이 길어도 1시간 안에 집착을 잘 처리할 수 있다면 그것은 대개 당신의 행복 수준에 영향을 끼치지 않을 것이다.

이를테면 분노가 촉발되면 당신은 실제로 잠시 분노를 즐길 수 있다. 하지만 만일 당신이 지속해서 화를 낸다면, 자율 신경계의 지속하는 과잉행동, 주변 세상의 불리한 반응, 자아중심적 관계의 압도하는 축적 효과, 그리고 그 결과로 낮아진 에너지·통찰·사랑이 발생해서 불행을 면할 수 없다. 만일 당신이 이제 집착프로그램에서 벗어나기 위해 실생활 사랑방식을 이용하고 있다면, 분리라는 감정적 느낌은 단순히 이전에 의식이 낮았을 때 프로그램된 흔적이라는 점을 깊이 안다. 그러면 두려움·분노·짜증이 유발될 때마다 당신은 자신에게서 현재의 어떤 허튼짓도 빠르게 제거하게 될 것이다.

따라서 항상 행복해지기 위해 모든 집착 패턴을 완벽하게 제거할 필요는 없다. 예컨대 효율적 속기사가 되기 위해 우리가 완벽해질 필요까지는 없지만, 의식하는 속기사가 되어서 빠르게 그리고 거의 자동으로 오류를 인식하고 정정할 수 있어야 한다. 실용적인 점에서 볼 때 즉석에서 의식해서 정정한 한 면은 처음부터 완벽하게 타자했던 한 면과 같다.

당신이 실생활 사랑법을 높은 수준으로 숙달해서 자기 삶을 자신이 활용할 드라마로 보고, 모든 사람과 사물을 자신이 더 의식적이 되도록 돕는 가르침으로 볼 때, 당신은 자신의 옛 집착프로그램의 작은 단편이 어쩌다가 한 번 자신에게 골칫거리가 될 뿐인 지점에 도달한다는 점을 발견할 것이다. 당신이 사랑·풍요 센터에 대부분 머물 때, 드물게 낮은 센터에 일순간 빠지는 것이 이제는 당신에게 거의 중요하지 않게 된다. 따라서 당신은 완벽에 집착할 필요가 없으므로, 부디 자신의 내면 작업을 계속해나가라. 그것은 모두 당신에게 적절한 속도로 일어날 것이다.

삶에서 지금·여기를 감정으로 받아들이는 데 능숙해져서 모든 집착을 선호로 끌어올리면, 사람은 전쟁·편견·착취·환경오염과 같은 사회의 부조리와 투쟁하는 역할을 할 때 되레 자신의 효율성을 잃을까? 만일 사람이 감정으로 모든 것을 받아들인다면, 어떤 것을 바꾸고 싶기나 할까? 지금·여기에 대한 자신의 체험이 이제는 긴급한 안전·권력 의식에서 발생하지 않을 때, 사랑·풍요 의식은 그 사람이 책임 있는 사회의 구성원이 되게 할까? 더 나은 세상을 건설하는 데 분노·좌절·증오가 과연 필요할까? 사랑 의식은 지상천국을 창조하는 데 필요한 에너지를 방출할까?

사람이 낮은 의식센터에서 작동하는 한, 그는 사회의 모든 부조리에 대한 원인(마치 사람들이 '타자'인 것처럼 취급하기, 사람들을 향한 자아중심적 태도, '우리'란 공간을 찾아내지 않고 자신이 원하는 것을 얻으려는 결정, 사람들을 조건없이 사랑할 능력 없음)을 영속화한다. 사랑센터에서 사는 사람은 낮은 의식센터에서 일하는 개인보다 세상의 부조화를 바로잡는 데 훨씬 더 깊게 공헌할 수 있다. 자신의 존재와 행동으로써 단지 사회적 부조리의 증상만을 치료하지 않고 그 원인을 바로잡는다.

비록 사랑센터의 사람이 피켓을 들고, 대자보를 붙이며, 편지를 쓰고, 모임에 참석하는 등 사람들이 '우리'란 공간을 찾도록 장려하는 일을 할지라도, 그는 사랑의식에서 그런 일을 할 것이고, 이는 자신이 바꾸기를 원하는 사람에게 접근하는 데 종종 더 효과적일지 모른다. 실생활 사랑 실천가Lover는 자유로이 세상의 부조화 증상과 싸우는 데 에너지를 발휘하거나, 인간에 대한 인간의 비인간적 원인(그 원인은 언제나 낮은 센터에서 비롯된 삶에 대한 인식에 연결된 집착이다)을 바로잡는 데 에너지를 들일 것이다.

실생활 사랑 실천가는 세상의 아름다움과 완벽함을 지속해서 체험한다. 그는 사람들이 낮은 센터에서 벗어나는 데 필요한 체험을 사람들에게 주기 위해 사건을 창조하고 있음을 이해한다. 실생활 사랑 실천가는 집착적 싸움으로 점철되는 일상의 드라마를 초월하는 조화와 사랑을 끊임없이 체험하고, 동시에 동료 존재의 안전·감각·권력 의식을 사랑센터로 끌어올리기 위해 자신의 에너지를 들이는 아름다움과 완벽함을 체험한다.

지금 모든 것이 완벽한데, 변화를 가져오기 위해 에너지를 들이는 것 또한 완벽하다! 세상의 아름다움과 완벽함은 안전·감각·권력 의식을 통해 삶을 체험하는 개인의 행동을 세상이 반영하는 정도에 좌우되므로, 그 아름다움과 완벽함은 사람들이 자신의 의식을 사랑센터로 끌어올리기 위해 알아야 하는 것을 개인·집단으로 사람들에게 가르칠 실생활 사랑 실천가의 역량으로 구성될 것이다. 사랑센터보다 높은 곳에서 자신의 체험을 생성하는 개인들이 세상에 사는 정도만큼, 세상의 아름다움과 완벽함은 삶이 우리에게 주고 있는 풍요의 지속적 즐거움으로 반영된다.

자신에 대한 내면 작업을 계속해나가면서 당신은 자신이 집착하는 안전·감각·권력 의식을 통해 자신의 생각을 처리하는 것에서 벗어난 정도만큼 풍요가 자동으로 발생하리라는 깊은 본능적 자신감을 계발한다. 매우 자애로운 친구, 충분한 음식과 숙소, 충분히 즐기며 할만한 일, 충분한 섹스, 당신의 삶을 망쳐놓을 재해를 면하기, 사람들이 당신을 괴롭히지 못하게 하기 등에 관해 당신이 다시는 걱정할 필요가 없다는 점을 깨닫는다.

당신이 자신의 체험을 바탕으로 일상생활에서 자신의 안내자로 '12가지 길'을 이용할 때, 자신이 행복해지는 데 필요한 것보다 더 많이 지속해서 자신에게 주는 당신의 내부·외부 에너지가 순리대로 상호작용하는 조화에 전적으로 의지해도 좋다는 느낌이 점차 늘어난다. 당신은 억지로 애쓰지 않고 부드럽게 순리대로 생활하면 된다는 점을 깨닫는다. 인생은 정말 우리가 행복하며 평화롭고 충족하며 생활할 수 있도록 프로그램되어 있고, 우리가 자신이 행복해지는 데 필요한 것보다 많이 지니고 있음을 체험하지 못하게 하는 것은 오직 자신의 안전·감각·권력 집착의 자동화된 춤이라는 점을 깨닫게 된다.

우리로 하여금 존재하기 힘들게 만드는 우리의 (감정이 후원하는) 집착·요구·기대를 제거함으로써, 우리는 삶이 우리의 의식을 지배하는 '호랑이'가 아니라 우리에게 제공하는 수많은 '딸기'를 언제나 누릴 수 있음을 발견하게 된다. 존재하는 것에 전적으로 맡기는 법을 익힐 때, 우리가 행복해지는 데 필요하다고 여기는 것보다 더 많은 안전, 더 많은 유쾌한 감각, 더 많은 강력한 효율성, 더 많은 사랑을 마침내 발견하게 된다. 그때 삶의 풍요로움은 가장 경이로운 방식으로 펼쳐지고 우리가 고차의식으로 창조해낸 따뜻하고 친근하고 자애로운 우주에서 우리는 지속해서 살게 된다.

그래서 우리는 서로 손잡고 삶이란 강을 따라 우리의 원천이자 우리의 숙명이기도 한 하나됨의 광대한 바다로 향한 여정을 시작한다. 마침내 우리는 다음의 구절을 아는 심오한 기쁨을 갖게 된다.

우리 삶의 목적은
모든 집착의 굴레에서 벗어나
실생활 사랑의 바다와 하나 되는 것이다.

부록 1
행복의 실생활 사랑 이론

1. 문제

사람들은 대부분 광범위한 불행, 격리, 두려움, 지속적 갈등 등을 초래하는 의식 패턴에 사로잡혀 있다. 삶이 우리에게 제공하는 '풍요로움'을 깨닫지 못하고, 우리의 프로그램은 긴장이 특징인 삶과 낮은 수준에서 지내는 삶을 창조한다. 우리가 현재 유입되는 자극을 처리하고 해석하며 인식하고 행동하는 방식이, 우리가 100% 행복하지 못한 것에 책임이 있다. 우리는 모두 아름다운 존재이나 낮은 의식의 안전·감각·권력 프로그램은 우리가 자신을 불행해지게 한다.

2. 기본 원리

행복은 집착과 반비례한다. 집착이란 세상이 어떠해야 하는지에 대해 프로그램된 기대·요구·'절대 필요'·욕망·모델로 이것은 자동으로 화·두려움·불안·짜증·분개·슬픔 등의 부정적 감정을 유발한다. 모든 집착은 사람으로 하여금 고통에 취약하게 한다. 행복과 불행의 체험이 어떻게 생성되는지를 이해할 때, 모든 불행은 우리의 인식과 동기를 결정하는 집착 모델 때문이라는 점이 명확해진다. 심지어 신체의 아픔조차 사람이 아픔에서 벗어나려는 집착이 없으면 불행을 낳지 않는다. 고통을 생성하는 것은 아픔이 아니라 집착이다.

3. 삶의 곤경

우리의 삶에서 변화하는 에너지 흐름은 어떤 집착을 만족하게 하면, 다른 집착을 불만족으로 남겨둔다. 다시 말해 얻는 것이 있으면 잃는 것도 있다. 우리는 얻을 때조차도 로봇 같은 모습으로 살게 하는 다른 집착적 요구를 무심코 창조한다. 우리는 대개 더 많은 돈·지식·명예·권력으로 승리할 확률을 높이려고 획책한다. 이런 일련의 노력은 삶의 '얻는 만큼 잃는' 패턴에서는 높은 수준의 즐거움을 낳을 정도로 충분한 변화를 절대 만들어내지 못한다. 우리가 집착프로그램을 지니는 한, 우리의 기대와 요구는 계속해서 우리 의식을 지배하고 삶의 불만족한 체험을 창조한다.

4. 딜레마

충족되지 못한 집착은 우리의 의식을 지배하고, 우리가 조건없이 사랑하지 못하게 하며, 우리의 논리적 마음을 계속 뒤흔들고, 우리의 의식을 지금·여기를 누리는 대신 '미래와 과거'로 이끌고, 주변의 사람들을 조종하려는 시도 탓에 부정적 감정을 유발하게 한다. 충족되지 못한 집착적 요구는 괴로움과 불행의 체험을 낳는다. 충족된 집착은 우리에게 단지 일시적 쾌감만을 준다. 우리가 충족시킨 집착은 곧 우리의 신경계가 분별없이 보호하고 강화하는 하나의 새로운 집착을 형성하는 경향이 있다. 우리가 원하는 것을 얻든 아니든, 우리는 불행의 체험을 생성할 수 있는 두려움·슬픔·분노에 여전히 취약하다.

5. 실현 불가능한 해결책

우리의 조상은 오랜 정글 생활을 통해 외부의 위험에 맞서 우리의 종을 효과적으로 지켜냈던 신경계를 만들어냈다. 오늘날 세상 사람의 99% 이상은 대개 자신이 체험하는 모든 문제에 대해 외부세상을 탓하도록 작동하는 신경계에 갇혀 있다. 우리는 자신의 인식과 에너지를 체계화해서 외부세상과 내면 집착 모델을 대조하는 데 최고 유능한 프로그램으로 자신의 삶이 작동하도록 애쓴다. 따라서 그것이 들어맞지 않을 때, 우리는 분노·두려움·슬픔·좌절·질투라는 긴급 경보를 유발한다.

낮은 의식수준으로 운영할 때 우리는 외부세상이 자신의 안전·감각·권력 집착과 일치하도록 외부세상을 바꾸기 위한 강력한 행동을 일으키는 감정을 유발한다. 그 결과 우리는 예의·친교라는 사회적 겉치레와 온정·사랑이라는 얄팍한 신분을 유지해야 하기에, 타인에 대한 자신의 조종 기술을 더 고도로 증진해서 상황을 개선하려 애쓰면서 쾌감과 고통의 파란만장한 경험을 하게 된다. 그러나 의식하는 사람은 주위 사람의 행동을 수정하려 노력하거나 아니면 유입되는 자극에 대한 자신의 반응을 바꾸거나 하는 선택권을 항상 지닌다.

6. 행복에 이르는 길

지속해서 삶을 누리는 문제에 대한 실질적 해결책은, 우리의 바이오컴퓨터를 재훈련해서 삶의 상황에 대한 최초의 반응이 강압적으로 외부세상을 내면 패턴에 맞추려고 애쓰지 않고, 내면 에너지와 외부세상을 어울리게 하는 것이다. 조건없는(결과에 대한 집착이 아닌) 자애로운 소통은 대개 우리의 에너지가 어울리게 하는 데 필요한 조절이 일어나게 해줄 것이다.

집착은 우리를 취약하게 하지만 선호는 우리가 지속해서 삶을 누리게 한다. 우리의 바이오컴퓨터가 선호 프로그램으로 작동할 때 외부세상이 내면의 선호에 들어맞든 아니든 우리의 행복은 영향받지 않는다. 이것은 우리가 지금·여기의 삶을 누리게 해주며, 항상 중심을 잡게 하고, 조건없이 사랑하게 하며, 자아중심적 조종을 피하게 하고, 안전감과 굳건함을 느끼게 하며, 자신의 통찰력과 예리함을 높이게 하고, 세상에 편한 느낌이 들게 해준다.

우리가 자신의 바이오컴퓨터를 이런 식으로 세상과 상호작용하도록 재훈련할 때, 삶이 우리에게 안전·감각·권력·사랑에서 최적 조건을 제공한다는 것을 발견한다. **실생활 사랑법**은 한 사람이 자신의 삶에서 지금·여기에 수동적으로 적응하는 것보다 훨씬 그 이상의 것을 해준다. 그것은 우리의 의식이 지속해서 누리는 효과적 삶을 살도록 재훈련하기 위한 역동적 시스템이다.

부록 2
요약 - 실생활 사랑의 5가지 부분

① 고차의식의 법칙
자신을 포함해 모든 사람을 조건없이 사랑하라.

② 5가지 방식
1. '12가지 길'을 암기해서 자신의 문제에 적용하라.
2. 세상을 인식하기 위해 당신이 어떤 의식센터를 체험하고 있는지 항상 자각하라.
3. 자신의 집착과 그 결과로 초래된 불행 사이의 인과관계를 더 의식해서 자각하라.
4. 인식의 중심을 잡기 위한 도구로서 **'우리의 모든 실생활 사랑법'** **촉매**를 이용하라.
5. 힘겨운 집착에 대해 새로 프로그램하기를 가속하는 데 의식집중방식을 이용하라.

+ 즉각적 의식성장 도구
모든 사람의 말이나 행동 모두를 마치 당신의 말이나 행동처럼 경험함으로써 자신의 사랑, 자신의 의식, 자신의 자비심을 확장하라.

③ 열두 가지 길

집착에서 벗어나기

1. 나는 나에게 내 삶의 상황을 강력히 통제하도록 애쓰게 하고, 따라서 내 평온을 파괴해서 내가 자신과 타자를 사랑하지 못하게 하는 안전·감각·권력 집착에서 벗어나고 있다.

2. 나는 내 의식을 지배하는 집착이 내 주위의 사람과 상황이 변화하는 세상 속에서 어떻게 환상에 불과한 변형을 창조하는지 발견하고 있다.

3. 나는 로봇 같은 감정 패턴에서 벗어나기 위해 새로 프로그램해야 하는 집착을 자각하도록 매 순간의 체험이 나에게 제공해주는 기회를 비록 아프더라도 환영한다.

지금·여기에 존재하기

4. 나는 소멸한 과거나 상상한 미래에 기반을 둔 나의 요구와 기대가 의식을 지배하지 않으면, 지금·여기를 누리는 데 필요한 모든 것이 나에게 있음을 항상 잊지 않는다.

5. 나는 바로 나의 프로그램이 내 행동을 창조하고 주위 사람들의 반응에 영향을 주기에, 내가 체험하는 모든 것에 대해 지금·여기서 완전히 책임진다.

6. 나는 지금·여기서 나 자신을 완전히 받아들이며, 내가 느끼고 생각하며 말하고 행하는 모든 것을(감정이 후원하는 집착을 포함해서) 의식상승을 위한 성장에 필요한 부분으로서 의식하며 체험한다.

타자와 상호작용하기

7. 나는 조금이라도 숨기는 것이 타인과 분리되었다는 환상 속에 나를 갇혀있게 하므로, 기꺼이 나의 내밀한 느낌을 충분히 소통함으로써 모든 사람에게 진정으로 나 자신을 연다.

8. 나는 곤경이 영적 성장을 위해 필요한 메시지를 제공해주긴 하나 타인이 곤경에 처했을 때, 감정적으로 휘말리지 않고 그의 문제에 대해 자비심을 느낀다.

9. 나는 만일 내가 중심잡고 공명하며 자애로울 때는 자유롭게 행동하지만, 사랑과 확장된 의식에서 흘러나오는 지혜가 없고 감정에서 화날 때는 가능하다면 행동하지 않도록 한다.

'각성' 발견하기

10. 나는 내가 주변의 모든 것과 하나로 융합되게 하는 미세한 에너지를 인식하기 위해, 내 논리적 마음이 들떠서 검색하는 것을 지속해서 가라앉히고 있다.

11. 나는 내가 7개의 의식센터 중 어떤 것을 사용하고 있는지 지속해서

자각하며, 내가 의식센터를 전부 열어감에 따라 나의 에너지·예리함·사랑·내면평화가 늘어남을 느낀다.

12. 나는 나를 포함한 모든 사람이, 하나됨과 조건없는 사랑이라는 의식 상승을 위한 자신의 타고난 권리를 주장하기 위해 여기에 있는 깨어나는 존재로서 인식하고 있다.

④ 각각의 순간에 자신의 의식센터를 알기 위한 척도

일곱 개의 의식센터

      1. 안전 센터   The Security Center
      2. 감각 센터   The Sensation Center
      3. 권력 센터   The Power Center
      4. 사랑 센터   The Love Center
      5. 풍요 센터   The Cornucopia Center
      6. 각성 센터   The Conscious-awareness Center
      7. 우주의식 센터   The Cosmic Consciousness Center

⑤ 삶의 목적:

우리 삶의 목적은 모든 집착의 굴레에서 벗어나 실생활 사랑의 바다와 하나 되는 것이다.

부록 3
실생활 사랑법에서 당신의 성장을 가속하는 방법

여기에 의식상승을 위한 당신의 성장을 엄청나게 가속할 수 있는 여덟 가지의 방법이 있다.

1. 이 책을 다시 읽어라.

처음 읽으면 자신에게 지적 이해가 생기기 시작할 것이다. 이것은 실생활 사랑법으로 자신의 삶을 조명하기 위한 첫걸음일 뿐이다. 이 책의 말과 발상을 장면마다 자신의 의식으로 가져가기 위해서는 반복해서 읽는 것이 절대로 필요하다. 당신이 가장 빠른 속도로 성장하고 싶다면 매일 자기 직전에 최소한 이 책을 5쪽씩 읽어라. 당신이 이것을 지속한다면, 자신의 내면에 숨겨진 광휘를 해방하는 최대의 기회를 맞게 될 것이다.

2. 자유롭게 밑줄을 쳐라.

이 책에서 자신에게 특히 중요한 문장마다 밑줄을 쳐라. 이것은 당신이 지금·여기의 의식 흐름을 이제 맞이할 준비가 된 부분일 것이다. 이것은 일상생활에서 실생활 사랑법을 더욱 깊게 수용하고 적용하기 위한 문을 열어주는 다음 단계로 자신을 준비시킨다. 그리고 점차 책의 더욱더 많은 내용에 자신의 완성도가 증가하는 표시로써 밑줄이 쳐질 것이다.

3. 자신에게 '5가지 방식' 모두의 혜택을 줘라.

'5가지 방식'이 모두 자신의 성장을 돕게 하라. 만일 당신이 그 방식 중 하나를 이용하지 않는다는 것을 발견한다면 다음 달에 그 방식에 집중하라. 불균형을 피하려면 '5가지 방식'을 모두 이용해야 한다.

4. 영적 수프를 피하라.

당신이 영적 길을 찾아갈 때, 자신이 선택한 길과 관련된 방식을 완벽하게 실천하는 데 집중해서 에너지를 투입하라. 만일 자신이 끊임없이 이리저리 기웃거리고 비교하며 다양한 영적 길에서 색다른 조합들을 실험해본다면, 단 하나의 길에 치열하게 전념함으로써 발견될 수 있을 심오한 이익을 얻는 데 실패할지도 모른다.

5. 내맡겨라.

영적 성장은 당신이 선택한 길의 방식에 자신이 내맡기는 정도와 직접적 상관관계가 있을 것이다. 그리고 자신이 정말 포기하고 있는 것은 뭔가? 당신은 지금 다양한 수준에서 자신으로 하여금 계속해서 실망하고, 화나며, 불행하게 하는 낮은 수준의 프로그램을 포기하고 있을 뿐이다.

6. 성장을 위한 치열한 소망.

의식상승을 위한 성장에 대한 완전한 내적 헌신이야말로 영적 계발의 가장 중요한 단일 결정요소다. 치열한 내적 헌신이 없다면 당신은 그저 영적 게임을 하는 애호가일 뿐이다. 영적 성장이 당신 인생의 가장 중요한 부분이 될 때, 하나됨과 사랑의 완전한 기적이 인생에 펼쳐질 것이다.

7. 타자에게 '실생활 사랑법'을 제공하라.

당신이 자애롭고, 충족되며, 행복한 존재에 에워싸일 때 자신의 삶은 더 잘 작동됨을 명심하라. 타인에게 이 시스템을 제공하면 당신은 성장하겠지만, 의식성장이 어떻게 작동하는지를 설명하는 당신의 선물을 받을 수 있는 열린 마음을 타인이 분명히 보일 때까지 언제나 기다리라. 하나됨을 위해 애쓸 때 당신은 이중성을 창조하지 않도록 타인에게 **실생활 사랑법**을 제공하는 것에 매우 예리해져야 한다.

당신이 그것을 타인에게 '팔려고' 하거나, 이것이 타인의 행복에 유일한 답이라고 느끼게 하지 마라. 그러면 아마도 타인의 저항 프로그램이 유발될 것이다. 대신 '5가지 방식'을 적용할 때 벌어진 자신의 체험을 공유하는 방식으로 그것을 제공하라. 모든 자존심을 버리고 당신에 대한 힘든 내면작업을 타인에게 보여주더라도, 비슷한 방식으로 타인도 그 자신에 대해 작업해야 한다고 주장하지 마라.

어쩌면 어떤 권고의 말도 하지 않고, 친한 친구의 책상 위에 그저 이 책을 남겨두면 된다. 당신의 의식성장 부분으로서, 그 사람이 당신이 하는 일에 관심이 있든 없든 간에 모든 사람을 조건없이 사랑하는 법을 체득하라.